# DIREITO,
# BIOLOGIA E SOCIEDADES
## EM RÁPIDA TRANSFORMAÇÃO

O AUTOR:

**Francisco Neto de Carvalho**, licenciado em Direito pela Universidade de Coimbra.

Foi assistente da Faculdade de Direito da mesma Universidade, funcionário da carreira diplomática, ajudante do Procurador-Geral da República, Director-Geral do Trabalho e Secretário-Geral do respectivo Ministério, Ministro da Saúde e Assistência, Director do Instituto de Estudos Sociais, Presidente do Conselho de Administração e da Comissão Executiva da Companhia dos Caminhos de Ferro Portugueses, Vogal Permanente do Conselho Superior da Acção Social, Membro da Comissão para a Integração Europeia, Professor Convidado da Universidade Livre e Juiz Conselheiro do Tribunal de Contas.

Actualmente, é Juiz Conselheiro Jubilado e Professor Convidado da Universidade Internacional.

Para além de artigos diversos, publicou os livros: *Problemas de Saúde e Assistência*, *O Homem, Ponta de Lança do Universo* e *Pressupostos e Dificuldades da Acção Política*.

NETO DE CARVALHO

# DIREITO, BIOLOGIA E SOCIEDADES

## EM RÁPIDA TRANSFORMAÇÃO

(ENSAIO)

LIVRARIA ALMEDINA
COIMBRA — 1992

© 1991 — Francisco Neto de Carvalho

Depósito Legal n.º 51505/91
ISBN 972-40-0651-4

# ÍNDICE

Pág.

**Nota introdutória** ---------------------------------------------------------------- 9

## PARTE I

## O HOMEM, A NATUREZA E A SOCIEDADE

### Capítulo I — O Homem e a natureza

1. A controversa origem do Homem -------------------------------- 13
2. Sistemas, evolução e complexidade ---------------------------- 17
3. Evolução biológica e evolução social --------------------------- 21
4. Leis da natureza e leis humanas -------------------------------- 26
5. A capacidade criadora ------------------------------------------- 31
6. A consciência ----------------------------------------------------- 38

### Capítulo II — A acção humana

1. Necessidades, valores e normas -------------------------------- 45
2. Eficácia e personalidade----------------------------------------- 50
3. A escassez, os interesses e o poder --------------------------- 54
4. A racionalidade --------------------------------------------------- 61
5. Os antagonismos da racionalidade ----------------------------- 65
6. A relatividade ----------------------------------------------------- 69
7. O problema da liberdade ----------------------------------------- 74

PARTE II

## OS VALORES E A REALIDADE SOCIAL

Capítulo III — **Génese dos actuais valores**

1. Considerações preliminares --------------------------------------- 83
2. Grécia, Roma e Idade Média ------------------------------------- 86
3. Os caminhos da mudança ---------------------------------------- 93
4. Os valores explicitados pela ordem jurídica ------------------ 102
5. Os valores não explicitados pela ordem jurídica -------------- 106


Capítulo IV — **A realidade social**

1. A dignidade humana ---------------------------------------------- 111
2. A igualdade dos homens perante a lei -------------------------- 114
3. A igualdade de direitos------------------------------------------- 118
4. A liberdade e as organizações ---------------------------------- 122
5. Liberdade, culpa e eficácia ------------------------------------- 127
6. Validação e violação da lei ------------------------------------- 133
7. A justiça e o poder--------------------------------------------------- 140


Capítulo V — **O acelerar da evolução social**

1. Sociedade industrial e sociedade pós-industrial -------------- 147
2. Relavância das organizações ----------------------------------- 150
3. Os problemas das organizações -------------------------------- 153

PARTE III

# A SALVAÇÃO IMPOSSÍVEL

### Capítulo VI — O marxismo

1. Origens ------------------------------------------------------------- 159
2. A teoria ------------------------------------------------------------- 161
3. Questões de método ---------------------------------------------- 166
4. O cerne do problema -------------------------------------------- 169

PARTE IV

# A PROBLEMÁTICA DO DIREITO

### Capítulo VII — Natureza e fundamentos do Direito

1. A sociedade, as leis e o Direito -------------------------------- 181
2. A ciência do Direito -------------------------------------------- 190
3. A feitura das leis ------------------------------------------------ 193
4. A aplicação das leis -------------------------------------------- 197
5. Algumas dificuldades da ciência do Direito ------------------- 201

### Capítulo VIII — Da moral tradicional à ética dos sistemas

1. Mérito e desgaste da moral tradicional ------------------------ 207
2. A ética dos sistemas -------------------------------------------- 214

**Bibliografia** ------------------------------------------------------- 221

# NOTA INTRODUTÓRIA

Atravessamos uma época de profundas e rápidas transformações dos valores, das leis, dos comportamentos e das instituições, com significativas e frequentes alterações dos pólos de poder.

Com frequência se repete que nos encontramos em presença de uma crise provocada por uma evidente mudança de civilização que interage com a vida de todos nós, com a sociedade em geral e com cada um dos seus sectores.

Entre os domínios atingidos, encontra-se o *Direito,* com a sua dogmática, valores, tradições e métodos de trabalho, constituindo sistemas conceituais que se têm vindo a consolidar ao longo dos tempos, sem prejuízo das modificações ocorridas, incluindo o aparecimento de novos e fecundos ramos.

Todos estes acontecimentos têm a sua origem no considerável desenvolvimento científico verificado e suas aplicações práticas, com marcada influência no domínio do pensamento. Nada tem ficado imune à revolução do conhecimento científico que se mantém em ritmo acelerado.

Por isso, parece oportuno, neste momento, aprofundar a reflexão acerca das raízes biológicas e sociais do Direito, na tentativa de melhor compreender o fenómeno jurídico, na sequência da crescente aproximação que se tem vindo a estabelecer entre aqueles dois campos.

A essa luz, mais facilmente se poderão apreciar os problemas da natureza e dos fundamentos do Direito, bem como aspectos tão estreitamente ligados aos comportamentos de todos os homens como a liberdade, a dignidade humana, a igualdade, a culpa e a justiça.

Foi na sequência de trabalhos anteriormente publicados — *O Homem, Ponta de Lança do Universo* e *Pressupostos e Dificuldades da Acção Política* — que pensei na possibilidade de tratar especificamente o posicionamento do Direito em sociedades que, como a presente, se encontram num acentuado e rápido processo de mutação. Daí que este ensaio parta das premissas então estabelecidas que, por uma questão de unidade de exposição, procurei resumir nos dois primeiros capítulos, embora com significativas modificações de pensamento.

Poder-se-á talvez dizer que nos encontramos perante um ensaio sobre uma possível bio-sociologia do Direito, com particular incidência nas sociedades em rápida transformação. Os temas tratados já foram, por certo, abordados noutras circunstâncias e contextos, mas houve agora a preocupação de trazer para primeiro plano os conhecimentos científicos recentes de preferência às considerações filosóficas que penso serem prevalecentes.

Será que a análise feita poderá pôr em causa o próprio Homem tal como tem vindo a ser genericamente concebido, inclusive pelas correntes ditas materialistas? Penso que não, embora esteja convencido de que muita coisa deve ser revista se se quiser adoptar uma orientação mais coerente no domínio do nosso posicionamento no universo.

# PARTE I

# O HOMEM, A NATUREZA
# E A SOCIEDADE

# CAPÍTULO I

# O HOMEM E A NATUREZA

## 1. A controversa origem do Homem

Desde tempos remotos que se coloca o problema de saber se o Homem é *fundamentalmente* espírito ou matéria, se é filho de Deus — ou dos deuses — ou o resultado aleatório da energia que anima o Universo.

Cientificamente, nada se pode provar num sentido ou no outro, as opiniões dos filósofos contradizem-se e as crenças e convicções pessoais divergem. Apesar disso, esta questão continua a influenciar muitas das posições que se adoptam sobre a natureza e os fundamentos do Direito.

Mais do que tomar posição nesta matéria, interessa-nos, de momento, expor os factos conhecidos: o Homem encontra-se profundamente penetrado pela natureza e pela sociedade onde se movimenta, ao mesmo tempo que revela preocupações e anseios a que — embora se possam situar numa linha evolutiva — se têm atribuído características *morais* que apontam para uma filiação espiritual, qualquer que seja o sentido que se atribua a esta expressão.

As dificuldades neste campo resultam do facto de todo o conhecimento, incluindo o científico, se encontrar sujeito a permanente discussão e aperfeiçoamento, não nos podendo dar certezas, mas apenas oferecer probabilidades. As teorias científicas mudam com rapidez face às novas descobertas que permanentemente nos são anunciadas, afirmando Popper que elas não passam de hipóteses, de ensaios, com vista à compreensão do mundo, hipóteses que nunca podem ser *verificadas,* mas antes *corroboradas* através da sua capacidade para resistir aos testes mais severos. Por isso não há, segundo ele, teorias verdadeiras mas apenas teorias que ainda não são falsas.

Esta situação, genericamente reconhecida pelos cientistas, agrava-
-se quando passamos para o campo das ciências sociais, cujas bases
e métodos são ainda bastante frágeis. Quanto à filosofia, a divergência
de pontos de vista é tão grande que o seu terreno continua a ser
extremamente movediço.

Dentro deste panorama muito genérico, a ciência diz-nos que os
átomos de que somos constituídos em nada diferem de quaisquer outros
que se encontram nas estrelas, nos planetas, nos minerais ou nos seres
vivos que nos precederam.

Do ponto de vista fisiológico, o Homem tem de específico o facto
de, no seu cérebro, a articulação dos átomos e das células ser mais complexa, em consequência do desenvolvimento do neocórtex, dando lugar
a capacidades de acção muito maiores, resultantes dos processos de
organização alcançados que se traduzem especialmente na possibilidade
de trabalhar com programas abertos, como melhor veremos mais adiante.

Para além disso, o Homem compartilha, com os demais seres vivos,
não só a sua estrutura química e molecular, como muitos dos seus
comportamentos, ao menos na sua génese. A agressividade, a concorrência, a simulação, o embuste, a sociabilidade, o altruísmo e o
próprio amor situam-se numa sequência evolutiva que remonta a tempos
muito anteriores ao aparecimento da espécie humana, embora no
Homem revistam especificidades que impedem, neste campo, a adopção
de posições reducionistas.

Por outro lado, o Homem depende, como qualquer outro ser, da
energia solar que põe em movimento o grande ciclo da vida, o qual
começa com as plantas que produzem e armazenam a energia através
da fotossíntese, ou seja, da síntese da matéria orgânica a partir da luz
solar e do gás carbónico. Plantas que vão transmitir essa energia aos
animais herbívoros que, por seu turno, servem de alimentação aos
animais carnívoros, por vezes também devorados por outros carnívoros,
como o próprio Homem.

O ciclo continua com a decomposição dos excrementos e dos
organismos mortos efectuada pelos *decompositores* — bactérias, fungos,
leveduras, protosoários, vermes, etc. — que transformam os resíduos
orgânicos em moléculas e elementos minerais que vão ser re-utilizados
para produzir ou manter outras vidas, inclusive as nossas. Por isso,
grande parte dos nossos átomos já deve ter pertencido a numerosos
homens que nos precederam.

É ainda a energia solar que promove a evaporação da água dos
mares, dos lagos e dos rios, bem como as diferenças de temperatura
que dão lugar aos ventos que arrastam as nuvens, as quais se trans-

formam em chuva que se derrama sobre a Terra num ciclo regular e ininterrupto, indispensável à vida de todos os seres.

Acresce que o movimento da Terra em volta do seu eixo origina a sucessão dos dias e das noites e o seu movimento de translação em torno do Sol dá lugar às estações do ano e, com elas, ao ciclo das sementeiras e das colheitas. O grande relógio cósmico está na base dos nossos relógios e calendários e comanda a nossa vida, desde o levantar ao deitar, à tomada de refeições, à entrada nos empregos e nas escolas, às férias que gozamos e à actividade global da economia.

Mais: a ordem do sistema solar determina os ciclos biológicos que se criam no interior do seres vivos e lhes permitem medir o tempo e organizar-se em função dessa medida.

Por tudo isto, o sistema solar controla, directa ou indirectamente, as nossas funções e actividades vitais.

Como se vê, a matéria não é um elemento inerte, antes se multiplica em fenómenos permanentes de agregação e desagregação, produzindo organizações que são consequência e origem das uniformidades a que chamamos *leis* e que se foram gerando ao longo dos milénios, a partir do hipotético *big bang*. Deste modo, podemos dizer que a matéria — e muito particularmente a vida —, ao gerar e ao utilizar as leis, como que foi adquirindo e armazenando conhecimentos sucessivos, mais tarde incorporados nos genes das células e nos sistemas biológicos que passaram a comandar o funcionamento dos seres vivos.

No Homem, também assim acontece em larga medida, pois o nosso sistema neuro-vegetativo controla, sem nossa intervenção, a actividade do nosso organismo, incluindo uma parte importantíssima do nosso cérebro. Quantas vezes quereríamos ter capacidades físicas ou intelectuais que não conseguimos alcançar ou vermo-nos livres de pensamentos que nos incomodam e perseguem, sem o conseguirmos. O nosso organismo funciona segundo leis gerais que são independentes de nós e vêm muito de trás.

Se, como veremos oportunamente, temos uma capacidade autónoma de conhecimento que ultrapassa os genes e os sistemas biológicos e nos distingue dos demais seres vivos — podendo, eventualmente, vir a permitir o controlo dos próprios genes —, nem por isso essa capacidade foi conquistada por nós, antes oferecida através da própria natureza no seu permanente evoluir.

Assim, nós participamos de todo um passado que começou com o *big bang*, passou pelo aparecimento das galáxias e dos sistemas solares, se encontra presente nos átomos e nas células, nos genes e na evolução que estes sofreram através dos tempos, bem como nas sociedades primatas e nas sociedades humanas que nos precederam.

Não pódemos pensar o Homem como um ser à parte, isolado da natureza e da sociedade, livre nas suas condutas e actuando com critérios de justiça ou de harmonia com valores que sejam independentes destas vinculações.

Importa ter sempre presente esta íntima ligação, o que não impede que se estabeleçam análises parcelares que, no entanto, devem ser imediatamente integradas num todo para correcta compreensão dos fenómenos.

Assim, não se estranhará que, para apreciação e fundamentação do *Direito,* tenhamos de falar abundantemente de questões que se ligam à biologia, à psicologia, à etologia e à sociologia.

Mas não podemos ficar por aqui, havendo outro aspecto muito importante a destacar: no domínio da natureza, em geral, não surgem problemas de valores, de moralidade ou de justiça. Só com o Homem tais questões se levantam.

As explosões que se verificam nas estrelas, a desintegração dos átomos, os choques de partículas, as tempestades cósmicas não nos suscitam outro reparo que não seja o de conhecer o modo como as coisas se passam, o risco que para nós possam implicar ou as vantagens que porventura possamos obter.

No campo da biologia, o mesmo acontece até certo ponto. Como vimos, as plantas são, pela força das circunstâncias, armazenadoras da energia que vai ser utilizada pelos animais, nós próprios nos alimentando de outros seres vivos. No entanto, os homens — apesar de, nalguns casos, comerem carne humana — ganharam sensibilidade perante o sofrimento e a morte dos animais, em especial dos que mais perto dele se encontram. A ponto de o pensamento cristão ter chegado a ver, nessa ordem da natureza, uma consequência indesejável do pecado original. Tal sensibilidade, porém, nem mudou a essência das coisas, nem impediu a utilização dos animais para os mais diferentes fins, embora tenha atenuado a brutalidade como eram tratados.

Mas é relativamente ao próprio Homem que surge algo de verdadeiramente novo: *o sentido moral,* com fundamental reflexo no campo do Direito. Poderemos discutir qual a natureza e o significado da moralidade, bem como o seu papel no processo de evolução social, mas não ignorá-lo. Por isso, também dele teremos de nos ocupar.

Nos ciclos da natureza, a vida e a morte entrelaçam-se estreitamente, bem como os fenómenos de cooperação, de luta e de concorrência, o mesmo acontecendo nas relações entre os homens.

Por outro lado, se a natureza tem uma influência tão decisiva em tudo o que nos respeita, também nós podemos atingir os grandes sistemas físicos no que concerne ao nosso planeta. Daí o reflexo das nossas pequenas acções na camada de ozono que tanto preocupa os cientistas, na poluição dos mares e da atmosfera, no possível esgotamento das reservas do globo e na devastação em geral da natureza.

Na realidade, tudo parece estar contido em tudo. Queiramos ou não, somos solidários com o universo e dele participamos, porque tudo se entrelaça em sistemas de sistemas que nos importa conhecer o melhor possível para podermos sobreviver.

Ora, as leis humanas não podem deixar de se encontrar envolvidas neste processo, também elas estreitamente ligadas e dependentes das leis da natureza, embora nem sempre se atente suficientemente neste importante aspecto. Daí o significado que elas têm não só para a nossa convivência quotidiana, mas ainda no que toca à possibilidade de a espécie humana continuar a subsistir e não se auto-eliminar em virtude dos erros que vai acumulando e se traduzem em outros tantos atentados contra a natureza de que faz parte.

## 2. Sistemas, evolução e complexidade

Acabámos de ver que tudo parece estar contido em tudo, porque este nosso universo é constituído por sistemas de sistemas estreitamente interligados.

E todos nós já ouvimos falar em *sistemas,* embora a grande maioria não tenha uma ideia clara do que se trata nem da importância que representam para a nossa vida. De facto, falamos em sistema nervoso, em sistema decimal, em sistema jurídico, em sistema solar e empregamos muitas vezes palavras de algum modo equiparadas, como organização, aparelho ou estrutura, sabendo que essas expressões implicam o relacionamento recíproco de diversos elementos, o que toca o aspecto fundamental do problema.

Na verdade, podemos definir um sistema como um conjunto de *elementos* que se encontram em *interacção* dinâmica, permitindo ao conjunto novas capacidades de acção que designamos por *emergências.* Ao modo como as interacções se estabelecem chamamos *organização,* o que faz com que as duas expressões — sistema e organização — sejam com frequência utilizadas no mesmo sentido.

Se o número de palavras necessárias para definir um sistema é pequeno, as consequências que resultam da sua existência e generalização são extraordinárias, pois é por seu intermédio que podemos alcançar novos objectivos, seja no plano individual ou colectivo. Milhares de átomos espalhados pelo espaço não terão particular significado, mas *articulados* uns com os outros constituem uma árvore, um cão ou um homem; peças amontoadas num qualquer local serão consideradas inúteis, mas convenientemente *montadas* permitir-nos-ão dispor de um carro, de uma televisão ou de um computador; milhares de homens espalhados pelos campos ou pelas cidades podem nada ter em comum, mas quando *organizados* constituirão um exército, farão funcionar a rede de comboios, os hospitais, as empresas e a economia em geral.

Foi precisamente através dos sistemas biológicos, e com base nos sistemas físicos, que se chegou ao Homem, com a sua consciência e capacidade criativa, como é através dos sistemas que o Homem tem vindo a criar, ao longo dos séculos, novas formas de convivência e os graus actuais de bem-estar, pois as sociedades humanas constituem sistemas.

Por conseguinte, se em toda a parte encontramos os sistemas, conhecê-los e saber trabalhar com eles constitui condição indispensável à vida, em todas as suas manifestações.

Como vimos, nos sistemas destacam-se três aspectos fundamentais: os elementos, as interacções — ou seja, a organização — e as emergências.

Este é um esquema genérico que pode ser preenchido das mais diversas formas, o que o torna algo de extraordinário na sua admirável simplicidade.

Assim, os elementos de um sistema podem ter a natureza mais variada: no átomo, encontramos protões, neutrões, mesões e electrões; na célula, múltiplas moléculas; nos seres vivos, células exercendo funções diversificadas e formando tecidos e órgãos; nos formigueiros, formigas com numerosas actividades; nas sociedades humanas, homens que, ao longo dos séculos, foram ganhando especializações crescentes que se traduzem, também, em funções sociais que se contam pelos milhares. Mas, na linguagem, aparecem as palavras, na música, os sons, na matemática, os números e, no Direito, as leis e os conceitos. Nas máquinas feitas pelos homens, os materiais utilizados são muitos diversificados.

Mas não basta haver elementos para termos um sistema. É ainda preciso que entre esses elementos se estabeleçam relações coordenadas e complementares, de modo que tudo se passe em termos de ordem e de previsibilidade — sem prejuízo da maleabilidade — o que significa que têm de existir leis — ou normas — que comandem essas relações.

No domínio da ciência, é o conhecimento dessas leis que permite compreender o funcionamento dos sistemas e utilizá-los em benefício — ou malefício — dos homens.

Para que tudo isto aconteça, existe, no interior dos sistemas, uma adequada rede de comunicações que é capaz de recolher, transmitir e interpretar as mais variadas informações, quer acerca do que se passa dentro do próprio sistema, quer do que ocorre no meio onde este se situa. Informações que são tratadas com rapidez e eficácia, de modo a permitir que se definam e executem as actuações mais convenientes. Por isso se diz que os sistemas são auto-regulados.

Isto significa que, na base dos sistemas, se encontra o *conhecimento*, ou seja, a capacidade de transformar a informação em comando e acção. Conhecimento armazenado nos genes e sistemas biológicos complementares, no que toca aos seres vivos; mas armazenado também no cérebro, em resultado da aprendizagem e da experiência adquirida, quando chegamos ao Homem. Ainda, em termos mais reduzidos, nos animais superiores.

Finalmente, toda esta acção encontra-se organizada com vista à realização de determinados objectivos que constituem algo de diverso do que antes existia e a que chamámos emergências: a autoconservação e a reprodução, nos seres vivos em geral; a produção de bens e de serviços, numa empresa; o bem-estar e a segurança, nos Estados; a elaboração e a transmissão do pensamento, na linguagem; a harmonia, na música; a ordem social e, porventura, a justiça, no Direito.

Por acaso ou não — conforme as opiniões —, toda a organização nos parece centrada à volta dos resultados a atingir. Assim, a organização permite-nos encontrar novas capacidades de acção, as quais só se podem atingir através dessa mesma organização. Daí a importância fundamental que reveste para nós.

Mas esta capacidade, que se encontra ao nosso dispor e de que fazemos tão grande utilização, tem o seu preço, uma vez que, nas sociedades humanas, são os os próprios homens que constituem os elementos dos sistemas sociais, o que nos impõe pesados constrangimentos: a subordinação a leis e regulamentos de toda a ordem, a sujeição a comandos e controlos, o enquadramento dos nossos comportamentos em planos de acção estreitamente coordenados.

Em todos os sistemas assim acontece. Como facilmente se compreende, cada elemento, ao fazer parte de um todo que o transcende, vai assumir uma função que tem de assegurar de modo regular e eficaz, sob pena de comprometer os resultados que se pretendem obter. Por isso, as organizações desenvolvem capacidades específicas — especializações — nos elementos que nelas participam, mas à custa de limitações noutros campos. Assim acontece nas células, nos tecidos, nos órgãos dos seres vivos, como nas peças das nossas máquinas e nos cargos ou actividades que assumimos. Toda a educação que recebemos na família, nas escolas, nos locais de trabalho ou por outra via, destina-se a promover a nossa integração social. E, se pretendermos sair de um sistema, vamos inevitavelmente cair noutro.

Uma vez mais, o caso reveste um particularismo relevante, quando chegamos às sociedades humanas: aqui, os homens são simultaneamente os elementos e os destinatários da acção desenvolvida através dos sistemas.

Dentro de uma concepção valorativa do Homem e da sua dignidade, não pode admitir-se que os homens alguma vez funcionem como simples rodagens de uma máquina, embora isso aconteça com muita frequência. Daí que de há muito se distinga entre o *indivíduo*, que trabalha como elemento de um sistema e se subordina às suas leis, e a *pessoa*, que é a destinatária das emergências dos sistemas e, consequentemente, comanda e orienta a sua acção e usufrui dos respectivos benefícios. Deste modo, surge-nos de novo o problema dos valores, da moral e da justiça.

Este dualismo dos problemas do Homem e das organizações vai--nos aparecer por toda a parte, ao longo deste trabalho, constituindo como que a charneira de toda a acção humana, mesmo para aqueles que seguem uma via materialista de interpretação do universo. Por isso, se os sistemas se encontram presentes em todo o lado, o mesmo acontece com o posicionamento que queiramos dar ao Homem como tal.

Se o universo é sistémico, apresenta-se-nos também como evolutivo, pois os sistemas encontram-se em permanente evolução.

A partir do *big bang,* formaram-se átomos, constituídos por um número crescente de protões e de electrões, passando de seguida os átomos a associar-se de modo a darem lugar a moléculas cada vez mais complexas, até se chegar às macromoléculas, já dotadas de capacidade replicativa. Com base nas moléculas, surgem as células com a sua organização espantosa que lhes permite realizar milhares de operações diversificadas em perfeita harmonia, dentro de um espaço minúsculo.

A acção conjugada das células produziu os seres vivos que vão multiplicar-se através do desenvolvimento de subsistemas cada vez mais diversificados, constitutivos das plantas e dos animais que conhecemos e, por fim, do Homem.

Também no domínio das sociedades humanas se verificou uma impressionante evolução que vai desde as tribos primitivas até às grandes nações da actualidade, onde proliferam as organizações mais variadas, sem as quais hoje não poderíamos viver. Evolução estreitamente ligada ao desenvolvimento do conhecimento, consequência e base da criatividade, estruturado em teorias filosóficas e científicas e em sistemas jurídicos, o que nos permite uma ampla visão da vida e do universo.

Mas o fenómeno evolutivo processa-se também em cada ser, desde a fecundação até ao estado adulto, pois o óvulo desdobra-se em milhares de milhões de novas células que se articulam em sistemas bem definidos, permitindo o crescimento das nossas capacidades fisiológicas e psicológicas.

Aparentemente, a formação de novos átomos terminou antes do começo da evolução biológica. Porque a nossa vida é curta, temos também a ideia de que a evolução biológica chegou ao seu termo com o aparecimento do Homem, o que muito provavelmente não será exacto. O mesmo não acontece com a evolução social que se encontra em pleno desenvolvimento, sucedendo-se as *novidades* a um ritmo crescente.

Importa ainda observar que a evolução se faz por processos de complexificação, ou seja, de *enriquecimento* dos sistemas. Isto significa que os elementos que participam nos sistemas e suas interacções aumentam em diversificação e em número, o que permite o aparecimento de novos subsistemas devidamente integrados.

É precisamente através desta complexificação que cresce a capacidade de realização dos sistemas, o mesmo acontecendo nas sociedades humanas.

No fundo, tudo se traduz em conhecimentos crescentes, utilizados em conjunto mediante a comunicação. Por isso, o conhecimento pode considerar-se um fenómeno fundamental.

É neste amplo enquadramento sistémico-evolutivo que a acção humana tem de ser analisada, de modo a poder ser compreendida com maior amplitude, o que envolve não só as potencialidades dos sistemas mas também as suas inevitáveis limitações.

## 3. Evolução biológica e evolução social

Se em todo o lado encontramos sistemas em transformação, assentes em idênticos princípios, não é de admirar que se observem paralelismos flagrantes entre as diversas formas evolutivas, nomeadamente entre a evolução biológica e a evolução social.

Acontece que, como referimos, os elementos que integram os sistemas não são sempre os mesmos, o que dá lugar à existência de diversos patamares organizativos que claramente se diferenciam uns dos outros.

Assim, na base da evolução puramente física estão presentes os átomos; na evolução biológica, temos as células, com a sua componente genética; e, na evolução social, surgem os homens, dotados de razão e trabalhando com programas abertos.

Circunscrevendo-nos apenas à evolução biológica e à evolução social, recordemos que foi necessário reunir um elevado número de atómos e de moléculas diversificados para que pudesse surgir uma célula, ou seja, um sistema autónomo capaz de executar uma quantidade enorme de operações tendentes à sua autoconservação e reprodução. Células que não ficaram numa posição estática, antes através da sua diversificação e cooperação formaram tecidos e órgãos que, por sua vez, deram lugar a novos sistemas estreitamente articulados, com as mais diversas configurações, a que chamamos plantas e animais.

Desenvolveram-se, deste modo, nas espécies mais avançadas, variadas funções especializadas — nervosa, digestiva, circulatória, etc. —, reguladas por novas leis da natureza, que permitiram modos mais sofisticados de acção, o que representa um aumento extraordinário da informação e do conhecimento, armazenados nos genes e sistemas complementares, ao longo de milénios. Saber se a evolução foi obra do acaso, se decorreu de um telefinalismo inserido na natureza ou se foi directamente realizada por um Criador, é problema com o qual não nos preocuparemos neste momento.

Acrescentaremos que, com o Homem, se alcançou uma feliz combinação entre o automático e o reflectido. Se o nosso organismo exigisse que a actividade consciente controlasse todos os fenómenos fisiológicos que nele ocorrem, ficaríamos de tal modo absorvidos com essa ingente tarefa que, por certo, não nos restariam disponibilidades de acção para mais nada. Mas se todos os nossos processos comportamentais fossem estreitamente dominados pelos instintos, como antes acontecia, seríamos desprovidos de flexibilidade e incapazes de nos adaptar rapidamente a novos condicionalismos externos e de realizar, em simultaneidade, diversas experiências sociais através de actos independentes de criatividade.

Por isso, é no justo equilíbrio entre os programas fechados e os programas abertos, que explicitaremos mais adiante, que se situa a posição do Homem no universo e que ganha particular relevo a evolução social que se seguiu à evolução biológica.

Em paralelo com o processo descrito, os homens — desde as pequenas tribos primitivas, englobando apenas algumas dezenas escassas de pessoas — multiplicaram-se e concentraram-se progressivamente, primeiro em pequenas cidades e, mais tarde, em poderosas nações, tendendo a Terra a transformar-se numa sociedade única, embora constituída por muitos e diversificados subsistemas.

Para que tal pudesse acontecer, aumentou o número de profissões, numa profusão que atinge hoje os muitos milhares. Assim se conseguiram alcançar formas mais avançadas de organização, onde se destacam os numerosos serviços públicos que servem os Estados modernos, as empresas — base do desenvolvimento económico — e outros tipos de sociedades.

Este fenómeno foi acompanhado por enorme crescimento do conhecimento e da complexificação das estruturas sociais, nomeadamente no que respeita aos sistemas de informação e de comunicação, permitindo uma interacção muito mais intensa e rápida entre os homens e os grupos sociais, exigindo um aumento substancial das leis e regulamentos integradores da acção comum, uma vez que os sistemas exigem ordem, disciplina e previsibilidade comportamental, ou seja, uma padronização da acção.

E aqui estamos chegados às leis humanas, qualquer que seja a sua natureza ou imperatividade. Deste modo, em todas as sociedades humanas existem normas para o exercício do poder, a distribuição e o uso da propriedade, a estrutura da família, a distribuição do trabalho e a regulamentação das trocas em geral. Normas que permitiram alcançar importantes capacidades mas que, em contrapartida, impuseram novos constrangimentos: horas de entrada e saída, métodos e sequências de trabalho, exigências de ensino e formação, programações apertadas, ordenamento do trânsito, etc..

Para sua conservação e reprodução, também as sociedades humanas se preocuparam em transmitir a cultura, com os seus valores, conhecimentos, comportamentos e normas, utilizando a educação, a escola e demais formas de aprendizagem, bem como os indispensáveis processos de coersão social. Com a diferença de que a cultura já não se armazena nos genes, mas sim no cérebro e também nos livros, fotografias, gravações e filmes, guardados em bibliotecas, discotecas e museus.

Tal como parece ter acontecido com a evolução biológica, o processo não decorre linearmente, antes por meio de ensaios e de erros.

Os homens tentam várias soluções e adoptam as que lhes parecem mais eficazes em determinado momento, até que possam substituí-las por outras que se revelem mais adaptadas aos seus propósitos. Porque a flexibilidade da conduta humana é muito mais ampla e as alterações se podem transmitir com muito maior rapidez, o processo da evolução social encontra-se sujeito a profundos sobressaltos e, por vezes, a retrocessos significativos.

Finalmente, poderemos dizer que as sociedades evoluem no sentido de automatizarem a produção de bens, de modo a deixarem tempo mais livre para outras actividades, nomeadamente as que respeitam à criatividade em geral e à investigação em particular. Os horários de trabalho têm vindo a diminuir e as férias a alargar-se, sem prejuízo do aumento continuado da produção. A informatização patenteia a possibilidade de os tempos livres crescerem ainda mais, ao mesmo tempo que a dureza e a monotonia do trabalho diminuem nas sociedades mais avançadas.

Parece, assim, que se caminha, também no domínio das sociedades humanas, para uma melhor articulação da rotina com a reflexão, o que poderá levar a acrescidas potencialidades de realização pessoal, embora neste momento ainda se não descortine bem como é que a generalidade dos homens irá utilizar esta vantagem, numa perspectiva de superação da actual fase histórica.

Observemos ainda que, apesar do seu particularismo em muitos aspectos, o comportamento humano se situa no prolongamento da evolução biológica, dominado pelas necessidades de autoconservação, reprodução e evolução.

É assim que, quer no plano individual, quer no social, uma parte importante da acção humana se orienta no sentido da obtenção de alimentos, habitação, vestuário, temperaturas moderadas, de modo que o organismo — em especial as células cerebrais — possa manter em permanência o equilíbrio interno tão trabalhosamente alcançado.

Porque o comer é uma exigência sempre renovada, já as formigas e as abelhas se dedicavam à armazenagem dos bens indispensáveis à sua subsistência em longos períodos, as segundas depois de os fabricarem. Com o Homem, essa actividade atinge o ponto mais elevado mediante o desenvolvimento de técnicas evoluídas, incluindo a refrigeração.

Por outro lado, os homens procuram aumentar as disponibilidades energéticas — elemento indispensável à vida — utilizando meios exteriores ao seu próprio organismo, como o vento, as correntes de água, a força animal, a escravatura, o carvão, o petróleo, a energia atómica e a energia solar. Sem esses meios, a capacidade humana de acção quedar-se-ia extremamente limitada e, por isso mesmo, não deve ter sido por acaso que a primeira forma de democracia que se conhece, instalada em Atenas, assentava na escravatura que deixava aos homens livres o tempo necessário para utilizar o pensamento.

Para além destes aspectos, encontramos nos homens modos de proceder paralelos aos dos animais, incluindo o que respeita à cooperação e à luta. Uns e outros colaboram, mais ou menos estreitamente, nas sociedades que constituem, sem prejuízo de poderem lutar para conquista das chefias e utilização das fêmeas. Para além do acasalamento, do cuidado com os filhos e da defesa do grupo, o que se passa nas sociedades das abelhas, das formigas e das térmites é exemplar. Em muitos casos, não só os animais vivem em sociedade, com as suas hierarquias e classes sociais — a que correspondem importantes privilégios —, como demarcam os seus territórios que defendem contra os intrusos e dispõem de forças de defesa e de ataque.

Algumas espécies de formigas praticam a agricultura, plantando e recolhendo os fungos de que se alimentam, criam animais domésticos, como cochonilhas e pulgões, de que retiram um líquido açucarado, praticam o cativeiro e a escravatura de outras espécies mais fracas e... drogam-se.

Nalgumas espécies existe a exploração de uns animais por outros, *casamentos* para toda uma vida — sem prejuízo de se verificarem casos de adultério e uniões homossexuais —, bem como íntimas manifestações afectivas e *desgostos* que podem levar à morte, idênticos aos sentimentos que apelidamos de amizade e de amor.

Se existem impressionantes paralelismos entre a evolução biológica e a evolução social e entre os comportamentos animais e os comportamentos humanos, observemos, no entanto, que a evolução biológica não assentava nos seres vivos que nos precederam, pois as espécies não eram produtoras de modificações essenciais. Em razão do acaso ou em consequência de forças intrínsecas, era a natureza, no seu conjunto, que dava lugar à evolução biológica.

Com a evolução social, tudo é diferente, pois esta resulta directamente do próprio Homem que surge — ao menos aparentemente — como autor e inventor das transformações que ocorrem no seu meio, embora estas se produzam em termos algo semelhantes ao que antes acontecera, como acabámos de ver.

Para além desta diferença fundamental, o aparecimento do Homem permitiu acelerar, de modo extraordinário, o processo evolutivo e, nessa medida, apresenta uma versatilidade que ultrapassa tudo quanto antes tinha ocorrido, embora ainda não tenhamos conseguido alcançar a natureza na sua sabedoria e capacidade criativa. Na verdade, ainda nem sequer a compreendemos suficientemente bem.

Mas não apenas isto. O Homem surge também com consciência, o aspecto mais significativo deste novo patamar evolutivo, cujo sentido não é fácil de alcançar.

Por isso, vamo-nos debruçar sobre a capacidade criativa do Homem e sobre o fenómeno da consciência. Antes, porém, faremos a comparação entre as leis da natureza e as leis humanas, umas e outras inseparéveis do funcionamento dos respectivos sistemas.

## 4. Leis da natureza e leis humanas

No domínio da física, da biologia e das ciências em geral, as leis traduzem as regularidades dos fenómenos que se verificam dentro de um determinado sistema, sendo indispensáveis ao seu funcionamento e eficácia, pois elas próprias constituem o âmago da organização. Por essa mesma razão, no campo dos sistemas sociais os homens fazem leis, normas e regulamentos que servem para estruturar as sociedades onde vivem, concedendo direitos e impondo obrigações.

Antes do aparecimento do Homem, o funcionamento dos sistemas biológicos estava assegurado por meio de automatismos, impostos pelos genes e sistemas complementares, sem prejuízo das adaptações suscitadas pelo meio ambiente. Encontrávamo-nos em presença de programas predominantemente fechados, na medida em que o conhecimento adquirido pelos animais pouca influência tinha. Deste modo, os comportamentos assentavam numa base fundamentalmente inata, transmitida por hereditariedade, que só consentia alterações significativas quando houvesse alguma modificação genética. A parte inata do comportamento era tanto maior quanto mais baixo se encontrava o animal na hierarquia biológica.

Por este modo, ficava assegurada a inviolabilidade das leis e a regularidade do funcionamento do sistema. Mas, ao mesmo tempo, esta situação acarretava consigo uma rigidez que tornava a evolução muito lenta. A estabilidade dos sistemas tinha, por contrapartida, uma enorme falta de flexibilidade.

Com o aparecimento do Homem, nem tudo se modifica, pois cono acabámos de ver este encontra-se ainda sujeito à pressão das suas necessidades que, em grande medida, o condicionam. Por outro lado, o seu sistema neuro-vegetativo permanece dominado pelos mesmos esquemas inatos, em que nós não temos intervenção. Nomeadamente, no que se refere ao aspecto mais sensível, que é o funcionamento cerebral, não só não dispomos de meios eficazes de nele intervir, como conhecemos muito pouco do modo como as coisas se passam.

Noutros aspectos, no entanto, ocorreram alterações profundas, permitindo a flexibilização da acção humana: a componente inata do nosso comportamento desapareceu em grande medida, sendo substituída pelos conhecimentos adquiridos por via social.

Atentemos, todavia, nos condicionalismos estabelecidos, pois a natureza não deixou os homens inteiramente em roda livre.

Como sabemos, a evolução biológica traduziu-se no extraordinário aumento de conhecimentos armazenados no código genético e sistemas complementares, dando lugar a formas cada vez mais complexas de organização, ou seja, aos animais superiores. Como é que os genes são capazes de reter o conhecimento e de o tornar operacional, ignoramos, pois o que sabemos é ainda bastante superficial.

Acontece que os homens se caracterizam por deterem capacidades de algum modo idênticas às dos genes, isto é, são capazes de obter, tratar e armazenar novos conhecimentos e de os transformar em acção. Por isso dizemos que são dotados de *programas abertos,* fugindo, em aspectos fundamentais, ao controlo dos genes.

Impõe-se agora aos homens — embora não inteiramente, como veremos — encontrar as soluções mais adequadas para os problemas da sua convivência, dentro dos condicionalismos específicos do meio. Para tanto, cabe-lhes fazer as leis dos sistemas sociais e modificá-las quando necessário.

Daqui resulta que os grupos humanos, constituídos por homens com diversas personalidades e vivendo em meios com características diferentes, surgem-nos dotados de estruturas variadas, resultantes da variabilidade das experiências realizadas. Podem, assim, fazer-se diferentes arranjos em simultaneidade, aproveitando, nomeadamente, os ensinamentos dos outros.

Por outro lado, as estruturas alcançadas não têm de se manter tal como nasceram. Em face das alterações que ocorram no meio ou dentro do grupo, pode proceder-se aos ajustamentos necessários, ou mesmo transformá-las radicalmente. Isto significa que as leis sociais perderam a rigidez das leis naturais, sem deixarem de manter a sua necessidade. Mas, em contrapartida, podem ser facilmente *violadas,* o que não sucedia com as leis naturais. É este o preço a pagar pela flexibilidade que os sistemas sociais ganharam, permitindo a sua rápida evolução.

No entanto, como acima dissemos, a natureza não deixou os homens em roda livre, o que seria demasiado perigoso. Por isso, esta flexibilização não é tão grande como poderia parecer à primeira vista e como se pretende, por vezes, fazer crer. Existem particularismos psicológicos que jogam fortemente na estabilidade dos grupos sociais e que, com frequência, prejudicam mesmo a flexibilidade desejável, embora este aspecto também se encontre em evolução, como teremos ocasião de ver.

De facto, se os homens vão escolher as leis que os devem reger, permitindo que os grupos realizem experiências diversificadas, acontece que, alcançada uma determinada estrutura social, imediatamente se estabelece uma tendência para a estabilização. A experiência mostra que se criam sulcos psicológicos, geradores de hábitos enraízados, transmitidos por via social e que são dificilmente ultrapassáveis por muita gente. Surgem, assim, as tradições culturais que servem para caracterizar e estabilizar as sociedades e que, ao mesmo tempo, se tornam intransigentes para quem as não respeita e para as tradições de outros grupos, ainda hoje dando lugar a múltiplas querelas e a guerras sangrentas.

O carácter operacional e pragmático de muitas leis perdia-se com o decurso dos tempos, a tal ponto que, em sociedades de lenta evolução, se pretendeu situar nos deuses a sua origem.

Nós próprios podemos encontrar a força do hábito nas mais pequenas acções, mesmo quando detectamos que fazemos uma coisa só porque estamos habituados a fazê-la. E, com frequência, não deixamos de a fazer da mesma forma, além do mais porque poupamos tempo e não nos sentimos bem se procedermos de forma contrária àquela a que estamos acostumados. Não se encontra aqui envolvida qualquer atitude racional — embora o possa estar num segundo momento — mas apenas a pressão do sulco psicológico de que falávamos e que, para muitas pessoas, se torna em verdadeiro abcesso psicológico de fixação, donde podem resultar os mais cruentos resultados, no campo de qualquer fanatismo.

O hábito aparece, assim, como o sucedâneo do inatismo biológico, agora no domínio das sociedades humanas. Daí deriva a *obrigação* que nos compele a dar cumprimento às imposições sociais do nosso meio. Este sentimento da obrigação parece, deste modo, encontrar a sua origem num processo psicológico que nos é inato, de modo que a estabilidade dos sistemas sociais não ficasse demasiado comprometida, ao menos numa fase inicial, isto é, enquanto o conhecimento adquirido não for suficiente para nos permitir proceder, racionalmente, com maior correcção.

Quanto mais incipientes são as sociedades, mais profundo parece ser o sentimento da generalidade das pessoas de que se obedece porque é preciso obedecer. Não significa isto que as normas, no seu início, não tivessem — porventura — uma racionalidade claramente reconhecida. Simplesmente, num segundo momento — ou mesmo logo de início —, apresentam-se como um imperativo.

A força do hábito passa a funcionar como uma imposição biológica, o que levava Nelson a dizer que o hábito vale dez naturezas. A partir de certa altura, só nos sentimos bem a fazer aquilo a que estamos habituados, mesmo quando a mudança nos possa trazer vantagens consideráveis, situação que se vai acentuando com a idade. Os hábitos podem ganhar uma força tal que, mesmo quando desejamos mudar já não conseguimos fazê-lo, por ter perdido a flexibilidade suficiente para tanto. Isso mesmo é reconhecido no campo profissional, quando as empresas consideram ultrapassados os conhecimentos do seu pessoal ainda relativamente novo, preferindo substituí-lo a dar-lhe possibilidade de reconversão.

No entanto, o processo não pára aqui, porque se os sistemas são a base da vida sabemos que eles têm tendência a evoluir e que essa é também uma realidade operante no campo social. Tem de haver, por conseguinte, formas de quebrar as tradições mais arreigadas e elas existem.

Por um lado, as alterações do meio, provocadas por elementos internos ou externos, impõem que se produzam as indispensáveis correcções ou ajustamentos. Mudanças climatéricas, invasões, descobertas realizadas, tudo pode provocar a necessidade de alterações profundas na vida dos grupos sociais. Actualmente, como sabemos, o rápido avanço da ciência e das tecnologias actua continuadamente, a tal ponto que a mudança é uma característica do nosso tempo.

Por outro lado, cada uma das sociedades humanas não tem, como regra, uma uniformidade de tradições e de valores tão grande como se poderá pensar: seja porque nelas se encontram amalgamadas populações étnica e culturalmente diferentes, seja porque no âmbito do grupo se diversificam, com o tempo, classes sociais com interesses opostos. A multiplicidade das personalidades e das capacidades humanas aí conduz de modo inevitável.

Em simultaneidade, um outro factor joga no mesmo sentido: a adolescência é o período da vida que parece ter sido especificamente preparado para facilitar as transformações. De facto, nessa altura, existe uma grande receptividade à novidade, à aceitação de novas situações, à integração em outros sistemas de acção. Daí que a juventude seja fautora de agitação e de instabilidade em todas as épocas, mesmo quando mais tarde volte a ajustar-se e a cristalizar dentro dos sistemas tradicionais, por falta de meios para concretizar aspirações diferentes.

Esta disponibilidade faz com que os jovens se sintam atraídos por novas situações, novos condicionalismos e novas ideias e constituam o ponto chave da evolução social, quer no campo das descobertas científicas, por não estarem ainda vinculados a formas específicas de pensamento, quer no domínio da adopção de novos padrões de vida, isto é, dos novos sistemas regidos por novas leis, por não se encontrarem tão dominados pelo poder dos hábitos.

No momento presente, com o desaparecimento de pesados constrangimentos políticos e sociais, as especificidades étnicas e culturais de muitos grupos dominados até agora vêm ao de cima, manifestando o desejo de livre expressão. Estas revivescências não parece, no entanto, que possam manter-se por muito tempo com a mesma intensidade, por se encontrarem em contradição com forças sociais muito mais fortes.

Na realidade, como salientámos, uma das grandes causas das transformações das sociedades encontra-se no aumento do conhecimento. Através da psicologia, da biologia e da sociologia somos levados a aprofundar a razão de ser das nossas acções e o fundamento das instituições que nos regem, bem como a justificação das leis vigentes. Por outro lado, as imposições tecnológicas da produção de bens e de serviços acarretam exigências de grandes espaços, bem como uma uniformidade de processos que, embora preocupante, se vem revelando difícil de contrariar.

Como consequência, a tradição dessacraliza-se e perde a sua força. Já não pensamos que as leis e os costumes vêm dos deuses, antes vemos claramente qual a sua origem e fundamentação, encontrando-nos não só preparados para os mudar em qualquer momento, se necessário, mas apostados em promover deliberadamente a mudança. Não estamos dispostos a aceitar o que está, só porque existe, antes tendemos a desvalorizar quanto vem do passado. Pensamos que tudo deve ser reconsiderado à luz do novo conhecimento científico e procedemos em conformidade, mesmo quando esse conhecimento é insuficiente para permitir alcançar os resultados pretendidos.

Se o aumento do conhecimento acarreta consigo a desvalorização da tradição e enfraquece o sentimento da obrigação, daí resulta que as pessoas já não obedecem porque é preciso obedecer, antes querem saber, de modo concreto e preciso, qual o fundamento para as obrigações que sobre elas impendem ou se pretende fazer incidir. Toda e qualquer lei tem de ser devidamente justificada e encontra-se sujeita a permanente questionamento e impugnação, ao menos nos países democráticos.

No entanto, como o peso dos hábitos ainda não desapareceu em relação à generalidade das pessoas e o conhecimento não se encontra tão divulgado como pode supor-se, pois muita gente não consegue apreendê-lo, a confusão nos espíritos é grande. A isso se junta o facto de os valores tradicionais se esboroarem face à mudança de civilização que se encontra em curso, sem que outros valores, genericamente reconhecidos, se lhes tenham substituído. O que tudo provoca uma desestabilização generalizada dos sistemas sociais, um pouco por toda a parte.

Mas tal desestabilização não vai ao ponto de destruir os sistemas — ao menos como regra —, pois as pessoas sabem, mesmo que seja empiricamente, que essa destruição não deixaria de as afectar em consequência da complexidade e da vulnerabilidade dos sistemas de produção.

De um modo geral, podemos dizer que as tradições perdem a sua força, as ideologias se esbatem e o pragmatismo avança. Em paralelo, e inevitavelmente, os valores alteram-se, o hedonismo generaliza-se, os grandes ideais não recebem tantas adesões e pouca gente se encontra disposta a fazer sacrifícios sem contrapartidas. Por isso, a estabilidade das sociedades tende a assentar em programas de bem-estar social com um mínimo de constrangimentos.

É a estes condicionalismos que as leis humanas tendem a adaptar--se presentemente. Como vaga de fundo, acentua-se o distanciamento entre os homens no que respeita à sua capacidade de absorver e utilizar os conhecimentos mais avançados, dando lugar a diferenças preocupantes dentro dos modernos estratos sociais, o que pode acarretar consigo novas situações de dominação e de revolta.

Mas são estes os riscos que a flexibilização dos sistemas sociais implica, no caminho da mudança.

Só a tomada de consciência deste facto poderá criar condições susceptíveis de impedir roturas sociais indesejáveis. Porque embora vinculados fortemente ao passado é aos homens que cabe — com todas as dificuldades inerentes — construir o futuro e formular as leis da sua convivência.


## 5. A capacidade criadora

Dotado de ampla capacidade de aprendizagem, o Homem ultrapassou os conhecimentos transmitidos biologicamente e passou a uma fase de criatividade que constitui um traço importante de separação face aos outros animais.

Os seres vivos que nos precederam não tiveram qualquer intervenção directa no processo de evolução biológica, o mesmo acontecendo ao próprio Homem. Todos são o resultado do que antes deles se passou, independentemente de saber se o processo evolutivo teve alguma intenção na origem ou dependeu do simples acaso.

Quando passamos para o campo da evolução social, a perspectiva muda radicalmente, ao menos na aparência, pois o Homem surge-nos agora como fautor da mudança, através da criatividade e da intencionalidade das suas acções.

Por isso, neste aspecto, não podemos comparar-nos com os outros animais, *mas sim com a natureza,* em cujo seio se gerou a evolução biológica. No entanto, sendo também os homens pedaços da natureza, agirão eles com autonomia, ou será ainda a natureza que actua por seu intermédio?

Criar, consiste em obter algo de novo, em ordenar os elementos disponíveis por forma ainda não experimentada. Como refere Arthur Koestler, «pode-se dizer que a criatividade, nas ciências, é a arte de adicionar dois e dois para fazer cinco. Por outras palavras, consiste em combinar estruturas mentais anteriormente sem relações de maneira a obter do seu conjunto mais do que existia antes. Este resultado que parece mágico deriva do facto de que o todo não é só a soma das partes, mas também a expressão das relações entre as partes: cada nova síntese faz aparecer novas estruturas de relações — holões cognitivos mais complexos nos escalões superiores da hierarquia mental». Acrescenta, mais adiante, que a «pulsão exploradora» é tão fundamental, e algumas vezes mais poderosa, do que os instintos alimentares e sexuais, encontrando-se já nos animais e nas crianças.

Este aspecto foi largamente tratado e Maslow e outros autores já chamaram a atenção para a existência de pessoas que são criadoras natas, nas quais o impulso criador parece ser mais importante do que qualquer outro.

Dado o valor da inovação nas sociedades muito industrializadas, cada vez mais se procuram detectar os indivíduos mais criativos, dando-se-lhes a preparação e colocando ao seu dispor os meios necessários para tirarem todo o proveito das suas potencialidades. Para além disso, os cérebros humanos associam-se por toda a parte em poderosas organizações. De tal modo que cada cientista tende a ser visto como um neurónio de cérebros gigantescos que, por seu lado, comunicam permanentemente entre si, dando lugar a uma estreita rede de pensamento criativo, onde mais uma vez o individual só pode revelar-se no esforço colectivo.

Posto isto, importa repor a pergunta antes formulada: sendo também os homens pedaços da natureza, agirão eles com autonomia, ou será ainda a natureza — tão altamente criadora e condicionante da acção humana — que continua a actuar por seu intermédio, embora dando-lhes uma aparência de autonomia?

A fim de bem nos situarmos, comecemos por recordar que, antes do aparecimento do Homem, já existiam sistemas e leis, já tinham surgido os animais com toda a complexidade do seu organismo e dos processos reprodutivos. A energia atómica era uma realidade, bem como a electricidade, existiam computadores biológicos, termóstatos, bombas de propulsão e numerosos processos delicados de transmissão, armazenamento e tratamento da informação, radar, controlo a distância e tantas outras formas complexas das quais só pouco a pouco vamos tendo conhecimento.

A vida revelava-se através das espécies mais variadas, no ar, na água e na terra. As abelhas fabricavam o mel e a cera; as formigas armazenavam alimentos, faziam agricultura, domesticavam animais, praticavam a escravatura, entravam em guerras e drogavam-se; os castores construíam abrigos com entradas subaquáticas; a vespa *Cerceris* conhecia biologicamente a fisiologia do *Cleone ophtalmicus,* o que lhe permita atingir com o seu estilete os gânglios torácicos — de onde partem os nervos que comandam as asas e as patas —, imobilizando-o de modo a servir de alimento vivo às suas larvas após o nascimento; a orquídea *Ophris* parecia estar informada acerca da fisiologia das fêmeas de certos himnópteros, incluindo os seus particularismos sexuais, de modo a poder imitá-las tão perfeitamente que os machos, enganados com a semelhança, realizavam com as flores cópulas fictícias, permitindo que se efectuasse a polinização.

Já havia, como vimos, sociedades animais, apropriação de territórios que eram defendidos pelos seus ocupantes, hierarquias sociais, acasalamentos temporários ou vitalícios, infidelidades conjugais, cuidados com os filhos, protecção das fêmeas e das crias contra ataques externos; como havia lutas, guerras, depradações; mas também comportamentos de ternura, de amor e de amizade e, inclusivamente, a morte motivada pelo falecimento do parceiro, como se a saudade também já fosse uma realidade.

Não nos esqueçamos, tão pouco, de que a nossa ciência está fundamentalmente a descobrir o modo como as coisas se passam na natureza, a tentar aprofundar o conhecimento das suas leis para, de seguida, as poder utilizar com vantagem para os homens. Talvez por isso Schrödinger dizia que «aprender através da razão parece-se mais com recordar um conhecimento anteriormente possuído, mas latente de momento, do que com descobrir verdades de todo novas».

Por outro lado, podemos verificar que os homens se encontram vinculados a padrões de vida bastante restritos, apesar da variedade aparente de situações criadas por seu intermédio. Dominados pelas mesmas necessidades básicas dos animais, buscam a alimentação e o abrigo, procuram parceiros sexuais e têm de se defender contra os possíveis ataques dos seus congéneres e de outros animais, sendo estas actividades que ocupam uma parte importante da sua vida. Tiveram uma existência difícil, apanhando frutos e caçando animais, fabricando artigos rudimentares, abrigando-se em cavernas ou palhotas simples. Com a revolução neolítica, passaram à domesticação de animais, à agricultura, a uma vida mais sedentária em pequenos aldeamentos, com formas mais acentuadas de diversificação social. Os desenvolvimentos subsequentes deram lugar a uma economia de troca e a utilização do ferro permitiu o maior incremento da guerra, com a criação dos primeiros impérios, tudo conduzindo a uma crescente sedentarização e ao crescimento urbano.

Como grandes etapas da evolução social podemos salientar, com Toffler, o desenvolvimento da agricultura e a domesticação de animais, o aparecimento da indústria e, depois, da informática, todas elas assentando em aquisições fundamentais no campo social.

Agricultura, indústria e informática generalizaram-se por toda a parte, apresentando-se como estruturas organizativas fundamentais que consentem apenas variações de pormenor, marcando de modo indelével a vida social nos planos familiar, económico e político, numa tendência inequívoca para a uniformidade.


Tudo de passa como se poderosas forças balizassem e orientassem a evolução social. Por isso, as variações não são tão amplas como se poderia pensar, uma vez que resultam da combinação possível dos elementos da natureza — incluindo o próprio homem — que se encontram em presença. A estrutura da família, as relações de parentesco, os regimes políticos ou a maneira de organizar uma empresa podem revestir modalidades diferentes, mas sempre em número limitado e tendendo para a uniformidade, o que não admira, pois se encontram dirigidos às mesmas finalidades de autoconservação e de reprodução, de ataque e de defesa, dentro de uma perspectiva de eficácia.

Nos países mais avançados, a família é monogâmica, o casamento pode ser civil ou religioso, aceitando-se também as uniões de facto, os regimes de casamento são três ou quatro, as formas de sociedade comercial são quatro ou cinco e os regimes políticos tendem para uma uniformidade preocupante, com parlamentos, governos, tribunais, exércitos e polícias.

No seu tempo, já Aristóteles havia classificado as formas possíveis de organização política em monocracias, aristocracias e democracias, a cada uma correspondendo um tipo de degenerescência: despotismo, oligarquia e demagogia. Esta classificação mantém-se largamente válida, embora com tendência para se reduzir a um tipo uniforme, com variantes superficiais.

Mesmo no campo literário, como alguns autores têm chamado a atenção, encontramos um grande número de obras e um pequeno número de temas fundamentais, com as variações resultantes da diferenciação dos ambientes geográficos e sociais. Segundo Carlo Gozzi, apenas existiriam no mundo trinta e seis situações dramáticas.

O número de combinações possíveis dos elementos humanos em função dos sistemas sociais é limitado na sua essência, mas admite múltiplas variações de pormenor, o que permite as adaptações a circunstâncias diversas e a flexibilidade indispensável à evolução.

Nós não conseguimos impor as nossas próprias condições, o que faz com que as ideologias se tornem estéreis. As limitações biológicas e psicológicas de que sofremos até ao presente circunscrevem a racionalidade das organizações que podemos utilizar e, por essa via, as nossas opções. Só a investigação científica nos poderá ir libertando ou, então, um possível salto qualitativo no campo da evolução biológica. O que significa que a criatividade da natureza continua a ser muito maior do que a criatividade humana.

Ao fim de um certo percurso da sua vida, os homens caem com frequência na monotonia do *déjà vu*. Por certo, para os jovens, há sempre a novidade das experiências ainda não vividas, mas que se esgotam cada vez mais rapidamente, criando preocupantes desilusões. A partir de certa altura, os indivíduos e as sociedades ficam sentados numa encruzilhada qualquer *à espera de Godot*. Inclusivamente, nos romances de ficção científica é lamentável a estreiteza das variações que surgem.

Apesar disso, nós não podemos parar, porque o nosso cérebro se encontra permanentemente em actividade, quer queira, quer não: faz arranjos e combinações com os elementos que propositadamente lhe fornecemos ou com aqueles que chegam ao seu contacto pelo nosso simples deambular no meio em que vivemos. No entanto, são poucos aqueles que derivam da observação da queda de uma maçã a teoria da gravitação universal, o que faz surgir terríveis problemas de diferenciação individual e social.

De facto, as nossas conexões neuronais são enriquecidas pelos estímulos externos, enquanto as potencialidades existentes estiolam num meio pobre. Um cérebro bem dotado e educado num meio rico em estímulos tem de dar vazão à carga informativa recebida, o que leva muita gente a escrever e a querer saber mais, investigando.

Tudo se passa como se a nossa actividade nos levasse a carrear os elementos com que alimentamos o nosso cérebro o qual, por processos que não controlamos mas podemos ajudar, faz o tratamento dessa informação de acordo com os padrões de racionalidade existentes e apresenta os resultados de que nós tomamos conhecimento ao nível da consciência. Resultados que podem ou não ser aceites, em confronto com padrões estabelecidos por outras vias e que servem de controlo à acção.

Porque nos encontramos num universo de racionalidade sistémica, não admira que, perante informações idênticas, tiremos as mesmas conclusões. Por isso, com frequência, estamos de acordo e, pela mesma razão, sucede serem proclamadas em sítios diversos e em simultaneidade, descobertas idênticas, em estados já avançados da investigação.

A racionalidade das situações impõe-se-nos também na vida social, acarretando consigo soluções que não procurámos. Assim, em sociedades agrícolas estáveis, onde a principal riqueza vem da terra, a família reúne-se à volta do seu património e reveste carácter patriarcal. Já na sociedade industrial, os empregos surgem em locais diversos, dando lugar à chamada família nuclear, de dimensões reduzidas, sem que ninguém o tivesse premeditado. Na sociedade da informatização, em que as mulheres ganharam já a sua independência cultural e económica e os valores mudaram, havendo também maior mobilidade profissional, caminhamos, pela força das circunstâncias, para um tipo de família temporária e uniparental.

Ninguém *quis* ou *impôs* qualquer destas situações: elas simplesmente decorreram de outros acontecimentos e as leis humanas tiveram de as aceitar e regulamentar.

Já num segundo momento, a infidelidade das mulheres que era gravosamente punida na primeira situação perdeu carácter criminal, enquanto os filhos ilegítimos, antes colocados numa posição social de inferioridade, agora são protegidos para promover a sua correcta educação.

Em contrapartida, objectivos queridos e persistentemente procurados não resultaram, como sucedeu com o marxismo e com o primitivo liberalismo.

A observação mostra-nos que nós não nos podemos opor, duradoiramente às transformações que *brotam* no meio social em consequência de alterações internas ou externas. Como não podemos impor soluções que o meio não consinta.

No primeiro caso, as tentativas para contrariar as forças sociais poderão ter efeitos retardadores, meramente temporários. O que nos é permitido é fazer ajustamentos às condições específicas de tempo e de lugar, tal como o *surfista* que se desloca na crista das ondas. O mesmo acontecia com as espécies durante a evolução biológica. Os peixes podiam ter várias cores ou tamanhos, sem deixar de ser peixes, como os mamíferos podiam ter o pêlo mais curto ou mais comprido, sem deixar de pertencer à sua espécie.

Embora durante algum tempo os juristas tivessem a impressão de que as leis humanas comandavam as estruturas sociais, o certo é que assim não acontece, porque elas não conseguem vencer nem as leis biológicas, nem as leis sociais. As leis humanas não comandam o processo de evolução social, antes têm de jogar no mesmo sentido, por forma a ajustar os sistemas, o que já é muito importante.

São as transformações sociais que aparecem primeiro, suscitando novas ideias e provocando alterações que, com frequência, ninguém havia pensado. É por isso que as ideologias dão lugar a desilusões frequentes, embora os seus anseios — quando correspondem a necessidades fundamentais dos homens — se mantenham no campo da esperança que não fenece, à espera de melhores dias.

Foi a ciência e a tecnologia dela decorrente que vieram abrir o caminho da realização de muitas aspirações. Assim, podemos observar que a escravatura existiu através de toda a história, subsistindo ainda nos dias de hoje em alguns países atrasados. Quando o liberalismo pôs em causa a sua existência, este movimento de ideias não conseguiu romper caminho só por si. Apenas quando as disponibilidades energéticas puderam substituir o trabalho escravo e se verificou que havia processos mais cómodos e mais baratos para gerir a mão-de--obra, foi possível pôr-lhe termo.

A Magna Carta estava muito longe de ser um regime democrático generalizado, propondo-se apenas a defesa dos nobres face à realeza. Tiveram de passar alguns séculos, de se modificarem muitos condicionalismos técnicos e económicos, de se alcançarem outros níveis de cultura e de produção para que a democracia atingisse a plenitude de hoje, embora ainda com muitas limitações, como veremos.

As ideias liberais só conseguiram impor-se com a industrialização, embora tivessem começado com o início dos grandes negócios. Quanto ao marxismo, só surge como ideologia actuante face às promessas de bem-estar que a industrialização trouxe consigo. Mas falhou na prática, porque partiu da ideia de um homem que não existia nem pôde ser produzido pela sociedade, como a teoria preconizava.

Como se vê, há razões suficientes para poder apresentar-se a dúvida sobre se os homens são criadores autónomos ou se é ainda a natureza que actua por seu intermédio, como antes se manifestara nos átomos, nas células e nos genes, com a diferença de ter surgido, com os homens, uma nova forma de agir: os programas abertos.

Programas que levantam um problema muito importante, para o qual também ainda não há resposta: se não pode pôr-se em causa a *intencionalidade* dos comportamentos humanos, o que dizer da natureza que se encontra por detrás do Homem? Por certo, pode sempre afirmar-se que a intencionalidade foi, ela também, obra do acaso, o qual permitiu o aparecimento de um ser completamente diferente de quantos o precederam. Só que, como vimos, não existem tantas diferenças como se poderia pensar entre o Homem e a natureza que o precedeu.

Tudo se apresenta, ainda, ao nosso espírito, cheio de ambiguidades e de contradições que se repercutem no que poderemos pensar acerca da liberdade do Homem face à natureza, como analisaremos no final do capítulo seguinte, apontando para uma estreita conexão entre os dois termos — Homem e natureza — o que não é de admirar uma vez que — sem cair em reducionismos — ambos são aspectos de uma mesma realidade, produzida por idêntico processo, qualquer que ele seja.

De uma forma ou de outra, os homens encontram-se envolvidos de um modo muito particular no processo de evolução social, em especial devido ao desenvolvimento da consciência, aspecto novo de que trataremos logo de seguida.


## 6. A consciência

Como acabámos de ver, a capacidade criadora, só por si, não constitui um elemento que diferencie suficientemente o Homem da natureza. A interligação entre ambos mantém-se estreita e indissolúvel, a ponto de não sabermos onde começa um e termina a outra, nada existindo nesse facto que possa diminuir-nos, como homens. Que somos o ponto mais avançado da evolução — tanto quanto sabemos até ao momento — pode ser apenas um convencimento.

É possível dizer que a evolução biológica mostra-nos a natureza como que a jogar consigo própria, a testar as suas virtualidades. O aparecimento do Homem já pode ter um significado diferente: o de uma natureza que, seja qual for a causa, começa a conhecer-se, pois ao acto criador se acrescenta *o saber que se existe,* a percepção das leis e dos fenómenos, ou seja, *a consciência.*

Se através da capacidade criadora os homens são directa ou indirectamente co-autores da criação, a consciência torna-os *sabedores* do que se passa, capazes de *dar sentido* a coisas e a fenómenos que, aparentemente, o não tinham.

Se olharmos os animais que nos precederam, podemos admitir que já existem neles algumas franjas de consciência, quer no que toca ao conhecimento relacional, quer mesmo ao controlo do comportamento face ao meio e às exigências da convivência dentro do grupo.

Mas é no Homem que a consciência dá lugar ao aparecimento de um amplo *auto-conhecimento* e de um *sentido reflectido* acerca do que quer que seja.

Podem os cientistas e os filósofos negar que a organização biológica tem um sentido, quanto mais não seja o da autoconservação e o da reprodução dos indivíduos e das espécies, levando a que todos os órgãos e sistemas dos seres vivos exerçam uma acção complementar perfeitamente coordenada para o prosseguimento desses objectivos. Mas já não parece fácil negar que nós, homens, agimos *intencionalmente,* querendo com isto dizer que — num grau antes desconhecido — orientamos deliberadamente a nossa acção para atingirmos uma meta antecipadamente prevista.

Aceitamos como duvidoso que a intencionalidade resulte do acaso ou de uma intencionalidade anterior, pois nada parece impedir a ideia de que esse acaso extraordinário que produziu o Homem sem qualquer propósito tenha dado simultaneamente lugar à sua intencionalidade e à exigência de um significado e sentido. Isto sem prejuízo, como antes defendemos, de que esse sentido só possa resultar e ser alcançado através dos próprios sistemas e dentro deles. Daqui decorre que a natureza que produziu os sistemas com as suas leis, que deu lugar ao conhecimento reflectido sobre esses mesmos sistemas e leis, fez surgir também a possibilidade de apontar para objectivos específicos, utilizando uma vez mais os sistemas e as leis.

Deste modo, os homens ir-se-iam transformando, gradualmente, em autores conscientes do seu destino, dentro dos limites já indicados, com dependência do grau do seu conhecimento não só dos sistemas e das leis, mas também da acção que, por essa via, possam vir a exercer.

Mas qual o papel da consciência no meio deste processo? Tentemos aprofundar o problema, para melhor nos situarmos.

Com os seres vivos, surgiram na natureza sistemas biológicos em que as células se articulam perfeitamente umas com as outras, dentro de uma organização relativamente estável que se processou ao longo de milhões de anos. Com as formigas e as abelhas, o mesmo tipo de organização foi alcançado entre unidades aparentemente independentes, mas que não evoluíram. Quer num caso, quer no outro, a cooperação foi atingida, mas sem virtualidades futuras assinaláveis.

Ora, nas sociedades humanas, a instabilidade é grande, o que permitiu que o ritmo evolutivo crescesse extraordinariamente, seja em consequência de mudanças externas seja de uma intencionalidade consciente dos homens. Perdeu-se em solidariedade, embora esta não tenha desaparecido nem sequer tenha sido depreciada, pois os grupos humanos fazem apelo constante à unidade, mesmo quando esta seja imposta pela força. Quer isto dizer que houve sempre uma consciência clara ou difusa da importância da solidariedade dentro do grupo, ao chamar-se a atenção para as suas virtudes, ao fazer-se apelo ao sacrifício e à heroicidade.

O imperativo da solidariedade é desrespeitado com muita frequência, pois o conhecimento humano ainda é insuficiente e parcelar, encontrando-se, por outro lado, confrontado com as componentes de competição e de agressividade, de origem genética, e com as dificuldades do meio que jogam no mesmo sentido. No entanto, porque aquele imperativo é fundamental para a coesão dos grupos, nunca deixou de haver homens que afirmavam, tal como Sócrates, que quem conhece o bem não pode deixar de o praticar, sendo o bem identificável com a solidariedade e com a justiça que é uma sua componente.

Porque a solidariedade entre os homens só pode crescer com a consciência das suas vantagens — tendo em vista a defesa dos interesses próprios —, adquirida pelo conhecimento social, é que as sociedades de pequena dimensão só evoluíram para sociedades mais amplas à medida que o conhecimento aumentou, permitindo — ou impondo — estruturas sociais mais complexas e produtivas.

Pode pensar-se que um maior acréscimo do conhecimento poderá conduzir a uma evolução social mais organizada, sem grandes sobressaltos, com muito maior capacidade de utilização das leis sociais existentes e, porventura, com o aparecimento de outrs leis. Por essa via, talvez seja possível implantar formas de solidariedade mais generalizadas e eficazes, sem perda da flexibilidade indispensável à evolução, onde os riscos da mudança se tornem mínimos.

Este acesso a uma maior consciência das realidades por via do conhecimento, facilitaria nomeadamente: — a ponderação dos problemas individuais face aos problemas do grupo, conciliando a eficácia com a justiça; — a articulação da evolução com as exigências da sobrevivência individual e colectiva.

Sendo assim, a consciência viria a permitir, pela via do conhecimento, reunir o máximo de flexibilidade com o máximo de eficácia dentro dos sistemas sociais, num universo que é simultaneamente sistémico e evolutivo. Como escreve Edgar Morin, a inteligência da inteligência permite à inteligência reflectir e agir sobre ela própria.

Mas, para além deste importantíssimo aspecto, a consciência representa também — o que é igualmente fundamental — a *personalização* da natureza, através do autoconhecimento de quanto se está a passar, dando como que justificação a toda a intencionalidade surgida no movimento evolutivo.

Uma vez mais, encontramo-nos em presença da importância da informação e do conhecimento. A consciência só pode ser suficientemente operativa quando for dotada de uma capacidade de conhecimento muito maior do que a existente neste momento. Por outro lado, é preciso que essa capacidade se encontre mais generalizada. Todo o empenho que tem vindo a ser posto na investigação científica e nos programas de escolaridade traduz esta exigência, hoje abertamente reconhecida.

Mas tudo quanto tem sido feito até ao presente é manifestamente insuficiente. Pode, porém, admitir-se que as conexões neuronais se venham a desenvolver de maneira mais rápida, à medida que o próprio conhecimento adquirido o fomente. O trabalho realizado em comum poderá também ajudar a potencializar as nossas capacidades criativas.

Outras possibilidades encontram-se na própria evolução qualitativa do cérebro, por via natural ou resultante do próprio trabalho humano, por via química ou genética.

Como se verifica, conhecimento, capacidade criadora e consciência andam estreitamente ligados. Porque o conhecimento é insuficiente, a capacidade criadora e a consciência têm ainda um significado bastante ambíguo. Atravessamos um período em que mais pressentimos os problemas do que deles temos consciência verdadeira, em especial no que respeita às conexões mais profundas. Por isso, o peso do *saber* biológico, transmitido por via genética — que se traduz em *intuições* e *emoções* e que em larga medida ainda compartilhamos com os répteis e com os mamíferos inferiores — continua a sobrepor-se, em muitos aspectos, ao conhecimento científico, bastante incompleto, e à consciência.

Como resultado, muitos dos nossos comportamentos encontram-se cheios de obscuridades e de contradições, pois obedecem a sistemas não suficientemente compatibilizados. Daí que muitos valores sociais continuem a ser contraditórios no tempo e no espaço, além de estarem também em oposição com os valores que derivam das nossas necessidades primárias.

Se o futuro só pode estar no desenvolvimento do conhecimento científico, isso não significa que as nossas crenças não tenham tido — e continuem a ter — uma importância considerável para a sobrevivência da espécie, como conhecimento inato que representam.

Contudo, parece indispensável que consigamos ultrapassar essa fase, para podermos alcançar resultados mais promissores. Sabemos, por exemplo, que os nossos sentidos e percepções não nos mostram a realidade tal como ela é, pois não vemos os átomos à nossa frente, nem os espaços vazios que existem entre as partículas que os constituem, mas antes objectos compactos e estáticos, como uma casa ou uma mesa.

Esta realidade serve ao nosso quotidiano, mas não ao nosso controlo sobre a natureza: para avançarmos, foi preciso descobrir as estruturas atómica e biológica, embora ainda estejamos longe de conhecer talvez o essencial. O grande esforço da ciência tem consistido em ultrapassar essa limitação.

No plano social, o mesmo acontece. Deixámos de acreditar que por detrás de cada força da natureza se encontra um pequeno deus, que os reis governam por direito divino ou que as leis humanas derivam também da divindade. Pusemos de lado a crença de que havia pessoas, classes sociais ou raças que gozavam naturalmente de qualquer superioridade que deveria ser aceite sem restrições, sem prejuízo de, levados pelo nosso entusiasmo, termos ultrapassado os limites da realidade, que mostra que os homens são diferentes, embora em sentido diverso.

Acreditámos que as ideologias poderiam alterar a natureza fundamental do Homem e estabelecer sociedades perfeitas. E criámos outras conceitualizações acerca dos homens e da convivência social que eram erradas e só gradualmente vão desaparecendo.

Tudo isto se repercutiu inevitavelmente no campo do Direito e, por certo, o avanço da ciência permitir-nos-á algumas aberturas de interesse, como vem acontecendo com a criminologia.

Em todos os domínios, precisamos de conhecer muito mais, para gozarmos de uma consciência mais ampla e eficaz. O saber mais, talvez venha mesmo a permitir o controlo dos nossos genes e — hipoteticamente — o aparecimento de um novo Homem, tão ardentemente desejado como forma de se alcançar a solidariedade e o amor.

Como indivíduos, não passamos de ficções, algo de semelhante a um neurónio isolado dos demais. Por isso, a consciência não pode ser havida como acontecimento meramente pessoal, desligado do colectivo em que se integra. A consciência traduz sempre um fenómeno assente simultaneamente no conhecimento e na solidariedade.

Neste momento, tudo é contingente e, em simultâneo, cheio de promessas. Podemos considerar-nos perdidos nos particularismos que nos impedem de ver a realidade total do universo e de nós próprios, mas somos movidos por forças que parecem apontar para um futuro diferente.

Mas as esperanças do Homem não podem residir apenas nele: sem o Cosmos — ou Deus — donde surgiu e onde continua a integrar-se, não é possível pensar-se numa superação da condição actual. Homem e Cosmos — ou Deus — constituem uma unidade indivisível para concretização das esperanças que poderemos ter como pessoas e como espécie.

# CAPÍTULO II

# A ACÇÃO HUMANA

## 1. Necessidades, valores e normas

A organização biológica faz com que os animais — e os homens — sejam movidos por importantes necessidades: se não comerem ou beberem, se não se mantiverem dentro de determinados limites de temperatura, se não descansarem o suficiente, é a morte que os espera.

Hoje sabemos bastante bem, em numerosos casos, como as coisas se passam. Por exemplo, quando se verifica uma baixa de glucose, dos ácidos aminados ou dos ácidos gordos no plasma sanguíneo, sentimos a sensação de fome, detectada pelo hipotálamo e integrada ainda por sinais como a temperatura do corpo e a distensão do estômago. Esta sensação leva-nos à busca de alimentos e à sua ingestão até que o equilíbrio daqueles elementos no plasma se encontre restabelecido.

Se não ingerirmos alimentos, o que acontece? As glândulas supra-renais segregam adrenalina que transforma as reservas de glicogénio armazenadas no fígado em glucose imediatamente utilizável, permitindo que, em curto espaço de tempo, a glucose comece a subir. A mais longo prazo, a secreção de hidrocortisona pelo córtex supra-renal permite a transformação das proteínas em glucose.

Como se vê, o nosso organismo dispõe de mecanismos específicos para corrigir os desequilíbrios que se manifestem dentro dele. Simplesmente, esses recursos são limitados, o que nos obriga sempre a ir buscar ao meio ambiente em que vivemos os meios necessários à vida, sem o que acabaremos por morrer.

No caso do calor e do frio, ou de extremo cansaço, criam-se também situações a que o organismo acaba por não poder resistir.

Porque assim acontece, passamos, como já referimos, uma parte importante do nosso tempo a produzir, tratar, armazenar e transportar os bens de que carecemos para sobreviver. O desenvolvimento da agricultura, da pecuária, da extracção de minérios e das mais variadas indústrias e serviços, com os programas de investigação, de educação e de formação profissional envolvidos, a imensa rede de comunicações e de transportes, aí estão a testemunhar esse facto fundamental.

Mas os impulsos biológicos comandam também os processos de sexualidade — pressupostos da reprodução —, onde se incluem as necessidades de amor e de afecto, implicando o relacionamento dos jovens, o acasalamento dentro ou fora do casamento, a criação dos filhos e a sua educação, num ciclo contínuo e interminável. Sexualidade de que não pode excluir-se sequer quem quiser ser casto, na medida em que terá de manter um permanente controlo desse impulso fundamental.

Se bem repararmos, a vida do Homem é dominada por todos estes aspectos que, pela sua relevância, absorvem também a literatura, o cinema, os jornais, a actividade política e jurídica, a religião e a medicina. Entre as obras de misericórdia, por exemplo, encontramos com grande relevo: dar de comer a quem tem fome, dar de beber a quem tem sede, vestir os nús, visitar os enfermos e encarcerados, dar pousada aos peregrinos e remir os cativos.

Se temos necessidades de afecto e de estima, somos também impelidos a participar nas actividades que se desenrolam à nossa volta, a querer saber mais, a compreender a razão de ser das coisas, pois o conhecimento é indispensável a tudo quanto se relaciona com a vida.

Mas somos também atraídos pelo belo, havendo harmonias que nós procuramos ao mesmo tempo que repelimos o que se nos afigura feio ou inestético. O simples facto de um quadro se encontrar inclinado numa parede leva muita gente a endireitá-lo, porque não se ajusta a exigências de equilíbrio da mente. Os próprios físicos atómicos dizem-nos que o conceito de beleza é fonte de inspiração para muitos cientistas profissionais. «Quando, por vezes, o caminho a seguir não é suficientemente claro, é à beleza matemática e à elegância que cabe o papel de guias. O cientista professa intuitivamente a fé irracional de que a natureza deve preferir o belo ao desagradável» (Paul Davies).

Em resumo, e como escreve Piaget, «pode dizer-se, de maneira absolutamente geral, (...) que qualquer acção — quer dizer, qualquer movimento, qualquer pensamento ou qualquer sentimento — responde a uma necessidade». Deste modo, no fundamental, os objectivos da nossa acção são-nos dados por via biológica, sem prejuízo de admitirem variações resultantes da inserção no meio em que se vive.

Comandado pelas necessidades, o Homem vai procurar os meios aptos à sua satisfação, porque um dos comandos biológicos que o norteia é o desejo de viver, mesmo quando a vida é extremamente desagradável (com muito limitadas excepções). Busca, por isso, o alimento, o abrigo, o vestuário, o parceiro sexual, o conhecimento, os livros, os amigos, os concertos, o contacto com a natureza... A esses meios aptos à satisfação das necessidades, chamaremos genericamente *bens.*

Porque os bens têm a capacidade de dar satisfação às necessidades, nós procuramo-los e dizemos que eles têm *valor,* que são *bons.* Compreende-se que assim seja, porque eles dão-nos prazer e impedem que nos sintamos infelizes. Por isso existe uma ligação directa entre necessidades e valores.

Assim acontece com o alimento, com a casa, com os livros e mesmo com as pessoas que nos dão amor, amizade e ajuda. Na medida em que nos encontramos em presença deste tipo de situações, em que satisfazemos directamente as nossas necessidades, compreende-se perfeitamente a ligação dos valores com as necessidades. As coisas ganham mais complexidade quando passamos para o campo do que poderemos chamar *valores sociais,* ou seja, daqueles valores que pressupõem e se reportam à existência do grupo, pedindo o sacrifício do indivíduo em favor do colectivo. É o que acontece com o respeito mútuo, a justiça, a lealdade, o patriotismo, a tolerância, a democracia e tantos outros que são a contrapartida dos *direitos do Homem.*

A pergunta que surge a este respeito é a de saber se, nestes casos, haverá também uma ligação estreita entre necessidades e valores, existindo, como se sabe, quem defenda que estes valores têm autonomia e se apresentam como um absoluto que os homens não podem recusar, chegando a falar-se na oposição irredutível entre o mundo do *ser,* daquilo que *é,* e do *dever-ser,* ou seja, dos *valores.*

Ora, parece que entre necessidades e valores, mesmo neste caso, há uma manifesta e íntima ligação. De facto, se os homens se juntam e vivem em sociedade é porque só por esse modo podem sobreviver, retirando também daí vantagens consideráveis no que toca à satisfação das suas necessidades.

A convivência dentro do grupo surge como algo de fundamental, o que lhe concede um elevado valor. Por isso, pertencer a um grupo é bom, enquanto ser repelido é mau. Mas o grupo só pode subsistir se os seus membros mantiverem, uns para com os outros, um mínimo de solidariedade e de respeito, sem prejuízo dos desvios e prepotências que possam ocorrer. Por outro lado, em caso de perigo externo, é preciso que todos se juntem para defender a vida e a liberdade de cada um. O herói será o homem que leva ao mais elevado grau esta defesa, sacrificando a sua própria vida, quando necessário. Como o santo fará o mesmo em favor de qualquer dos seus semelhantes, com guerra ou sem ela.

Desenvolvem-se, por esta via, valores sociais específicos: a lealdade para com o grupo e os seus membros, o respeito pela vida e propriedade alheias, a entreajuda recíproca (ao menos em situações determinadas), a defesa do grupo contra os inimigos externos, etc..

Tudo isto são práticas que naturalmente ressaltam de uma vida compartilhada, dando mais tarde lugar aos conceitos de justiça, de direito, de dever, de responsabilidade, de culpa, de traição, de heroísmo e tantos outros. Como existem os conceitos abstratos de alimentação, de bem, de belo, de habitação, de saúde ou de ensino.

A tendência para a separação entre o material e o espiritual tem levado, todavia, a que se absolutizem alguns desses valores, desligando--os das suas origens e das razões específicas que os viram nascer, apresentando-os como de essência espiritual, como uma transcendência que ultrapassa o próprio Homem. E há, de facto, razão para o fazer, pois dizem respeito ao grupo, ao colectivo, e não a qualquer dos seus membros em particular. Quem morre em combate perde a vida pelo grupo e talvez se pudesse furtar a isso; quem paga integralmente os seus impostos contribui para o bem-estar geral e com frequência poderia evitá-lo, ao menos em parte.

Porque há sempre uma possibilidade de ludibriar o colectivo em proveito próprio é que os valores sociais revestem uma atenção particular e o seu acatamento um louvor maior. De facto, é muito diferente fazer sacrifícios em proveito próprio, para satisfação exclusiva das suas necessidades. Porque toda a gente procede dessa maneira, não é preciso incentivá-la.

No entanto, não podemos ignorar que os valores mudam no tempo e no espaço, e que são mesmo diferentes de indivíduo para indivíduo, nalguns aspectos, mesmo dentro do mesmo grupo. A relatividade dos valores não afecta a existência de situações que são idênticas em todos os grupos e que dão lugar à existência de valores semelhantes, como acontece com a lealdade e com a justiça. Mas tal facto deve-se apenas à existência de necessidades que são, elas também, idênticas, como a defesa perante os ataques dos inimigos externos, ou o respeito mútuo entre os membros do grupo, dentro dos limites que forem estabelecidos em cada caso.

Embora relativos, os valores constituem um ingrediente indispensável à existência, estrutura e dinâmica dos grupos. Por isso, cada membro é levado a *interiorizar* os valores do seu grupo, fazendo-os seus, passando os mesmos a ser objecto específico de educação e de reforço, logo a partir do nascimento, nomeadamente através da escola, do culto dos heróis e das comemorações de factos importantes na vida pretérita da comunidade. O que não impede que, por variadas razões, como veremos, não existam diferenças profundas nas comunidades sociais.

Quando vários grupos se fundem, quer por conquista quer por acordo, nessa altura há que ultrapassar os particularismos de cada grupo, tentando aproximar os valores e as tradições. O imperativo de não matar, por exemplo, tornar-se-á extensivo aos membros do outro grupo, tal como a concorrência deixará de existir entre duas empresas que formaram um cartel.

Os valores sociais traduzem um programa comum de vida, um projecto societário. Mas, para se tornarem operacionais, têm de ser explicitados através da criação de *normas de conduta* que os membros do grupo devem acatar, uma vez que não há sistemas sem leis.

Se vários indivíduos empenhados na investigação decidirem criar um instituto que lhes permita exercer a sua actividade em boas condições, surge a ciência como um valor comum a prosseguir. Em seguida, estabelecerão os critérios que os hão-de nortear na sua actividade, para darem concretização ao objectivo estabelecido. Aprovarão uns estatutos, onde se indicará a estrutura do empreendimento bem como os direitos e deveres de cada um.

De modo idêntico, em qualquer sociedade surgem sempre normas estabelecidas pelo costume ou por escrito, determinando a estrutura da família, o modo de utilização e transmissão da propriedade, a distribuição de encargos e de benefícios, a organização do poder e, inclusivamente, a forma de realizar as cerimónias que devam ter carácter comunitário, sejam religiosas ou civis.

As normas definem o tipo de comportamento que cada um deve seguir dentro do grupo, em circunstâncias determinadas, com vista à realização dos objectivos comuns. Assim se consegue que os membros do grupo actuem com maior eficácia e economia de tempo, facilitando o melhor entendimento entre todos e possibilitando a antecipação de qual será o comportamento dos outros indivíduos em condições dadas.

A existência de normas traduz-se na solução mais ou menos compartilhada, mais ou menos fácil, para realização de uma tarefa, evitando que se estejam a tomar constantemente decisões sobre o mesmo assunto, sobre a maneira de resolver casos idênticos, como de outro modo teria de acontecer. Por isso, as normas permitem racionalizar o funcionamento dos sistemas sociais.

Ao mesmo tempo, as normas dão estabilidade psicológica aos indivíduos, apontando-lhes os comportamentos a seguir em cada situação e estabelecendo legítimas expectativas acerca dos comportamentos que podem esperar da parte dos outros membros do grupo. Assim se evita o trabalho e, porventura, a angústia de ter de procurar a cada momento o caminho a seguir e avaliar qual possa ser o comportamento que os outros indivíduos irão adoptar.

Por todas estas razões, valores e normas são fundamentais ao funcionamento de qualquer grupo, seja qual for a sua dimensão, a sua finalidade ou a sua estrutura. Aqui nos encontramos inevitavelmente com o Direito, embora não, de modo obrigatório, com os juristas.

## 2. Eficácia e personalidade

A acção humana dirige-se, de modo predominante, à obtenção dos diversos bens indispensáveis à satisfação das necessidades e ao aumento do conhecimento que aí conduz e que também é uma necessidade.

Para esse efeito, o Homem vai procurar a eficácia, ou seja, a maneira mais adequada — em termos de qualidade, rapidez e economicidade de meios — para alcançar os resultados pretendidos.

Neste empenhamento, há que ter em conta o conhecimento crescente das leis físicas e biológicas, pois elas traduzem a racionalidade da natureza e, por essa razão, só por seu intermédio se podem utilizar as potencialidades que os respectivos sistemas oferecem.

Mas a racionalidade passa também pela estruturação dos sistemas sociais, a qual depende da capacidade inventiva, da difusão do conhecimento, da especialização e do trabalho em comum. Por isso, a investigação e a formação ganharam uma posição tão proeminente nos dias de hoje.

Foi com base na informação armazenada nos genes que se processou a evolução biológica; é também através do desenvolvimento da informação obtida por via social, transmitida pela tradição, pelo ensino, pelos livros, filmes, gravações, etc., e potencializada actualmente pelas instituições científicas, onde numerosos cérebros trabalham em conjunto, que a evolução social avança com rapidez crescente.

O Homem, produto da evolução biológica, é agora o dinamizador dos sistemas sociais, cuja eficácia dele depende. Mas o Homem é um produto da natureza, como o é também o meio em que ele se movimenta. Por isso, o Homem traduz, ele próprio, a eficácia da natureza.

No entanto, contrariamente ao que acontece com os outros animais, o Homem não é um produto acabado, mas um organismo biopsicológico em permanente construção. Embora ainda largamente comandado pela sua constituição genética, o seu desenvolvimento psicológico vai depender do meio em que se movimenta e com o qual tem de estabelecer trocas contínuas e vitais. O cérebro — como os sentidos e os próprios músculos — carece de estímulos permanentes para se desenvolver e adquirir novos conhecimentos e capacidades (o que também acontece com os animais, mas de maneira muito mais limitada).

Para além destas duas componentes — constituição biológica e meio ambiente — outro elemento importante influencia o crescimento humano: a experiência pessoal de cada indivíduo, resultante da interacção dos dois factores indicados, que ele adquire no decurso da sua formação. Experiência que incorpora também uma grande dose de acaso, derivada dos encontros mais variados que ocorrem na vida de cada um: professores, amigos, livros, viagens, actividade profissional, etc..

Em virtude da lotaria cromossómica, a constituição genética varia de modo considerável, daí resultando que a unidade biológica vai reagir de modo diferente face ao meio onde se desenvolve, mesmo quando este seja idêntico. Por isso, as experiências individuais ganharão, em cada um, cunho particular.

Resulta daqui que os homens não são iguais, antes apresentam diferenças fisiológicas e psicológicas importantes que os distinguem e nos permitem dizer que cada um tem a sua *personalidade,* ou seja, uma maneira específica de pensar, de sentir, de avaliar as situações e de agir.

Na personalidade de cada indivíduo vão reunir-se, portanto, elementos hereditários, culturais e de experiência individual. Discute-se ainda se são os factores inatos ou os adquiridos que têm maior influência na personalidade. Não temos de entrar neste problema, embora possamos adiantar que os dois elementos se apresentam de tal modo imbrincados que mais parecem constituir duas facetas da mesma realidade, a tal ponto que as redes neuronais do nosso cérebro são influenciadas pela nossa aprendizagem social.

É precisamente porque os homens trabalham com programas abertos que o cérebro vai incorporar uma vastíssima informação social: a língua que se aprende, os valores vigentes, os costumes, as leis, os conhecimentos, os interesses do grupo ou do subgrupo — o que tudo se traduz na cultura.

No entanto, a aquisição de toda a informação depende também das capacidades inatas. Não quer dizer que devamos entender que tais capacidades têm a ver com a raça, o sexo, o meio social ou qualquer outro factor genérico. Mas têm, por certo, com as recombinações genéticas que resultam da reprodução sexuada: nem todos conseguiríamos ser músicos, pintores, escritores ou cientistas, como nem todos poderíamos pretender alcançar as realizações dos atletas olímpicos, embora possamos fazer desporto.

O cérebro não deixa, no entanto, de ganhar maior ou menor plasticidade consoante os estímulos externos que recebe, o que tem muitíssimo a ver com o meio social em que as crianças são educadas.

Insistimos, por isso, no aspecto experiência pessoal, tão estreitamente relacionado com o meio: um homem do interior não será pescador, como o que vive na planície não ganha as características do montanhês; quem nunca foi à escola não será cientista, como um paralítico não pode correr; e de um indivíduo medroso dificilmente sairá um herói.

Marcada, como se encontra, por tantos condicionalismos biológicos e sociais, a experiência de cada homem será sempre única e estritamente pessoal, influenciando todo o seu pensamento e toda a sua acção.

Às diferentes personalidades vão corresponder maneiras de ser e de actuar diversas, assentes em capacidades com desenvolvimento desigual. A coragem, o medo, a ousadia, a possibilidade de ultrapassar os obstáculos, a timidez, a arrogância, a agressividade, tudo são características da personalidade em que os três factores indicados se entrelaçam de modo variado.

Poderemos dizer que a personalidade consiste numa grelha de capacidades e inibições que cada indivíduo apresenta, donde derivam os correspondentes comportamentos que adopta na vida. Porque cada grelha é diferente da outra, diversas são as avaliações que fazemos quando colocados frente às mesmas situações e diversas as decisões que tomamos.

É em consequência destes factos que, desde há muito, se tem procurado fazer classificações dos diferentes tipos de personalidade e dos correspondentes traços de resposta interpessoal, ou seja, das disposições permanentes dos indivíduos que os levam a reagir de maneira específica face aos demais indivíduos ou aos acontecimentos. E não há dúvida de que, por esta forma, se pode predizer grande parte dos comportamentos.

No entanto, só o conhecimento global da personalidade nos poderia permitir uma justeza maior de apreciação, o que não é possível em virtude da multiplicidade dos elementos que se encontram em jogo.

Em todo este processo da formação da personalidade há, pois, uma grande dose de aleatoriedade. Por um lado, temos a lotaria cromossómica, importante como é, donde resulta o nosso material genético; por outro, as possibilidades que o meio social e familiar nos proporciona ou recusa e que são fundamentais; por fim, as articulações que conseguimos fazer entre um e outro, num mundo de experiências em que as situações concretas em que nos podemos encontrar têm também uma variabilidade tão grande. Os encontros ou desencontros com pessoas, as oportunidades que surgem ou não, os acontecimentos bem ou mal aproveitados dependem muito do acaso.

No final, sabemos que há um pequeno número de pessoas que se revela excepcionalmente competente nos mais diversos campos — ciência, arte, desporto, colaboração desinteressada —, uma reduzida percentagem que se situa num limite muito baixo de capacidade e a grande maioria que, em grau maior ou menor, aprende e reproduz o que lhe foi ensinado, sem grandes rasgos nem significativa capacidade criadora.

Os programas abertos com que o nosso cérebro trabalha conduzem a diversidades profundas de conhecimentos e de capacidades de acção. Estas diferenças, porém, apresentam-se como indispensáveis ao correcto funcionamento dos sistemas de alta complexidade, o que constitui manifestamente uma vantagem, desde que sejam salvaguardados os indispensáveis equilíbrios de convivência, de que falaremos mais tarde.

Por outro lado, os homens, até ao presente, não conseguiram retirar da situação em que se encontram todas as potencialidades, dominados, como se encontram, por gravosa ignorância e incapacidade de coordenação global da acção, o que tem levantado permanentes problemas no campo político e económico e, agora também, no domínio da ecologia.

Não podemos, no entanto, esquecer que a evolução biológica levou milhões de anos para produzir o cérebro humano e que este, desde o seu aparecimento, tem vindo a adquirir e a armazenar conhecimentos a um ritmo cada vez mais rápido. Quer isto dizer que, considerado colectivamente, o Homem conseguiu, nos últimos seis mil anos e, mais especificamente, nos últimos quatrocentos, a partir de Galileu, um progresso notável.

Tem demorado tempo a sabermos utilizar plenamente o nosso cérebro, o que resulta inclusivamente do facto de muitas descobertas carecerem de conhecimentos prévios, pelo que só podem desenrolar-se de modo sequencial. Mas, para além disso, como acabámos de referir, também são relativamente poucos os indivíduos dotados de excepcionais capacidades criativas.

Daqui surge um problema complexo e que pode ser grave: em sociedades altamente sofisticadas, os resultados a alcançar dependem de capacidades de invenção, de compreensão e de realização muito mais exactas e exigentes, em que erros e inadvertências podem apresentar um alto risco. Consequentemente, é possível que, no futuro, relativamente poucos possam participar no comando efectivo da vida social, o que trará consigo uma situação muito gravosa no campo da divisão entre dirigentes e dirigidos, entre mentores e seguidores.

Não nos encontramos ainda suficientemente preparados para enfrentar tal condicionalismo, mas já se sentem preocupações muito concretas em alguns autores, e com razão, sem que a resposta se encontre à vista.

É um importante desafio que a capacidade criadora do Homem terá de enfrentar, com todas as dúvidas quanto aos resultados.

### 3. A escassez, os interesses e o poder

De um modo geral, os bens são escassos, quer dizer, não são suficientes para satisfazer as necessidades de todos os homens dentro das condições culturais de cada época e classe social.

Para melhorarem o grau de satisfação das suas necessidades, os homens reúnem-se em grupos maiores ou menores, o que ajuda na produção dos bens e desenvolve relações de colaboração e de solidariedade mais ou menos íntimas. Esta sociabilização, no entanto, não só não resolve inteiramente o problema da escassez como dá lugar a dificuldades de relacionamento ligadas à própria estrutura do grupo — quem manda e quem obedece —, com efeitos gravosos no que toca à distribuição do trabalho e à repartição dos benefícios.

Acresce que os grupos não são igualmente bem sucedidos, o que provoca, face à escassez, situações de cobiça, de concorrência e de luta, quando não possam ser ultrapassadas pelas alianças e pela cooperação.

Os bens que se disputam não são apenas o alimento, as terras, as águas, mas tudo quanto envolve a satisfação de necessidades, como os parceiros sexuais, o amor dos pais, a ternura, a amizade, as clientelas, a fama, o poder, as chefias, os empregos ou os lugares em transportes congestionados.

No relacionamento dos homens e dos grupos, geram-se, assim, relações de solidariedade e de cooperação, por um lado, e de concorrência e de luta, por outro.

Poder-se-á discutir se a agressividade que o Homem manifesta tem raízes mais fundas na componente genética ou na social. É de admitir que exista uma origem genética, mais ou menos marcada consoante os indivíduos, mas que o seu desencadeamento depende dos condicionalismos sociais. Isto sem prejuízo de haver pessoas em que o inatismo seja mais vincado, podendo a agressividade manifestar-se com maior facilidade ou mesmo sem estímulo externo. Seja qual for o relacionamento entre o inatismo e a influência do meio, o certo é que as circunstâncias em que os homens têm vivido, ao menos a partir do desenvolvimento da agricultura no neolítico e correspondente crescimento populacional, têm sido de marcada escassez o que, com a aproximação física dos grupos humanos, veio favorecer as confrontações.

Face à escassez, seja qual for o bem que se encontra em causa, o que acontece? Em princípio, gera-se uma situação de concorrência em que os mais fortes se apropriam dos bens e os utilizam em detrimento dos mais fracos.

Os seres vivos são, biologicamente, egocêntricos, virados como se encontram para a autoconservação do indivíduo e do grupo. Em princípio, só cedem face aos interesses superiores do grupo ou da espécie, quando lhes são genética ou culturalmente impostos.

Daí as lutas que os homens travaram no passado e continuam a verificar-se no presente, manifestando-se pelas formas mais diversas: guerras quentes, mornas e frias, entre clãs, clubes, empresas ou nações, com vista à apropriação dos bens, do poder, da consideração do próximo, da fama, ou seja do que for. Donde resulta que em nome do próprio amor se pode odiar e matar.

É a essa tendência para a utilização prioritária dos bens escassos, para satisfação das necessidades próprias, que chamamos *interesses*.

E cada um luta com os meios que tem ao seu alcance: a força física, a organização, o dinheiro, o conhecimento, a astúcia, a fraude, o prestígio ou a manipulação das leis vigentes.

A situação básica é, pois, a seguinte: bens escassos disputados por homens ou grupos que, sentindo embora as mesmas necessidades, não têm a mesma capacidade para os produzir, para deles se apropriarem ou para os defenderem se já os possuírem.

Este egocentrismo cede, no entanto, face aos interesses da reprodução e da necessidade de sociabilização. Por isso vemos os indivíduos de sexo diferente que se aproximam e se juntam, os pais que se sacrificam e dão — quando dão — prioridade às necessidades dos filhos, como assistimos ao aparecimento de normas que regem as relações dentro dos grupos por forma a permitir uma colaboração favorável a uma maior produção de bens ou à defesa dos interesses comuns.

A experiência mostra, como vimos, que a convivência só é possível se houver um mínimo de respeito mútuo que permita a salvaguarda dos interesses de cada um. Mesmo nos casos de dominação absoluta, como acontece com a escravatura, o escravo tem de ser alimentado, albergado e gozar de descanso, pois doutro modo morre, ou pode revoltar-se ou suicidar-se, o que não aproveita ao seu senhor.

Há todavia outra situação para a qual importa chamar a atenção: muita gente revela um largo espírito de solidariedade e prefere abertamente a cooperação à concorrência e à luta. Mais do que isso: é capaz de cooperar, mantendo um estímulo forte para o trabalho, sem daí esperar uma retribuição particular. Indo mais longe, poderemos dizer que a muitos repugna mesmo trabalhar com espírito de lucro, embora esperem receber o suficiente para viver com razoabilidade.

Qual a percentagem destas pessoas? Não sabemos. Conhecemos, no entanto, que esse tipo de colaboração é impossível desde que surjam, dentro ou fora do grupo, outros indivíduos com tendências diferentes, quer dizer, muito preocupados com o interesse próprio. Basta, por vezes, um indivíduo dessa natureza para estragar uma possível harmonia.

Ora, quando assim sucede, mesmo os pacíficos têm de se tornar combativos se quiserem salvaguardar um mínimo de independência e de liberdade. E a experiência demonstra que assim sucede quase sempre. Por isso, as instituições têm de estar preparadas para permitir que, no seu seio, se desenvolvam, dentro de limites toleráveis, os jogos dos interesses opostos ou contraditórios. Quem não «puxar a brasa à sua sardinha», terá de a comer crua.

A paz e a justiça a que muitos aspiram não se afiguram um ideal realizável no futuro previsível, pois ainda nos tempos de hoje há muita gente que só na competição e na luta encontra motivos suficientemente aliciantes para viver. Posição que é reforçada pela escassez de bens que continua a verificar-se.

Por certo, muito se tem caminhado para resolver os conflitos armados, mas tal não impede que a concorrência em geral, que também é uma forma de luta, se mantenha não apenas viva, antes bastante agudizada. Vejamos, por isso, um pouco melhor o que se passa neste campo.

É manifesto que a escassez pode ser combatida com maior eficácia através da cooperação do que da luta, quando existir um adequado espírito de solidariedade. A junção de esforços, ou seja, o desenvolvimento dos sistemas sociais com diversificação de órgãos e de funções, permite que se alcancem melhores resultados evitando, por outro lado, a destruição do que de bom possa existir.

Este caminho, todavia, encontra-se muito dependente do aumento dos conhecimentos, sendo a ignorância uma das maiores dificuldades a vencer, como ainda hoje se revela na maior parte do mundo.

De facto, os sistemas não consistem em simples aglomerados de pessoas, mas sim em organizações constituídas por elementos que conseguem concatenar as suas acções em termos de racionalidade, o que implica o conhecimento não só das leis físicas e biológicas, mas também das leis que regem as sociedades humanas. É por isso que só pouco a pouco se têm desenvolvido organizações com capacidade de sustentar populações muito mais numerosas.

Se, no âmbito nacional, se têm feito importantes progressos nalgumas zonas, as dificuldades continuam grandes à escala planetária. Mas, mesmo no plano nacional e nos países mais desenvolvidos, a generalidade dos homens não é capaz — ao menos dentro das condições sociais existentes — de um empenhamento efectivo na acção fora da perspectiva do interesse próprio promovido pelo lucro ou pela segurança e ascensão nos respectivos empregos. Daí que se assista a um recrudescimento de todas as formas de concorrência — política, económica e profissional —, como meio de estimular uma produção que, para além de aumentar a quantidade e a qualidade dos bens disponíveis, tem de assegurar emprego a populações até hoje sempre crescentes.

O problema não consiste no confronto do planeamento centralizado com a política de mercado, mas sim na impossibilidade de estabelecer uma coordenação global que reduza a concorrência a uma posição secundária e razoável, na incapacidade em que nos encontramos de desenvolver um espírito de solidariedade que não seja meramente formal e palavroso e se traduza antes num empenhamento efectivo.

Na fase de evolução social em que nos encontramos, tal não se afigura possível, seja por motivos que radicam nos nossos genes ou em consequência de defeitos sociais que não conseguimos ultrapassar e que se encontram, por certo, muito agravados em consequência do crescimento desordenado das populações que se tem verificado.

No entanto, à luta aberta tem-se vindo a substituir a confrontação política e económica — que nem sempre dispensa o emprego das armas, em especial quando os combates se localizam em terceiros países —, acarretando, como consequência, que um dos meios mais frequentes na defesa dos interesses próprios consiste em utilizar as leis, enviezando-as no sentido considerado mais conveniente. Daí resulta que as leis que regem as sociedades humanas não são neutrais — embora assim se apresentem —, antes protegem ou prejudicam, deliberada e conscientemente, certas categorias sociais em benefício de outras.

Deste modo, estabelecem-se regimes fiscais aparentemente progressivos, ao mesmo tempo que se sobrecarregam os impostos indirectos que levantam menos resistência, embora desvirtuem o sistema proclamado; defende-se uma política social de rendimentos equilibrados, mas consentem-se lucros enormes, em nome das necessidades de investimento, dando lugar a empórios industriais e financeiros que desequilibram fortemente a balança do poder; na tentativa de impedir confrontações sociais e na impossibilidade de haver uma política suficientemente transparente de rendimentos, os sindicatos encontram com frequência as suas possibilidades de acção bastante reduzidas; o controlo político pode ser desvirtuado pelo sistema eleitoral, pela preponderância demasiado grande dos partidos na vida nacional ou pela desinformação sistemática;

a gestão das empresas é geralmente muito menos democratizada do que as leis aparentam; os planos de obras públicas favorecem mais umas camadas sociais ou certas zonas geográficas do que outras; etc..

Algumas circunstâncias, no entanto, contrapõem-se hoje a um crescimento desmesurado dos abusos: o voto generalizado, nos países democráticos, dando força ao conjunto dos cidadãos; a difusão do ensino, permitindo que os processos sociais sejam cada vez mais conhecidos e divulgados e que os movimentos contestários surjam com mais frequência e facilidade, com consequências imediatas ou reflexo nas eleições; a multiplicação dos meios de comunicação social, embora estes também possam apresentar-se como manipuladores da opinião pública e fonte de desinformação de gravosas consequências; e a possibilidade de contestação nas ruas, capaz de conduzir a revoltas não controláveis pelos poderes constituídos.

Sabemos — e podemos com razoabilidade aceitar — que a lei, na sua feitura e na sua aplicação, nem sempre constitui o paradigma da justiça, traduzindo antes o ponto de encontro possível dos interesses em jogo, em determinado momento. Porque é assim, não admira que se esteja sempre a pensar em alterar as leis em sentido mais favorável para uma das partes — ou para as interpretar de acordo com as conveniências próprias — logo que as circunstâncias o permitam.

Daqui resulta que as leis humanas funcionam não apenas como meio de estruturação dos grupos sociais, mas como armas de combate na arena dos interesses, só muito parcialmente traduzindo os valores sociais justificativos do grupo.

Assim acontecendo, importa que vamos um pouco mais fundo e nos debrucemos sobre os problemas do *poder,* da *influência* e da *autoridade,* à volta dos quais giram as mais importantes questões sociais, com todo o seu reflexo no campo do Direito.

Porque sistemas, os grupos humanos são constituídos por homens em interacção dinâmica, criando valores, produzindo normas, estabelecendo organizações, dando lugar a hierarquias e disputando os bens escassos. Para tanto, os homens têm de contactar uns com os outros, de trocar informações, de procurar obter colaborações, estabelecendo formas de cooperação e de opressão. Diremos que os homens a todo o momento se interinfluenciam ou estabelecem entre si relações de poder.

O *poder,* em sentido sociológico, consiste numa *relação pessoal* entre dois ou mais indivíduos — ou entre dois ou mais grupos — que permite a um deles influenciar o comportamento do(s) outro(s). Por seu lado, a *influência* traduz-se na invasão do campo psicológico de uma pessoa por outra, dando lugar à modificação da decisão que esta fosse tomar, ou do comportamento que se propusesse adoptar.

Os dois conceitos são muito semelhantes e há quem faça a sua destrinça nesta base: o poder é uma influência em potência e a influência consiste na actualização de uma relação de poder. O poder é a expressão mais utilizada em sociologia e a influência encontra-se mais tratada em psicologia social. Para facilidade, empregaremos as suas expressões como equivalentes.

Quanto à autoridade, consiste no poder em que se encontra investido um indivíduo, com base na existência de uma organização. Será o caso do membro do Governo, do deputado, do director-geral, do administrador de uma empresa ou dos seus directores, bem como do dirigente de um grupo desportivo ou recreativo. Convém esclarecer que é neste sentido que os juristas utilizam a palavra poder, ou a expressão exercício do poder, vinculado a um determinado cargo. A mesma palavra é, assim, usada de formas diversas.

Como se vê, enquanto o poder — em sentido sociológico — e a influência têm características pessoais, a autoridade encontra o seu fundamento no reconhecimento de uma organização em que o respectivo cargo se insere. Assim, o poder e a influência ligam-se à capacidade de ameaçar outrem com a supressão de uma recompensa, com a aplicação de uma punição ou com a recusa de um benefício que o outro desejaria obter, o que permite a um indivíduo levar por diante a sua vontade, apesar da resistência que outros lhe possam opor.

Deste modo, o poder e a influência constituem um elemento primordial do relacionamento dos indivíduos uns com os outros, relacionamento que vai dar lugar a uma situação que é a resultante do sistema de forças existente.

Na vida quotidiana, os fenómenos de poder e de influência sucedem-se e cumulam-se, interferindo uns com os outros de tal modo que o poder e a influência no momento actual entram em conjugação com factores pretéritos e futuros que igualmente influenciam o sujeito, dando lugar ao comportamento finalmente adoptado.

O poder e a influência são pernanentemente afectados pelos valores vigentes numa determinada sociedade, pelas normas estabelecidas, com os seus sistemas de punição e de recompensa, pela aprendizagem, seja da criança ou do adulto, pelas relações que ligam os indivíduos, todos esses factores estando sempre presentes nos contactos que se estabelecem entre os indivíduos e nas decisões que se tomam.

Em contrapartida, como é óbvio, o poder e a influência são fundamentais para a definição dos valores, para a formação das normas, para os processos de sociabilização dos indivíduos e de controlo social, bem como na estruturação do campo social e na formação da personalidade.

A autoridade, por seu turno, não foge a este relacionamento espontâneo e primordial, pois o estabelecimento e a ocupação dos cargos em organizações públicas ou privadas já são a resultante das relações de poder existentes. Assim, os governantes podem sair em consequência de uma revolta ou de eleições; os directores-gerais podem ser mudados com a queda dos ministros; os administradores serão substituídos se os accionistas assim o entenderem; e por aí adiante. Também as leis podem ser alteradas em função de pressões da mais diversa ordem, acarretando consigo alterações de estruturas e, consequentemente, de cargos.

Como se vê, a autoridade não é um fenómeno inicial ou básico, mas deriva já das relações de poder que previamente se estabelecem. O que não quer dizer que o exercício da autoridade não seja, por seu turno, muito importante para se conseguir uma situação mais forte de poder. Uma vez mais, os fenómenos interagem uns com os outros.

Observemos agora o seguinte: se o poder nos surge como uma relação de forças entre indivíduos dentro do mesmo grupo, o poder não se exerce apenas de cima para baixo, ou seja, do mais forte em relação ao mais fraco. Isto significa que a relação de poder é *recíproca,* embora *desequilibrada.* Assim, se a criança depende dos pais, nem por isso se encontra desprovida de meios para impor a sua vontade, e sabemos de que maneira o faz. Tal reciprocidade não impede, todavia, que as relações de poder sejam assimétricas, na generalidade dos casos.

De facto, podemos distinguir dois tipos de situações: aquelas em que existe uma clara assimetria de forças entre os dois sujeitos, de tal maneira que o poder que um exerce sobre o outro é manifestamente maior do que aquele que sofre; e outra em que os parceiros se equiparam e procuram resolver em conjunto os problemas, conjugando esforços ou efectuando uma permuta equitativa. A posição de domínio é, manifestamente, a primeira.

Se, em alguns casos, pode verificar-se um domínio absoluto de um sujeito sobre o outro, na generalidade das situações isso não acontece. Se os empresários, por exemplo, detêm uma posição mais forte do que os trabalhadores, dentro da empresa — ao menos em determinadas situações —, nem por isso deixam de precisar deles para realizar o trabalho; o marido pode oprimir a mulher, sem estar em condições de a dispensar; os oficiais não desejam ver-se confrontados com a revolta dos soldados; os professores não querem ser contestados pelos alunos ou pelos pais.

Quando as forças em presença são equivalentes, as decisões que se tomam e os acordos a que se chega apresentam-se equilibrados nos seus termos; doutra forma, haverá um desequilíbrio maior ou menor, o qual será sempre ressentido, dando lugar a frustrações e, possivelmente, a manifestações de descontentamento e a revoltas, se as condições forem favoráveis para tanto.

Necessidades, valores, normas, escassez, interesses e poder constituem elementos fundamentais para compreender o que se passa nas sociedades humanas e nos habilitar a actuar em conformidade, sem esquecer os fermentos de solidariedade que existem por todo o lado.

Mas tudo isto não basta para nos dar uma visão suficientemente ampla e global do que se passa. Por isso vamos avançar um pouco mais, considerando agora o problema genérico da racionalidade da acção humana.

## 4. A racionalidade

Quando falamos de *razão* e de *racionalidade,* referimo-nos genericamente à capacidade do Homem para justificar o conhecimento que detém ou pensa deter, explicando porque é que as coisas são como são. Isto quer dizer que procuramos conhecer as leis que regem o universo ou, de modo mais limitado, as leis que regem qualquer sistema ou subsistema.

O nosso pensamento, as nossas ideias e teorias e os nossos comportamentos serão racionais quando incorporarem o conhecimento das leis que nos permitam explicar os fenómenos que ocorrem à nossa volta e atingir os resultados que nos propusermos alcançar.

Acontece, no entanto, que o nosso conhecimento é ainda muito insuficiente e imperfeito. Tal facto não impede que tenhamos de agir mesmo na ignorância e contra a nossa vontade, o que nos leva a tentar fazer teorizações sem dispor dos dados indispensáveis para tal. Por isso, quando não sabemos, inventamos, sendo o Homem um permanente construtor de hipóteses.

Deste modo, o Homem, habituado a desenvolver actividades intencionais com vista à obtenção de determinados resultados, pensou inicialmente que o mesmo aconteceria com a natureza em geral e, nessa linha, *personalizou* as forças que lhe estão subjacentes, emprestando-lhes sentimentos idênticos aos seus e procurando influenciá-las em seu favor ou mobilizá-las contra os seus adversários.

Hoje, sabemos que existem uniformidades justificativas dos fenómenos conhecidos, às quais chamamos *leis.* Leis que, de igual modo, tentamos utilizar em nosso favor ou usar em prejuízo ou para destruição dos nossos adversários, tanto no campo militar como político, económico ou meramente pessoal.

Estamos também conscientes de que o nosso conhecimento é provisório, de que as leis que enunciamos não traduzem exactamente a realidade, sendo apenas meras aproximações. No entanto, é com esse conhecimento que temos de nos governar e o certo é que muito se tem conseguido para melhorar as condições de vida na Terra.

Acontece, por outro lado, que não temos capacidade para abarcar toda a espécie de conhecimento. Há homens que sabem muito dentro de um limitado campo e ignoram, em larga medida, quanto ocorre nos outros, fazendo fé no que os seus colegas cientistas dizem no domínio das respectivas especialidades. Outras pessoas não têm quaisquer conhecimentos especializados, limitando-se a confiar em quanto lhes é transmitido e, mais ou menos superficialmente, são capazes de absorver. É assim que a maior parte dos homens nunca viu um vírus, não sabe exactamente o que seja, e não deixa de dizer que tem uma virose e de se tratar em conformidade, apenas porque o médico lhe diz. E, para além dos físicos da especialidade, que conhecimento temos nós dos átomos, apesar de sermos constituídos por eles?

Porque assim acontece, a racionalidade das nossas acções e das nossas teorias, quer no tempo, quer no espaço, é muito relativa, o que significa que tanto pode aproximar-se como afastar-se mais da realidade em si. E quando não dominamos suficientemente as leis da natureza, actuamos de acordo com crenças de fundamentação ainda mais aleatória.

É este um dos principais motivos porque os nossos comportamentos e as nossas ideias divergem consideravelmente. No entanto, todos desejamos a eficácia na acção, no sentido de proteger os nossos interesses. Procuramos ser racionais, actuar de acordo com as leis que regem o universo, mas só o podemos fazer em função do nosso real conhecimento. Por isso, cada vez se busca mais o saber científico, apesar da sua provisoriedade.

Observemos que tem sido afirmada a superioridade da razão humana sobre os instintos animais, ou da razão sobre a emoção, mesmo no que toca ao Homem, o que nem sempre é verdade, pois os instintos animais, como vimos, não traduzem qualquer comportamento irracional, uma vez que assentam no conhecimento desenvolvido pela natureza ao longo dos milénios. Por outro lado, o nosso conhecimento, quando não fundamentado devidamente, leva-nos a actuações despropositadas, como seja a de aplicarmos mesinhas que, em vez de nos curar, nos fazem mal.

O que se verifica é que a razão *pode* vir a dar-nos um conhecimento *mais amplo* do que aquele que se encontra armazenado nos genes e sistemas complementares. Consequentemente, seremos capazes, por essa via, de uma acção mais versátil e diversificada e de uma capacidade de adaptação aos condicionalismos externos muito maior, desde que os conhecimentos em que assentamos sejam correctos. Deste modo, o Homem tem uma *pontencialidade* para actuar de acordo com uma racionalidade mais englobante, mas isso não significa que sempre assim aconteça.

Importa agora considerar a racionalidade dentro de uma outra perspectiva, embora estreitamente relacionada com a primeira.

Apesar de se poder pôr em dúvida a intencionalidade da natureza e, mesmo, da evolução, tal dúvida já não é legítima quanto à intencionalidade humana: os homens agem no prosseguimento de determinados objectivos e, para tanto, desenvolvem todo um conjunto de acções tendentes a obter os meios indispensáveis ao conseguimento dos fins que se propõem alcançar. Como só podem actuar em função de sistemas, vão procurar criar os meios para tanto indispensáveis. Por isso se fala na racionalidade das organizações e na racionalidade dos comportamentos dirigidos ao conseguimento dos seus objectivos, o mesmo acontecendo no que toca à elaboração das teorias científicas.

Porque é que ninguém coloca o telhado da casa sem o apoio de pilares ou de paredes? Porque a lei da gravidade o não permite. Porque é que o escravo aceita a sua situação? Porque tem uma mentalidade fatalista ou sabe que não dispõe da força necessária para inverter, nesse momento, as relações de poder existentes na sociedade onde vive. Porque é que se robotiza a produção? Porque se procuram obter custos de produção mais baixos e se dispõe dos meios científicos e técnicos para construir e fazer funcionar os computadores. Porque se vive em democracia em muitos países? Porque o nível cultural atingido e os equilíbrios de poder existentes não permitem que uns grupos dominem os outros, ou porque as exigências da produção impedem que se trabalhe de forma centralizada.

Em todos estes campos, agimos de acordo com a racionalidade conhecida, isto é, com os conhecimentos de que dispomos. O mesmo acontece em todos os demais domínios da vida social.

Vejamos o que se passa, por exemplo, no caso das empresas e dos serviços públicos. Para que o trabalho se desenvolva com eficácia e sem atropelos, a cada membro da organização é atribuída uma *função* determinada. Como ninguém trabalha isoladamente dentro das organizações, as funções só podem analisar-se e definir-se dentro do conjunto e dos subconjuntos que constituem o sistema, o que significa que se encontram estreitamente interligadas. Assentam, por isso, na divisão do trabalho e têm implícitas formas de comportamento padronizadas.

Ao ocupar uma função, os homens aceitam, assim, adoptar um tipo de comportamento previamente prescrito, ou seja, *desempenhar um papel* dentro da organização.

63

O *papel* consiste na adopção dos comportamentos que, relacionados com os comportamentos previstos para os demais intervenientes, permitirá que a organização funcione e alcance os objectivos propostos.

É precisamente porque, durante o seu período de aprendizagem, mais ou menos longo, cada actor social aprendeu o papel que lhe cabe desempenhar e efectivamente desempenha, melhor ou pior, que as interacções se estabelecem entre os elementos dos sistemas e as organizações funcionam.

Por isso, os operários encontram ao seu dispor os materiais necessários ao seu trabalho quotidiano, porque os serviços de aprovisionamento os adquiriram a tempo e os colocaram em armazém, onde podem ser levantados em qualquer altura. E os serviços de aprovisionamento adquiriram esses materiais, e não outros, porque os serviços de programação ou de produção lhes deram as informações para tanto indispensáveis, tendo em conta o volume previsível das vendas e o tipo de artigos que vão ser fabricados de acordo com os estudos realizados pelos serviços comerciais.

Porque o desempenho dos diversos papéis é fundamental ao bom funcionamento de qualquer empresa, existem manuais de organização e diversos tipos de regulamentos e de instruções, definindo funções e estabelecendo os perfis das pessoas que as devem desempenhar. Em muitos casos, as próprias empresas, ou serviços, fornecem os meios necessários para a aprendizagem cuidada do respectivo papel, não só no caso de ingresso mas de preparação para a promoção, e sempre que novos métodos de trabalho implicam alterações significativas nas funções estabelecidas. Em complemento, fixam-se sistemas de comunicação interna, para que as interacções se exerçam pela forma mais adequada.

No domínio do Estado, todos os programas de educação mais não fazem do que transmitir os valores, os conhecimentos teóricos e práticos e o treino necessário para que a generalidade dos cidadãos saiba conformar-se com as normas correntes de conduta e possa, com maior facilidade, entrar em qualquer posto de trabalho. Em algumas profissões, como a medicina, o Estado fornece mesmo uma formação especializada completa e bastante prolongada.

As leis humanas — que regem os sistemas sociais — não facilitam apenas a produção de bens e de serviços, pois contribuem, por outro lado, para a estabilização do meio social e do meio psicológico dos indivíduos. Só é possível circular pelas estradas se se cumprirem as regras do trânsito, quando o tráfego é intenso. Só haverá aulas se os professores e os alunos se encontrarem no mesmo local, à hora marcada. Só circularão os transportes colectivos ou será fornecida água ao domicílio, etc., se os serviços respectivos funcionarem de acordo com uma programação adequada. E cada pessoa só pode adoptar uma conduta precisa se os demais homens à sua volta fizerem o mesmo, ou seja, procederem de acordo com as normas estabelecidas.

Em paralelo, só quando o mundo que nos é externo ganha esta regularidade é que nós podemos ter confiança na acção a desenvolver e adquirir estabilidade psicológica, precisamente porque sabemos com o que podemos contar, não nos sendo pedido que tomemos precauções particulares a todo o momento ou improvisemos continuadamente novas soluções.

Podemos, pois, falar de racionalidade social quando a vida decorre de acordo com os valores e as normas estabelecidas pelo grupo. Mas também podemos falar da irracionalidade das normas e dos valores vigentes quando umas e outros já não se conformem com os reais interesses ou equilíbrios de poder do grupo ou não consigam promover os resultados pretendidos, em termos de eficácia.

Porque nos encontramos em presença de patamares diferentes de evolução, convirá acentuar que, no campo da racionalidade, existe uma importante diferença entre a natureza e as sociedades humanas. De facto, as leis que existem na natureza são sempre racionais, uma vez que decorrem, digamos, de uma racionalidade última — ou primeira —, que não pode ser alterada. Não havendo objectivos discerníveis no universo, tal como ele se nos apresenta, só podemos falar de situações factuais.

Nas sociedades humanas é diferente, uma vez que os homens são animais intencionais que se propõem prosseguir objectivos específicos. Para tanto, têm de conhecer e utilizar, na medida do possível, as leis da natureza e, também, as leis que condicionam a vida dos agrupamentos humanos. A acção a desenvolver deverá, por conseguinte, conformar-se com esses critérios para ser eficaz, o que pode não acontecer por ignorância ou por erro, impedindo que o objectivo seja atingido.

No entanto, mesmo dentro deste paradigma, podem surgir conflitos de racionalidade dentro dos sistemas sociais, o que torna mais complicada a acção humana. Deste aspecto trataremos no ponto seguinte.


## 5. Os antagonismos da racionalidade

No domínio da natureza existem, desde o começo, forças de repulsão e de atracção que tanto dão lugar às mais violentas explosões — assim tendo sucedido com o *big bang* — como à harmonia do átomo ou das células dentro do nosso organismo.

Há explosões e formação de novos átomos nas estrelas, como existe cooperação e luta entre todas as formas vivas. A ponto de não se encontrar ordem que não gere desordem — como sucede com a entropia —, nem vida animal que não assente na morte.

É um imbricar de situações que nos mostra como ainda estamos longe de compreender o âmago da energia cujas manifestações a ciência estuda, havendo mesmo quem defenda uma lógica do antagonismo, baseada nas noções de potencialização e de actualização, como fundamento de qualquer fenómeno dinâmico.

Não podemos, por isso, estranhar que, no âmbito das sociedades humanas, algo de semelhante aconteça. Assim, postos em conjunto, os homens — que são os elementos dos sistemas sociais — tanto cooperam dentro das organizações como se digladiam, dando lugar aos mais diversos conflitos que traduzem oposição de interesses entre indivíduos e grupos.

Toda a vida social se encontra marcada por esta dualidade profunda que, no campo da moral e das religiões, foi apelidada de combate entre o Bem e o Mal, ou entre Deus e o Demónio, e, no sector político, de lutas de classes e de lutas pelo poder.


Se a existência de um sistema já é algo de elaborado, colocar dois sistemas em sintonia, de modo a desenvolverem uma acção conjugada, oferece muito maiores dificuldades. O certo é que a natureza resolveu esse problema, juntando as partículas nos átomos, estes nas moléculas e as moléculas nas células, as quais, por sua vez, se diversificaram e articularam, dando lugar a tecidos e órgãos, a plantas e animais.

Como este resultado foi alcançado, não o sabemos, mas assim aconteceu. Todavia, *a articulação entre os sistemas biológicos autónomos — plantas e animais — não se processou da mesma maneira.*

Não só não existe um mecanismo que permita equilibrar, em termos quantitativos, as necessidades e os bens indispensáveis à sua satisfação, dando assim lugar à concorrência e à luta — embora articuladas com a cooperação —, como a sobrevivência dos animais só é possível através da morte das plantas ou de outros animais. O problema é, pois, anterior ao aparecimento do Homem.

Como já vimos, no plano das sociedades humanas a racionalidade específica de cada homem — traduzida pelos seus objectivos — entra em conflito com a racionalidade dos demais homens e dos grupos em que se inserem.

Compreende-se assim que, para manterem a vida e se reproduzirem, os indivíduos tenham de dispor dos meios para tanto indispensáveis, utilizando não apenas a imaginação mas o ataque e a defesa, instalando--se num território e exercendo domínio sobre os seus semelhantes.

Convém, no entanto, notar que, no decorrer da evolução biológica, a agressividade entre os indivíduos foi sendo ultrapassada de modo a permitir o acasalamento e a reprodução sexuada, o cuidado com os filhos, enquanto pequenos, e a formação de sociedades animais, surgindo mais tarde formas de convivência que se aparentam aos sentimentos que nós apelidamos de amizade e de amor.

Também a evolução social tem vindo a permitir modos mais amplos de cooperação. Desvinculados gradualmente dos instintos ancestrais e trabalhando com programas abertos, são os homens que estruturam as suas relações dentro das sociedades que formam.

Sem prejuízo do progresso considerável que se tem produzido nos programas da convivência humana, continuam a manter-se bem patentes as exigências egocêntricas da nossa natureza animal, que nos levam a ter de satisfazer necessidades imperiosas. Queremos as sociedades que não podemos dispensar, mas queremos, em simultaneidade, efectuar na maior plenitude possível as potencialidades do nosso sistema biológico. Para tanto, continuamos a tentar dominar o ambiente à nossa volta, incluindo os outros homens que nele se encontram.

Não admira que o grupo seja encomiado e que sejam postas em relevo as virtudes da colaboração. Mas tão pouco nos podemos espantar se, ao mesmo tempo, cada um procurar chamar a si a maior fatia do bolo comum, quando este não chegar para todos com suficiente fartura.

É neste enquadramento que temos de observar a acção dos homens. Por um lado, preparam-se as organizações para responder às exigências da produção ou da defesa, de acordo com os requisitos técnicos conhecidos; por outro, cada um serve-se dos trunfos de que dispõe para colocar, directa ou indirectamente, os outros ao seu serviço.

Como referimos, um dos meios utilizados consiste precisamente na criação de valores e de normas que favoreçam mais uns membros do grupo do que outros, dando lugar a uma diversificação social dos indivíduos, declarada ou encoberta.

No entanto, a luta não acaba aqui. Embora interesse a todos que a organização subsista, cada um vai tentar inflectir a aplicação das normas em seu favor e, caso as circunstâncias o permitam, alterá-las nesse sentido. Isto significa que as relações de poder não se esgotam na elaboração dos valores e das normas, antes se mantêm em permanente tensão e modificação.

Elton Mayo, no decurso dos seus trabalhos na Western Electric Company, durante os anos 20 e 30, descobriu precisamente que, ao lado da chamada *organização formal,* assente nas normas e regulamentos em vigor dentro da empresa, existia uma *organização informal,* através da qual os indivíduos procuravam ganhar vantagens por portas travessas: alargando a autonomia das suas funções, evitando trabalhos demasiado opressivos, obtendo favores em troca de outras facilidades concedidas, ou seja, criando relações de poder diferentes das contempladas nas normas vigentes.

Hoje, sabe-se que as organizações informais existem por todo o lado, revestem as formas mais diversas e actuam em múltiplas situações, sendo preciso conhecê-las e contar com elas, o que significa que, por muito apertadas que sejam as normas, as organizações nunca funcionam apenas dentro dos critérios de racionalidade previstos, pois não conseguem inibir, na totalidade, a liberdade e a acção dos indivíduos, orientados por interesses próprios. É por isso que os homens nunca funcionarão como simples peças dos sistemas sociais, procurando a todo o momento diminuir as desvantagens de que sofrem e aumentar as suas prerrogativas. Não só se servem da feitura das leis, da sua interpretação e das suas sucessivas alterações, como podem adulterar a informação, subverter as relações de poder e pôr em causa as autoridades existentes, se as circunstâncias lhes forem propícias.

Porque as relações de poder se alteram com frequência crescente, em especial nos regimes democráticos, as organizações formais e informais vivem lado a lado sem que uma possa eliminar a outra, como fenómenos naturais e permanentes de interacção social, desequilibrando — e, por vezes, destruindo — os sistemas sociais.

Por um lado, podemos dizer que a organização formal vem estruturar o campo da acção humana, tentando diminuir — na impossibilidade de o eliminar — o imprevisível e a variabilidade das condutas. Assim, no âmbito de uma organização, o formal constituiria a estrutura fundamental, dentro da qual se desenvolveriam, em termos de excepção mais ou menos toleráveis, os sistemas informais. Tal concepção tem a sua razão de ser, uma vez que as organizações carecem de uma estrutura básica que constitui o arranjo técnico da sua própria racionalidade e tem de funcionar com um mínimo de veracidade. Isto significa que a organização não pode ignorar as forças reais que se lhe encontram subjacentes e que a determinam, surgindo a organização informal como uma forma permanente de controlo do uso porventura ilegítimo que se pretenda fazer da organização formal.

Em contrapartida, poderá admitir-se também que o mais importante na acção humana são sempre as relações de poder que se estabelecem directamente entre os indivíduos, sobre as quais vão assentar, num segundo momento, as normas formais, tentando diminuir a variabilidade das condutas, de modo a assegurar o mínimo de cooperação e de previsibilidade indispensável ao funcionamento dos sistemas.

A realidade é que ambos os aspectos existem por toda a parte, em simultaneidade, como já referimos, sendo como que as duas faces de uma mesma moeda. As organizações surgem como construções destinadas a melhorar a satisfação das necessidades, trazendo vantagens que os homens procuram aumentar, no que directamente lhes respeita e impondo constrangimentos e desigualdades indesejáveis para os menos favorecidos. Como consequência, a racionalidade das organizações e os objectivos dos homens que as integram coincidem numa parte e encontram-se sempre em parcial oposição, não se tendo encontrado, até ao presente, maneira de os compatibilizar por inteiro. Isto porque as posições dos homens dentro das organizações não são, elas próprias, coincidentes, como repetidas vezes temos salientado.

Mais do que a incompatibilidade entre os homens e as organizações, o que temos de enfrentar, a todos os momentos, são os interesses divergentes entre os indivíduos, que se vão projectar em todas as estruturas sociais por eles criadas.

No fundo das coisas, encontramo-nos em presença de um sistema biológico, que é o Homem, com as suas necessidades e correspondentes objectivos; em paralelo, procuramos sistemas sociais cuja racionalidade nem sempre coincide com a primeira. Quer no plano das empresas, quer dos países ou dos grandes espaços político-económicos, com tendência para a universalização, as exigências fundamentais dos sistemas e as coordenadas lógico-matemáticas do nosso cérebro estabelecem interdependências que são simultaneamente benéficas e opressivas para os indivíduos, traduzindo-se em desigualdades efectivas nos mais diversos campos. Daí os conflitos que inevitavelmente se gerem e as distorções que se estabelecem no plano normativo.

Daqui resulta também que a simples leitura dos textos legais e regulamentares não nos permite, só por si, saber quais as verdadeiras relações de poder existentes num determinado momento, nem a maneira como os respectivos grupos funcionam. Questões estas que deveriam ser fundamentais para o Direito, embora nem sempre nelas se atente.

## 6. A relatividade

Os séculos anteriores foram de busca do absoluto e do definitivo, nas afirmações que se faziam no campo da política, da filosofia ou das ciências, mesmo na presença de pontos de vista divergentes. Já o século XX trouxe consigo a clara admissão da relatividade de todo o saber, qualquer que seja o domínio considerado.

Hoje pensa-se que todos os problemas se relativizam dentro dos sistemas em que se confinam, não havendo lugar para afirmações dogmáticas.

Se os sistemas aparentam possuir características comuns, nem por isso deixam de consentir uma larga gama de conteúdos e de potencialidades. O meio físico e social varia, as espécies diversificam-se, as personalidades são diferentes, os conceitos de justiça e de liberdade não são sempre os mesmos e as estruturas políticas e económicas adaptam-se velozmente às novas situações. Por isso os grupos dão lugar a valores, a normas e a processos de organização diferentes, produzindo uma história que lhes é específica.

Perante esta situação, as pessoas não deixam de ficar perplexas e um tanto desnorteadas, em particular quando a relatividade afecta gravemente os valores e as normas de comportamento a que se haviam habituado durante toda uma vida.

Surge então a questão de saber se a ciência não será capaz de encontrar caminhos que nos orientem com segurança na nossa acção, ao menos no que toca aos valores fundamentais. Não estaremos nós, por exemplo, justificados ao defender sempre e em todas as circunstâncias a justiça, a liberdade e a democracia?

B. Skinner põe o problema nestes termos: «Se uma análise científica é capaz de nos dizer como modificar o comportamento, poderá indicar-nos quais as modificações a fazer?»

Comecemos por observar que a ciência se coloca no plano do *ser,* limitando-se a descrever o que se passa e quais as relações entre os fenómenos, sem prejuízo de os cientistas, com frequência, ultrapassarem o campo da sua disciplina e das exigências do método científico, para se lançarem em considerações filosóficas.

Ora os valores, para muitos, situam-se no plano de *dever-ser,* daquilo que nós pensamos que deverá ser feito, o que escapa aos limites em que a ciência pode movimentar-se. Para quem pense desta maneira, a ciência não pode trazer qualquer ajuda à definição dos valores últimos.

Em posição contrária, nós procurámos estabelecer uma relação factual entre os dois termos — ser e dever-ser —, mas nem por isso conseguimos alterar esta impossibilidade de a ciência ser capaz de nos orientar com firmeza no campo do dever-ser, pela simples razão de que ligámos os valores às necessidades, como parece estar correcto. Ora — já o vimos —, a hierarquia das necessidades varia, ao menos em parte, de pessoa para pessoa, o que faz com que a escala de valores se modifique da mesma forma.

Esta variação das escalas de necessidades e de valores tem a ver com razões de ordem biológica e social, reflectindo-se na personalidade dos sujeitos que é única. Por isso, aquilo que cada um deseja e de que gosta é específico da sua personalidade. Ora, esta relatividade não pode ser superada, por não existir um padrão de referência único que esteja ao nosso alcance. Os valores podem apresentar-se como absolutos para cada indivíduo, mas variam de indivíduo para indivíduo.

Na realidade, não existe qualquer elemento valorativo para os factos em si, desligado das preferências dos indivíduos, que possa ser reconhecido como científico. Poderemos invocar os valores apresentados por uma religião ou por uma ideologia e aceitá-los subjectivamente. Mas esses valores variam de religião para religião e de ideologia para ideologia.

Deste modo, a ciência pode dizer-nos — e neste caso todos nós — que, para viver, temos de nos alimentar, como nos pode indicar quais os regimes alimentares mais adequados para alcançar uma boa saúde. Mas a ciência já não nos pode dizer se é melhor viver ou morrer, se temos ou não direito ao suicídio, se podemos ou não dispor da vida do nosso semelhante quando este nos incomode. Como não pode dizer se vale mais a pena gozar de boa saúde à custa de regimes alimentares, ou outros, quando eles nos desagradem e se tornem difíceis de levar a cabo; sabemos que há indivíduos que fazem opções diferentes a este respeito, como em outros.

De modo paralelo, a ciência pode mostrar que certos tipos de organização social favorecem mais a liberdade dos indivíduos do que outros, ou facilitam a paz social; mas não pode evitar que os mais fortes prefiram exercer pressão sobre os mais fracos, por ser essa a forma de salvaguardar melhor os seus interesses imediatos. E se esta for a opção, a ciência poderá mesmo procurar os melhores meios para tornar a opressão mais eficaz.

Quer isto dizer que a ciência só pode tirar conclusões válidas no campo dos valores e modo de os efectivar — ao menos nalguns casos — quando lhe forem dadas as premissas de referência, isto é, os critérios de valoração *finais,* as metas a atingir, em virtude desta relatividade. A acção da ciência consistirá, então, em dizer se certos *meios* são ou não conducentes — ou mais ou menos conducentes — ao conseguimento dos resultados propostos. Mas afirmar se determinados objectivos são melhores ou piores do que outros, sem dispor dos pontos de referência últimos, isso já se encontra fora do seu alcance, pelas razões expostas.

Como escreve Max Weber, «uma ciência empírica não pode dizer a quem quer que seja o que deve fazer, mas antes o que pode fazer e, em certas circunstâncias, o que deseja fazer». Podemos indagar porque somos morais, mas não porque devemos ser morais.

Em consequência, só dentro de um determinado sistema social as nossas análises poderão ter alguma validade, sem prejuízo de, mesmo assim, a escassez e os interesses prejudicarem constantemente as conclusões a que possamos chegar.

Os valores são indispensáveis quer aos indivíduos quer aos grupos, mas esta exigência não afasta a relatividade desses mesmos valores, nem a sua vinculação a interesses muito específicos, no âmbito dos quais têm de ser compreendidos.

Pode acontecer, no entanto, que não se encontre facilmente esse relacionamento, em virtude de os valores vigentes derivarem de situações pretéritas, cujos condicionalismos foram entretanto alterados, mantendo-se esses valores através da tradição, numa sociedade relativamente estagnada ou de evolução lenta, ou entre camadas da população em que isso se verifique e que, por essa razão, se mantêm muito arreigadas ao passado. Nem por isso a génese da constituição dos valores deixa de ser a mesma ou a sua relatividade desaparece.

Isto não obsta — antes pelo contrário — a que busquemos quais os interesses que temos em comum e que procuremos esclarecer da melhor forma quais os meios aptos a dar satisfação às correspondentes necessidades. E, ainda, a que tentemos desmistificar estruturas de pensamento que tendem a fazer aceitar teorias de opressão, desde que seja esse o nosso empenhamento.

A animosidade tradicional entre a França e a Alemanha, causa de diversas guerras, pôde rapidamente transformar-se numa política de estreita colaboração, nos últimos cinquenta anos, no âmbito da NATO e da CEE, sem prejuízo de este entendimento poder modificar-se no futuro, se surgirem interesses antagónicos. O posicionamento de guerra fria entre o Ocidente e o Leste terminou em virtude dos benefícios comuns que se esperam do desanuviamento alcançado. São exemplos de como a animosidade pode transformar-se em colaboração quando os condicionalismos se modificam e a razão descortina as vantagens de uma mudança de orientação, nada sendo, no entanto, definitivo.

Aliás, sempre assim aconteceu neste universo evolutivo que é o nosso, tendendo para formas mais complexas. Por isso, na evolução biológica, a agressividade original dos seres vivos foi reorientada nos termos já descritos.

No plano social, algo de semelhante acontece, sendo nós como que compelidos, pela força das circunstâncias, a reorientar os nossos interesses na aceitação de estruturas sociais cada vez mais assentes na colaboração e na participação... o que não afasta o risco de novas opressões.

Como os homens vivem em sociedade e os problemas postos são de relação, nós colocamos naturalmente em primeiro lugar o nosso grupo e procuramos o sistema de forças que melhor permita o seu funcionamento, sendo à volta do grupo que se vão ordenar os nossos valores sociais.

Provavelmente, os grupos vizinhos serão hostilizados, daí resultando que o mesmo acto possa ser olhado de duas maneiras: atentar contra um membro do grupo será reprovado, mas atentar contra os interesse do outro grupo poderá ser louvado e fomentado.

Por exigências de uma cooperação mais estreita ou por conquista, os dois grupos poderão aproximar-se ou fundir-se, dando então lugar a que se estabeleçam valores comuns se a fusão for uma realidade. Acontece que a tendência tem sido nesse sentido, assim se havendo chegado às grandes nações modernas e aos grandes espaços económicos, com o concomitante ajustamento de alguns valores e das normas de convivência.

Com o desenvolvimento científico e tecnológico e com a riqueza material que dele derivou, aprendeu-se alguma coisa de importante no campo social ou, se quisermos, começa agora a compreender-se que a cooperação entre as nações traz mais vantagens do que a guerra. Mas ainda não é evidente que aconteça sempre assim e nem todos os espíritos estão preparados para aplicar esse princípio em todos os campos.

Por isso, a experiência mostra-nos também que há particularismos nacionais e culturais que tendem a voltar ao de cima, por vezes em termos violentos. Talvez obscuramente haja ainda dentro de nós forças que se movimentam e nos impelem no sentido de autonomias que já se encontram fora da evolução social alcançada.

Mas talvez haja também outras forças de colaboração e de solidariedade, em confronto permanente com as primeiras, o que leva Lorenz a escrever que «há juízos de valor dos quais não se pode negar que se encontram em certa relação de correspondência com o grande devir orgânico». Para ele, «a correspondência reside no facto de todo o homem normalmente constituído adoptar como valores superiores o que o devir orgânico definiu, desde toda a eternidade, como tais, fazendo evoluir o inorganizado e o verosímil para o organizado e o menos verosímil. Nós percebemos todo este desenvolvimento como a criação de *valores*. A escala de valores que se estende do inferior ao superior pode ser aplicada exactamente da mesma maneira que às espécies animais, às civilizações e às obras criadas pelas mãos do homem. A concordância entre os nossos juízos de valor e o processo criativo, desenrolando-se em tudo o que vive, poderia repousar sobre o acesso à consciência humana, enquanto espelho do mundo, de certos processos em curso no mundo orgânico. Sentir, pensar e ser seriam apenas um, e o juízo de valor repousando na sensibilidade seria então *a priori,* no sentido verdadeiramente kantiano do termo, quer dizer, assentando numa necessidade intelectual para todo o ser que reflecte conscientemente o mundo exterior».

Isto parece significar que a dinâmica evolutiva pode, porventura, ter um processo específico de processamento que, de algum modo e com as necessárias adaptações, se vai transferindo do biológico para o social. Se assim for, de facto, então talvez a ciência um dia nos possa dizer mais alguma coisa acerca dos valores últimos. Mas, de momento, ainda não se encontra em condições de o fazer, antes parecendo afastar-se de uma interpretação desta natureza.

## 7. O problema da liberdade

Para finalizar o presente capítulo, importa considerar o problema da liberdade do Homem face à natureza, ou seja, o chamado livre arbítrio, no qual se baseia a nossa hipotética capacidade de autodeterminação individual e colectiva.

Desde logo, não parece que esta liberdade, a existir, possa traduzir-se em cada um fazer o que quiser, sem razões nem motivo. O Homem é um animal *intencional* e as suas acções visam sempre alcançar um objectivo. Mesmo quando alguém realizasse um acto pretensamente gratuito, para provar o poder e a autonomia da sua vontade, estaria a agir *com a intenção* de provar esse próprio facto.

Na verdade, a acção humana insere-se sempre num determinado contexto e só dentro dele tem significado. Não existem puros actos de vontade, desligados de uma personalidade marcada pelas necessidades — mesmo quando sejam de transcendência — e do ambiente em que os comportamentos se desenrolam.

Por isso, cada acto humano é pessoal, porque a personalidade humana é única. Mas tão pouco deixa de ser o produto da evolução biológica e do meio físico e social em que a acção decorre, nomeadamente no que respeita à estrutura e funcionamento do cérebro, órgão que condiciona todo o nosso comportamento.

Aceitamos que, através dos seus programas abertos, o Homem se haja libertado do controlo apertado dos genes, na medida em que trabalha agora com conhecimentos novos que são ignorados dos próprios genes que intervêm no funcionamento das células cerebrais. Mas isso não invalida que os objectivos que prosseguimos nos sejam dados pelas nossas necessidades, embora entre elas se encontre — nunca o podemos esquecer — a de levar tão longe quanto possível o nosso conhecimento e, como consequência, a de estruturar o nosso pensamento em sistemas harmónicos.

Ora, se o universo funciona de acordo com leis que se nos revelam em fórmulas matemáticas; se essas leis se traduzem em regularidades que apontam para causalidades lineares ou recursivas; se existem na natureza harmonias que nos permitem falar em beleza e em estética; se tudo funciona na base de sistemas e de organizações diversificadas — então não podemos esperar outra coisa que não seja a adequação do nosso cérebro a todo esse enquadramento, sendo dentro dele que tem de se movimentar e não por quaisquer outros esquemas que nem sequer será capaz de imaginar.

Acresce que os meios com que podemos trabalhar são — eles também — dados pela natureza: podemos transformar a matéria de acordo com as suas leis e dentro dos nossos conhecimentos, mas não criar nova matéria, nem novas leis físicas ou biológicas.

Como se vê, se os instintos biológicos se esbateram, existem outras coordenadas a que não podemos fugir: o funcionamento do nosso sistema neuro-vegetativo mantém-se integral; as necessidades conservam o seu poder, exigindo satisfação, embora o seu leque se tenha alargado; a racionalidade da natureza continua intacta; os impulsos que nos orientam na investigação não podem fugir a essa racionalidade.

Daqui resulta que qualquer decisão nunca poderá ser um acto isolado, representando antes a resultante de amplas participações, nas quais todo o universo se encontra envolvido. A informação armazenada nos nossos genes começou a formar-se há milhares de milhões de anos com o *big bang,* ou certamente antes, pois esse acontecimento não foi o princípio de tudo quanto existe, embora possa ter sido o começo da actual forma do nosso universo. O alargamento da informação prosseguiu com o aparecimento da vida e com o desenvolvimento das espécies. Continuou no decurso da evolução social cujo conhecimento nos foi transmitido pela educação e pelo meio em que vivemos. E nós próprios também fizemos a nossa aprendizagem individual que aumentou a nossa informação, transformando-nos gradualmente naquilo que somos.

Deste modo, o conhecimento de que dispomos vem-nos de todo o lado, no tempo e no espaço, influenciando decisivamente as nossas decisões. Para mudarmos de ideias e de comportamentos, é preciso que alguma coisa mude dentro ou fora de nós: um livro que lemos, um acontecimento que presenciámos, uma ameaça ou uma oferta que nos foi feita, uma conversa... Por isso andamos sempre à procura da melhor maneira de influenciar os outros, no sentido que consideramos mais conveniente.

Se as nosssas decisões individuais nunca são um acto isolado, muito menos isso acontece com as decisões tomadas pelas organizações sociais, nomeadamente quando existe um voto maioritário que pode envolver milhões de pessoas, como acontece nas eleições gerais de qualquer país.

Aliás, os processos de decisão ganham uma forma muito mais elaborada e complexa quando passamos para o âmbito da política, dos negócios ou da investigação, casos em que todos procuram fugir ao aleatório, buscando a maior dose possível de conhecimento para firmar as decisões. Para tanto, estuda-se, reúnem-se estatísticas, elaboram-se modelos simulados, utilizam-se computadores e formulam-se complicadas teorias que são objecto de estudo nas universidades. Tudo exigindo amplas colaborações, para que se possam tomar medidas fundamentadas, assentes em sistemas de causalidade bem conhecidos, de modo a assegurar o sucesso, sem menosprezo da dose de risco e de acaso que ocorre em todas as situações.

Por estas razões, as decisões tomadas no âmbito das organizações nada têm de individual. São diversos os órgãos que participam na elaboração dos estudos, por vezes demorados, reunindo competências diversificadas. O resultado final nunca é o produto de um trabalho individual e ninguém ousa dizer que se faça desta ou daquela maneira por puro capricho.

Nestas circunstâncias, poder-se-á afirmar que não é a organização quem decide? Quem não decide, manifestamente, são os indivíduos tomados isoladamente. A organização, essa funciona como uma unidade autoregulada, em íntima ligação com o seu meio.

Quando passamos para o campo das decisões individuais, poderemos pensar que as coisas ocorrem de uma maneira muito diferente, mas talvez assim não aconteça. As decisões são tomadas por um conjunto de milhares de milhões de neurónios que reúnem informação múltipla e variada, nem sempre coincidente, sendo uma parte de origem biológica e outra provinda de elaboração cultural. A ponto de se falar do parlamento dos instintos, onde as decisões seriam debatidas.

Quantas vezes o sujeito se encontra apertado entre tendências diversas, incapaz de tomar uma decisão. Então vai procurar, se possível, *informação adicional,* consultando outras pessoas, lendo livros, ou simplesmente aguardando que algo aconteça e o tire da indecisão. Tudo isto porque não dispomos de um saber completo e suficientemente unificado.

Vejamos um pouco melhor como as coisas se passam.

Como observámos, sem conhecimento não pode haver liberdade, sendo certo que o conhecimento, por seu turno, pressupõe a existência de uniformidades, ou seja, de leis. Como consequência — embora possa parecer paradoxal —, sem leis não há liberdade. Aliás, os regimes democráticos fazem assentar, precisamente, a liberdade política na existência e acatamento das leis. Actuar de acordo com as leis é uma exigência fundamental de um Estado de Direito.

É por esta razão que, no campo da decisão individual, quando nos propomos alcançar um determinado objectivo, só o podemos conseguir desde que conheçamos as consequências dos actos que realizamos: bebo água para me tirar a sede; sigo por determinadas ruas para chegar ao Rossio; acciono o interruptor para acender a luz; puxo o gatilho para disparar a pistola; tomo o medicamento para combater ou prevenir a doença.

De modo idêntico, aprendo as regras e sinais de trânsito para circular de carro na cidade; estudo os regulamentos e os problemas técnicos de uma empresa para nela trabalhar; vejo quais as exigências legais para fundar uma empresa. Em muitas circunstâncias, convir-me-á conhecer também como funciona a organização informal num determinado meio para resolver mais rapidamente os meus problemas, evitando as dificuldades burocráticas do processo.

Quer no domínio da natureza, quer no campo social, agimos sempre com o conhecimento possível das leis existentes. E quanto maior for esse conhecimento maior será a facilidade com que nos movimentamos o que, em termos correntes, nos leva a dizer que somos mais livres e mais eficientes.

Acontece, no entanto, que frequentemente nos surgem diversos objectivos em alternativa: comer uma maçã ou uma banana; sair à rua ou ficar em casa; tirar um curso ou arranjar imediatamente um emprego; casar ou levar uma vida sexualmente livre; proceder com honestidade nos negócios ou procurar as maiores vantagens mesmo por vias ilegítimas. E por aí adiante, uma vez que a vida exige que façamos permanentes opções.

Para algumas pessoas, a liberdade encontra-se precisamente aqui, quando temos de escolher entre dois ou mais caminhos possíves, embora em qualquer das vias por onde nos metamos tenhamos de orientar-nos através das leis que regem o encadeamento dos nossos actos e suas consequências.

Se é certo que todos nós — inclusive os deterministas — procedemos como se fizéssemos opções livres, certo é também que, a todos os momentos, nos propomos — mesmo os defensores do livre arbítrio — justificar a razão por que fizemos uma coisa ou outra. Como apontar razões é fazer encadeamentos causais, estamos automaticamente a indicar os sistemas em que se encontra envolvida a nossa decisão.

Deste modo, escolho a maçã porque não gosto de bananas (o que aponta para uma ou mais experiências desagradáveis presentes na memória), ou porque penso que tem mais vitaminas; fico em casa porque chove, ou porque estou cansado, sem prejuízo de mudar de ideias e de sair se surgirem *razões mais fortes* para o fazer, decorrentes, por exemplo, de um telefonema que recebi.

Verifica-se que, se não estamos em presença de opções tão apertadas como as impostas pelos genes — o sistema social é mais flexível —, nem por isso deixa de haver um esquema, assente em conhecimentos variados, que justifica o nosso comportamento. Digamos que cada opção possível se situa no âmbito de um sistema de forças específico, cuja resultante valorativa decorre da grelha subjectiva de avaliações constituída pela personalidade do sujeito.

Porque as personalidades são diferentes, em função dos elementos antes indicados, diversas são também as opções, conforme os indivíduos, embora em muitos casos sejam idênticas, além do mais porque há muito maior número de indivíduos do que alternativas. A diversidade de escolhas não impede, no entanto, que perguntemos se, atendendo a toda as componentes da personalidade, alguém pode fazer uma escolha diferente da que efectivamente faz, no enquadramento em que a acção decorre e de acordo com a informação disponível.

Olhando o que se passa com os animais, será que o cão, por exemplo, embora movimentando-se dentro de um número de opções mais limitado, age diferentemente quando vai comer carne em vez de peixe, quando não responde ao nosso chamamento e se mantém deitado (mas se levanta se o ameaçarmos), ou quando foge diante de um adversário mais poderoso em vez de atacar?

Porque o nosso pensamento é sistemático e organizativo e trabalha dentro de sistemas lógico-matemáticos — sejam eles biológicos ou sociais —, ele tem de se movimentar de acordo com coordenadas comportamentais inteligíveis, embora nem sempre facilmente detectáveis. Coordenadas cuja racionalidade se encontra nos genes ou nos conhecimentos que adquirimos, conscientes ou não. As opções que fazemos não podem fugir a esta regra.

Sendo seres racionais nesta dupla linha, os homens não gostam do aleatório, da indecisão, do risco demasiado, sem prejuízo de terem de responder às suas necessidades de variedade e de mudança, pois se o universo é sistémico é também evolutivo, como sabemos.

A quase totalidade dos homens prefere a certeza e procura aquilo com que pode contar através do conhecimento efectivo e de processos causais bem determinados. As pessoas desejariam ser felizes dentro de qualquer determinismo que lhes permitisse satisfazer as suas necessidades, incluindo a de aquisição de novos conhecimentos e da busca de novas soluções. E todas gostam de ser bem sucedidas nos seus empreendimentos, mesmo quando se aventuram ou estão dispostas a aceitar maiores riscos. Se se arriscam é porque esperam ganhar e, se perdem, não deixam de se lamentar com a sua ignorância, incluindo a margem de risco admitida inicialmente.

Podemos também encontrar-nos em presença de uma perturbação psiquiátrica designada por *jogo patológico* que parece ser motivada por uma diminuição da noradrenalina, susceptível de levar certas pessoas a procurar a excitação do jogo como forma de aumentar os níveis daquele neurotransmissor, evitando estados de depressão desagradáveis.

Quantas condicionantes biológicas a influir no nosso pensamento em termos antes ignorados... e quantas nos faltará ainda descobrir.

Por tudo isto, aquilo a que chamamos *liberdade* não é um absoluto mas um possível, balizado pelos conhecimentos disponíveis e pelas opções que eles nos facultam, dentro dos objectivos teoricamente ao nosso alcance.

Deste modo, talvez possamos definir a *liberdade* como a capacidade de movimentação dentro dos vários sistemas com que nos encontramos confrontados, através do conhecimento das suas leis.

Quando não conhecemos suficientemente as leis dos sistemas, teremos de as descobrir se quisermos gozar de uma capacidade maior de acção.

Não podemos, pois, falar de liberdade de um ponto de vista puramente abstracto e genérico. Temos, pelo contrário, de falar de liberdade dentro dos sistemas concretos em que nos encontramos envolvidos num momento dado — biológicos e sociais —, de acordo com o grau de conhecimentos de que dispomos, pois só aí é que a palavra pode ter algum significado mais preciso.

Porque os sistemas têm as suas leis e os seus constrangimentos, a par das suas emergências, é que podemos invocar uma liberdade cuja realidade consiste em utilizar ao máximo as potencialidades dos sistemas, sempre de acordo com o conhecimento das suas leis.

A liberdade não se encontra fora dos sistemas, num ponto etéreo das nossas consciências ou do universo, mas sim no âmago dos próprios sistemas e das suas leis. Em consequência, a liberdade possível não se opõe ao determinismo, antes anda com ele de mão dada, como as duas faces de uma mesma moeda. Tal como os sistemas carecem de estabilidade para sobreviverem, sem prejuízo da sua capacidade extraordinária de se adaptarem e de evoluírem, também a liberdade tem de ser vista como algo que depende das leis e as ultrapassa sem conseguir violá-las, porque a ultrapassagem é uma das componentes do próprio sistema global.

Como em outras circunstâncias se vem verificando, existe neste domínio uma lógica do antagonismo que nos obriga a fazer a interligação de realidades que, antes, nos pareciam irreconciliáveis.

PARTE II

# OS VALORES E A REALIDADE SOCIAL

CAPÍTULO III

# GÉNESE DOS ACTUAIS VALORES

## 1. Considerações preliminares

A acção colectiva dos homens não se desenvolve de uma forma pré-
-determinada, dando antes lugar às mais diversas soluções organizacionais, isto é, a múltiplas sociedades concretas que claramente se distinguem umas das outras. Sociedades que surgem com a sua individualidade
específica, sofrem transformações e acabam por desaparecer com o
decurso do tempo.

Apesar desta variabilidade, se nos debruçarmos sobre a história
verificamos que existem situações de conflito, resultantes das necessidades individuais e colectivas e das exigências dos sistemas, que se
desenvolvem e interinfluenciam em permanência sem que qualquer delas
consiga eliminar as outras.

Vejamos três exemplos.

O Homem só pode viver em sociedade e esta, para ter eficácia, carece
de ordem, ou seja, de uma organização, a qual — como antes vimos —
não pode deixar de impor constrangimentos que nem sempre são bem
aceites. Aqui temos uma primeira confrontação: a ordem social contra
a aspiração de liberdade e de mais ampla satisfação das necessidades.
Confrontação que, em muitos casos, tem sido atenuada, mas que persiste
ainda nos nossos dias.

Acontece que os homens, melhor ou pior, conseguem viver sem
liberdade, mas a sociedade não dispensa a ordem, a organização e as leis,
sob pena de deixar de existir. Por isso, em situações de crise, a ordem
acaba por prevalecer sobre a liberdade, mesmo à custa da violência,

desde que não tenha sido possível encontrar um acordo razoável entre as partes em presença. Ou, então, a sociedade desagrega-se — ao menos temporariamente — o que também não serve a liberdade, no imediato.

Teoricamente, nada impede que ordem e liberdade sejam compatíveis e a vida política dos países democráticos dos nossos dias assim o comprova, dentro de limites razoáveis.

A falta de conhecimentos, as grandes carências de bens essenciais e os conflitos violentos que, com frequência, ocorrem, provocados pelas lutas pelo poder, têm dificultado a articulação entre organização e liberdade, a tal ponto que não foram os regimes democráticos aqueles que prevaleceram ao longo dos milénios, mas antes os governos autoritários ou absolutos, sob a forma de monocracias ou de aristocracias, ou de uma combinação de ambas.

Por outro lado, acabámos de ver que a liberdade só tem sentido no âmbito das organizações. Por isso, os excessos de liberdade, quando atinjam gravemente a organização e a ordem, pondo em causa a sobrevivência do grupo, acarretam reacções do tipo totalitário.

A par desta dicotomia — ordem /liberdade — e com ela estreitamente ligada, aparece-nos o confronto entre tradição e mudança, revestindo com frequência a forma de oposição entre religião e razão, para além das querelas frequentes entre os diversos credos existentes.

As tradições e as crenças religiosas sempre tiveram um papel fundamental na organização social dos povos, em especial nos séculos mais recuados, representando um forte elemento de coesão dos grupos. Com o andar dos tempos, geraram-se contestações contra os comandos impostos pelas tradições e pelas religiões, quer em consequência de significativas alterações económicas que trouxeram para primeiro plano novos estratos sociais, quer em virtude da análise racionalista dos factos e das ocorrências introduzida pela filosofia e, depois, pela ciência.

Religião, filosofia e ciência mantêm-se, na prática e no pensamento contemporâneos, como formas diversas não só de sentir e de explicar a vida e o universo, como de dar tradução a interesses divergentes, uma vez que ainda não nos encontramos em condições de integrar os nossos conhecimentos num sistema global suficientemente coerente.

Porque assim acontece, todas elas continuam a exercer uma influência muito grande nos valores que comandam a organização social dos povos e se impõem às leis que os governam, com forte incidência no grau de liberdade de que os indivíduos disfrutam. Mas influência que não é isenta de conflituosidade, por vezes violenta, uma vez que os valores apresentados são, com frequência, não só divergentes como opostos.

Uma terceira antinomia nos surge: a que resulta da diferenciação entre quem manda e quem obedece, mesmo em democracia, e seja qual for a forma ou a origem do poder.

A existência de chefias já se encontra em algumas sociedades animais e, nas sociedades humanas, mesmo as mais democráticas e igualitárias, reveste uma importância fundamental que se reflecte permanentemente nos grandes e pequenos confrontos em que os homens são pródigos.

Em consequência de condicionalismos específicos, povos houve onde não se conheceu uma aspiração colectiva de liberdade, aceitando-se pacificamente, durante séculos, situações de subordinação e de arbítrio, como aconteceu no antigo Egipto, para citar apenas um exemplo.

Mas nem sempre foi esse o caso. No mundo ocidental, foram permanentes os combates pela liberdade, ao menos no que respeita aos grupos sociais mais poderosos. Combates nem sempre bem sucedidos, mas que se mantiveram com persistência até aos nossos dias.

No entanto, como a liberdade não pode existir sem as organizações e as leis, como não reveste um carácter absoluto e se traduz num equilíbrio precário e sempre em renovação entre os indivíduos e a sociedade, a liberdade surge-nos como algo delicado e frágil, exigindo condições económicas e sociais particularmente favoráveis à sua emergência e manutenção, nomeadamente conhecimento, experiência e bens em quantidade suficiente para uma razoável satisfação ao menos das necessidades fundamentais. Por isso, a análise histórica não nos permite afirmar a existência de uma linha sólida de evolução no sentido da consolidação da liberdade. Nos tempos actuais existem já sintomas dos riscos que ameaçam as liberdades existentes.

Por muito que presemos os valores e as instituições da nossa época, quer políticos, quer religiosos, não nos encontramos habilitados a afirmar que uns e outros se encontrem aí para ficar, ao menos por vários séculos.

Precisamente porque a vida tem primazia, os valores em que assentam as instituições e os sistemas jurídicos reflectem ou reproduzem os valores sociais existentes ou em formação numa determinada sociedade, a menos que sejam impostos pela força, por uma minoria que se tenha apoderado do poder.

Os valores incorporados nas leis não são da autoria dos juristas, sem prejuízo de estes também poderem contribuir para a concreta formulação desses valores.

Tais valores têm variado ao longo dos tempos e atravessamos precisamente um momento em que se encontram sujeitos a profunda reelaboração, mesmo quando ainda não nos tenhamos dado conta disso, porque a mudança, embora veloz, é também gradual.

Por outro lado, importa esclarecer desde já que é indispensável distinguir entre os valores incorporados nos sistemas elaborados pelos filósofos, políticos, sociólogos ou juristas e o sentir generalizado de um povo ou a situação concreta vivida num determinado território ou país. Não é pelo facto de Platão ter idealizado a sua *República,* no desejo de regressar ao passado, que o seu programa veio a ser implantado onde quer que fosse. Tão pouco o comunismo chegou a ser uma realidade.

Mas pode acontecer que teorias mal formuladas tenham larga adesão popular, por corresponderem a anseios de uma época. Nem por isso, quando tentarem pô-las em prática, deixarão de fracassar. Conhecem-se muitos casos desta natureza.

Posto isto, convém analisar a evolução histórica, procurando tirar dela os possíveis esclarecimentos, não nos esquecendo de que os grandes pensadores fazem parte dessa realidade. Nesse sentido, faremos, já de seguida, uma breve síntese do modo como as coisas se passaram no ocidente da Europa, tendo como principal objectivo determinar a génese dos valores que prevalecem nos nossos dias e enformam as nossas instituições.


## 2. Grécia, Roma e Idade Média

Durante o período de que vamos tratar e parte do que se lhe segue — que abordaremos no ponto seguinte —, encontramo-nos em presença de sociedades de economia simples, fundamentalmente preocupadas com a satisfação das necessidades próprias, sem prejuízo de, em muitos casos, o movimento das trocas poder apresentar um certo relevo.

Tais sociedades constituíram um *meio natural,* em que os bens que a natureza oferecia eram utilizados com um mínimo de transformações, dispondo de uma tecnologia arcaica e de utensílios rudimentares que constituíam como que a continuação dos membros do corpo humano. Recorria-se à energia bruta da natureza (força humana e animal, vento, água), a divisão do trabalho era elementar e as tarefas repartiam-se por classes sociais, sexos e grupos etários, embora existissem já certas especializações, como sucedia com o artesanato. A densidade populacional era fraca, não se conseguiam acumular excedentes alimentares por muito tempo, pelo que as fomes eram frequentes.

A organização social baseava-se no parentesco e nos grupos de idade, sendo o primeiro que conferia a cada membro do grupo a sua personalidade social, pois a família era o fundamento da sociedade, para todos os efeitos. O controlo social exercia-se de uma maneira directa, uma vez que o meio era restrito e todos se conheciam.

O saber cientificamente válido tinha carácter empírico, faltando-lhe o indispensável enquadramento teórico. Daí que a inovação e a mudança não fossem bem acolhidas e se apresentassem como perigosas, pois não se podia avaliar quais seriam os seus resultados. Como contrapartida, o conservantismo aparecia como garante de uma ordem social bem sucedida, assente numa longa tradição.

Em paralelo, a mitologia ocupava o lugar da actual ciência teórica, sendo o mito que ligava entre si os conhecimentos dispersos, fundindo o sagrado com o profano. Daí resultava uma ordem invisível que se desenrolava ao lado da ordem visível, o que fazia com que as coisas aparentes fossem apenas uma parte do cosmos total, do qual uma outra parte se ocultava aos nossos olhos.

Segundo W. W. Rostow, a sociedade tradicional assentava numa tecnologia pré-newtoniana, sendo Newton o marco a partir do qual o Homem passou a acreditar cada vez mais que o mundo exterior se encontra sujeito a leis cognoscíveis, podendo ser organizado de forma sistemática, com vista à produção.

Nestas sociedades, as possibilidades de melhoria das condições de vida eram muito limitadas, a agricultura tinha carácter predominante impondo uma estrutura hierárquica na qual os indivíduos só muito dificilmente poderiam ascender aos escalões superiores. Como resultado, a escala de valores assentava num fatalismo a longo prazo, pois não se via como fosse possível sair de uma tal situação.

É dentro deste quadro global que terão de ser vistos os acontecimentos no período agora em estudo.

Nos tempos mais recuados, leis e preceitos religiosos andavam confundidos, assim acontecendo também nas antigas cidades da Grécia e da Itália. De princípio, não havia destrinça entre os costumes e as leis da natureza, ambos impondo regularidades resultantes de uma ordem sobrenatural, segundo o pensamento corrente.

Por outro lado, as desigualdades eram claramente assumidas e surgiam, desde logo, no âmbito da própria família, onde o pai detinha todos os poderes — que seriam transmitidos ao filho mais velho —, as mulheres viviam em regime de permanente tutela e os demais parentes numa posição subordinada. Ao lado dos homens livres — ou mais ou menos livres —, encontravam-se os escravos, simples propriedade dos seus senhores e elemento indispensável ao trabalho dos campos, socialmente desprezado, pelo que o homem livre não trabalhava.

Situação igualmente precária era a daqueles que, por não pertencerem a qualquer família que tivesse os seus deuses tutelares e o seu culto privado, não se encontravam abrangidos pelo direito, uma vez que as leis emanavam dos deuses.

Tudo isto deveria parecer tão natural e óbvio que nem sequer necessitava de justificação. Na sequência de Platão, o próprio Aristóteles afirmava que «todos os seres, desde o primeiro instante do seu nascimento, são por assim dizer marcados pela natureza, uns para comandar e outros para obedecer», havendo os que estão condenados à escravatura, sendo para eles melhor servir do que ficarem abandonados a si próprios.

Estas diferenciações existentes no âmbito das famílias, alicerçadas na religião e na qualidade de sacerdote dos deuses familiares detida pelo pai, reflectiam-se no governo da cidade, no direito de participar nas suas assembleias e na capacidade para preencher as diversas magistraturas.

Não havendo destrinça entre sociedade civil e sociedade religiosa, sendo a própria religião que determinava o modo como a família e a sociedade se organizavam, a estratificação social havia sido feita lentamente, através dos usos e costumes, pelo que a origem das leis se perdia nos confins dos séculos, entendendo-se que elas tinham sido uma dádiva dos deuses e que, como tal, não podiam ser alteradas.

Mais tarde, quando novas leis surgiram, elaboradas claramente pelos homens, atribuiu-se aos deuses não a sua autoria, mas a oferta aos homens da capacidade e das exigências morais para a sua criação, como resultado de compromissos comuns entre os cidadãos, que lhes permitiam viver em harmonia e em concórdia.

Geraram-se, entretanto, situações difíceis, uma vez que as antigas leis não podiam ser derrogadas, mantendo-se em concorrência com outras mais recentes que dispunham em sentido diverso, ou mesmo contrário, todas tendo legitimidade para serem invocadas.

Crenças desta natureza arreigam-se de tal maneira em muitos espíritos que sabemos permanecerem ainda válidas em muitas regiões do globo, através de tradições seculares, ajudando muitas vezes a manter uma ordem que implica o domínio de uns homens sobre os outros. São os hábitos a lutarem pela estabilidade social.

No entanto, ao longo dos tempos tudo se foi modificando. À medida que as circunstâncias o permitiram — ou mesmo o impuseram, como aconteceu com o desenvolvimento do comércio marítimo —, os homens, movidos pelos seus interesses e desejosos de melhor poder satisfazer as suas necessidades, levantaram contestações sucessivas contra a ordem estabelecida, quer directamente, quer de forma enviezada, através de novas interpretações das leis ou da sua superação mantendo embora a aparência de lhes dar cumprimento.

Como consequência, as desigualdades sociais deixaram de ter base legal — às vezes apenas temporariamente —, sem prejuízo de se manter a escravatura e a discriminação das mulheres, estabelecendo-se a igualdade de direitos dos cidadãos, a sua participação generalizada na assembleia da cidade e a identidade de acesso às magistraturas.

Mas, entretanto, algo de inesperado aconteceu. Quer na Grécia, quer em Roma, quando se admitiu a igualdade legal surgiram em primeiro plano, com toda a sua força, as desigualdades naturais, dando lugar à diversidade de capacidade e de riqueza, fundamento de novas distinções sociais.

A oposição entre ricos e pobres provocou, por sua vez, lutas ferozes, cheias de episódios de grande brutalidade de que temos os relatos, nos quais nem as crianças eram poupadas.

Para evitar o caos, surgiram, na Grécia, os tiranos, governando despoticamente e eliminando-se, por vezes, uns aos outros. Em Roma, as diferenciações de fortuna fizeram surgir novos privilégios hereditariamente transmissíveis e, como consequência, novas classes sociais com direitos específicos. Mas as camadas dominantes conseguiram evitar o pior, equilibrando a situação.

Consoante a natureza dos poderes que se confrontavam e os condicionalismos de tempo e de lugar, a Grécia conheceu a monarquia, a aristocracia e a democracia, enquanto em Roma se sucederam a monarquia, a república e o império. As lutas pelo poder travaram-se entre os reis e as aristocracias e entre estas e o povo, em termos que deram lugar a formas mistas de governo em que normalmente a aristocracia compartilhava o poder quer com os reis ou os imperadores, quer com o povo.

Enquanto na Grécia, como acabámos de ver, os excessos da democracia levaram a graves convulsões sociais, o Senado e a aristocracia romanas conservaram o comando político, face às assembleias parlamentares que controlavam por diversos estratagemas. Por fim, os imperadores assumiram o poder absoluto.

A Grécia acabou por ser dominada pela Macedónia e, em seguida, por Roma. O império romano do ocidente, incapaz de dominar a complexidade dos problemas que o apoquentavam, soçobrou face à crescente pressão sobre ele exercida pelos bárbaros.

Grécia e Roma são um paradigma em vários aspectos dos quadros amplos em que se desenrola a acção humana: a ultrapassagem das sociedades fechadas; as lutas entre as classes sociais, quer as que assentam na nobreza, quer as derivadas da fortuna; o predomínio das classes que se impõem pela sua eficácia para enfrentar os desafios de uma época; a incapacidade do povo, em geral, para gerir directamente os negócios do Estado, embora consiga produzir mudanças profundas com intervenções esporádicas; a busca permanente da liberdade, mas também dos privilégios, do poder e da fortuna; o desfazer da sociedade quando os erros se acumulam e não se encontram em tempo devido os necessários equilíbrios sociais.

Na sua procura da liberdade, os gregos souberam expressar claramente que a ordem resultante da lei e do seu respeito era a única garantia que existia para se alcançar um equilíbrio social duradoiro. Por isso Sócrates morreu, prestando culto à lei da sua cidade.

Se, inicialmente, a unidade das cidades gregas resultava de uma crença comum nos mesmos deuses — e aqui temos a força e a importância da religião que se identificava com a lei —, mais tarde veio a reconhecer-se que a lei era o princípio organizador da cidade, sendo a legislação comum que lhe podia dar unidade e força. Rejeitando, no regime democrático, a sujeição a qualquer homem, os gregos compreenderam e aceitaram que a submissão à lei deveria ser a base da ordem e da liberdade, embora nem sempre soubessem aplicar os princípios.

Para além deste aspecto, a teorização feita pelos gregos incluía também as principais características da democracia: a igualdade política, ou seja, a igualdade perante a lei; o governo do povo, com plena participação nas magistraturas; e a omnipotência da assembleia popular, à qual cabia a feitura das leis, embora se tratasse de uma assembleia sem poderes delegados.

Em paralelo, tiveram a preocupação de não deixarem implantar influências particulares, de modo a evitar os riscos das oligarquias, chegando ao ponto de os magistrados não serem escolhidos por eleição, mas por tiragem à sorte, por entenderem, por um lado, que as eleições poderiam conduzir a um elitismo indesejável e, por outro, que a sorte representava, de algum modo, a vontade dos deuses.

Se os gregos alcançaram progressivamente as liberdades que conduzem à democracia, não conseguiram o justo equilíbrio do poder, em termos práticos, nem fugir à demagogia e à corrupção, traduzidas, nomeadamente, na compra dos votos nas assembleias. Daí que, no seu próprio meio, se tivessem levantado severas críticas contra um regime que foi apresentado como desagregador da sociedade, como efectivamente veio a acontecer, talvez em consequência das dificuldades económicas e dos próprios ataques contra ele conduzidos. O próprio Platão, na *República* e nas *Leis,* se revelava tradicionalista e totalitário em grau elevado, enquanto Aristóteles talvez possa ser interpretado como inclinando-se para uma forma mista de democracia e de oligarquia.

Aliás, entre os escritores da época havia pontos de vista divergentes, traduzindo não só concepções diferentes mas, como sempre acontece, interesses antagónicos. O certo é que, teoricamente, foram procuradas as soluções possíveis, e na prática também, com aspectos positivos e negativos, mostrando que não há soluções óptimas nem permanentes, mas antes equilíbrios instáveis que têm de ser sujeitos a permanentes revisões e ajustamentos para não soçobrarem.

Enquanto os gregos se mantiveram limitados aos seus Estados-cidades, incapazes — para além de alianças temporárias — de encontrarem uma unidade política ampla onde os problemas internos pudessem ter sido tratados numa perspectiva mais englobante, os romanos, pouco teorizadores e dominados por grande espírito prático, projectaram-se para o exterior, adequando as formas de governo aos condicionalismos de cada momento. Eles foram, como se sabe, grandes cultores do Direito, mas como modo, por excelência, da organização da sociedade e da definição da posição dos indivíduos e das classes.

No final, não foi, todavia, a democracia que fez vencimento, mas o poder absoluto do imperador, em estreita ligação, mais uma vez, com a religião. Sendo o culto do imperador obrigatório, volta-se a ligar o poder à divindade, para lhe conceder maior força e aceitação.

Com o desenvolvimento do poder imperial, surge a teoria do príncipe, dotado de poder absoluto, que pensadores diversos, como Séneca, pretenderam limitar, não directamente, mas fazendo apelo às qualidades de que ele deveria dar provas. O príncipe deveria agir no interesse dos seus súbditos e não no interesse pessoal: embora escolhido pelos deuses, o seu poder, que era absoluto, não deveria ser exercido arbitrariamente.

Com pormenores diversos, elaboraram-se teorias filosóficas que pretenderam compatibilizar a unidade do império e a necessidade de um poder forte com a defesa dos interesses dos súbditos perante os possíveis — e efectivos — abusos. Mas é óbvio que a enumeração das virtudes que os príncipes deveriam possuir não dava qualquer garantia de que procedessem de acordo com a justiça e não de harmonia com as suas tendências e interesses particulares.

Foi desta forma que o império romano, antes de se desmembrar, preparou os ingredientes teóricos e práticos para o desenvolvimento de um pensamento político favorável à monarquia e ao poder absoluto dos reis.

Com a Idade Média, que se segue à queda do império romano do ocidente, o Estado desaparece praticamente, bem como o poder central, embora se mantenham algumas monarquias, ao menos nominais, dentro do regime feudal que gradualmente se instalou, como meio de proporcionar um mínimo de segurança às populações.

No feudalismo, passa a viver-se num sistema de fidelidade pessoal, socialmente hierarquizada, assente numa economia familiar fechada, onde a unidade económica é o solar, enquanto o comércio quase não existe.

Os senhores feudais detêm poderes absolutos dentro dos seus territórios, as guerras são permanentes e os monarcas mais poderosos tendem a esboçar algumas das futuras nacionalidades europeias. A pobreza é enorme e o número de servos aumenta. Na prática, a liberdade desaparece para a generalidade das pessoas.

Entretanto, outra força emerge com grande pujança: a Igreja cristã, que antes fora reconhecida pelo império e tivera tempo de se organizar, vai converter os novos povos que se instalaram na Europa, criando uma unidade religiosa.

Por esta forma, vamos reencontrar algo já conhecido, embora noutro patamar da história, pois com o cristianismo renova-se o pensamento e a prática de que o universo é regido por Deus, o poder é querido por Ele, devendo a sociedade civil ficar sujeita aos valores religiosos e à autoridade do Papa e dos bispos.

Os princípios evangélicos, tal como eram apresentados por pensadores de relevo, formavam um sistema coerente e harmónico: Deus era o Senhor supremo de todas as coisas; a Igreja a Sua representante na Terra; os reis e os nobres, os executantes da Sua vontade, tal como a Igreja a apresentava; o poder e a organização social decorriam igualmente da vontade divina, aceitando-se a diversificação das classes, com os seus direitos e prerrogativas; colocava-se — ponto fundamental — como objectivo de toda a acção humana o amor a Deus, o amor ao próximo e o bem comum. Como consequência, a organização e o poder, em vez de serem fonte de opressão, tinham por função essencial favorecer a cooperação e a justiça, em benefício de todos os homens.

Encontrávamo-nos em presença de um pensamento bem diferente do que fora elaborado nas sociedades fechadas da Grécia, na medida em que, agora, o Homem tinha prioridade sobre o colectivo, o que traduzia uma concepção aberta e universal do cristianismo. Simplesmente, os condicionalismos económicos e sociais não se encontravam preparados para tanto. Nem a natureza humana, de um modo geral, se deixa encaminhar por ideais tão elevados. Daí que, na ordem dos factos, os preceitos não fossem cumpridos ou fossem contornados, fazendo com que o poder e a organização continuassem a revelar-se como fautores de profundas desigualdades e opressões.

Assim, estruturaram-se novas classes sociais, não muito diferentes das anteriores, onde mais uma vez predominavam os elementos religiosos e militares estreitamente ligados à posse da terra, enquanto os povos mudavam de senhor ao sabor das guerras que se travavam ou das alianças que se realizavam.

Predominavam as forma monocráticas de governo, por vezes temperadas por assembleias de diversa constituição. A democracia grega e a república romana encontravam-se a séculos de distância. Mas, uma vez mais, vai renascer o espírito de liberdade e a busca de maior equilíbrio entre os estatutos políticos do clero, da nobreza e do povo.

Daqui resultará, ao fim de um longo percurso, a democracia do nosso tempo. A esse importante movimento nos referiremos já de seguida.

### 3. Os caminhos da mudança

Os tempos são sempre difíceis quando há grandes carências e nem todos podem satisfazer razoavelmente as suas necessidades fundamentais. Por isso, será a melhoria das condições de vida, mesmo em termos limitados, que gradualmente irá proporcionar significativas alterações nas estruturas sociais e, ao mesmo tempo, uma importante renovação do pensamento político.

É nos meados do século XII que podemos situar, embora de modo ainda remoto, os primeiros movimentos que irão conduzir a uma profunda reorganização da sociedade medieval. De facto, é nesse período que começa a manifestar-se um certo progresso das técnicas agrícolas e o primeiro surto de comércio, quer através do crescimento de Veneza, originado pelo transporte marítimo dos cruzados, quer devido à maior movimentação dos mercadores, acompanhada pela instituição das feiras.

No século XIII, ainda em virtude do desenvolvimento das trocas, inicia-se o renascimento das cidades que começam a transformar-se em centros comerciais, nelas se estabelecendo os mercadores como homens livres que lutam pelos seus direitos procurando, com base no crescente relevo da sua actividade e no apoio recebido do poder real que combate a nobreza, fugir à jurisdição dos senhores feudais, criar as suas próprias organizações e, por seu intermédio, governarem-se a si próprios.

Durante alguns séculos, várias forças sociais entraram em acção: os reis, que combatem a intervenção da Igreja nos assuntos temporais e pretendem libertar-se da sua tutela, ao mesmo tempo que procuram promover a unidade dos seus territórios e dominar os senhores feudais; os camponeses, que querem libertar-se da sua condição servil, transformando-se muitos em artesãos que criam as suas próprias corporações e adquirem progressivas regalias; e os mercadores que, antes desconsiderados, passam à condição de burgueses, estabelecendo entre si códigos específicos de moralidade.

No entanto, só no século XVI este movimento terá um significativo impacto, devido a novos condicionalismos que vão ocorrer e assentam na verdadeira mola da mudança: o aumento do conhecimento.

Os avanços científicos que começaram a verificar-se; as crises da Igreja, com o movimento da Reforma, a emancipação do poder papal e a renovação do pensamento para que contribuíram; as descobertas marítimas e as novas técnicas daí decorrentes, patenteando a existência de outros mundos, facilitando as comunicações, trazendo ouro para a Europa e desenvolvendo o comércio; a expansão económica e demográfica decorrentes destes condicionalismos e o aparecimento de uma riqueza mobiliária considerável — tudo proporcionou a emergência de novas camadas sociais, dotadas de riqueza que ajudava a deslocar os pólos do poder.

Novos conhecimentos e maior riqueza significaram acrescidas capacidades de acção que se vão reflectir no mundo das ideias, da arte e da política. Estes factos jogaram no sentido do fortalecimento do poder real, apoiado pelas novas camadas sociais às quais interessava a emancipação das cidades e a abolição dos direitos feudais.

Não são os *direitos dos homens, em geral,* que estão ainda em causa, mas sim a posição dos mais poderosos. Por isso, se aparecem as doutrinas que defendem o direito divino dos reis, embora desprovidas de sólidos fundamentos teológicos ou filosóficos, procura-se, ao mesmo tempo, limitar o poder absoluto, por incómodo e opressivo.

As realidades dos tempos orientam-se no sentido da consolidação dos Estados europeus, como a Inglaterra, a França e a Espanha, surgindo a realeza como elemento indispensável à unidade nacional.

Entre os séculos XVI e XVIII, as exigências práticas das novas nacionalidades vão no sentido do fortalecimento das monarquias absolutas, do desaparecimento dos particularismos feudais, da separação do Estado da Igreja, quando não da submissão das igrejas *reformadas* aos respectivos poderes reais, em estreita ligação com o fortalecimento das nacionalidades em formação.

Se o absolutismo se contrapõe ao feudalismo ainda existente, muitos pensadores — entre os quais os que se encontram ligados à Igreja de Roma, preocupados com a sua supremacia espiritual —, procuram argumentos filosóficos e teológicos para limitar o poder real e evitar o despotismo, invocando quer o direito natural, quer a lei divina.

Assim, Suarez (1548-1617) defende o princípio da soberania do povo, podendo cada comunidade escolher o regime que mais lhe agrade. O poder e a soberania dependem da lei natural, por isso residem na comunidade politicamente organizada, só aí podendo encontrar a sua base. Mas esta soberania pode ser alienada, quer sem condições — e encontramo-nos face a uma monarquia absoluta —, quer com condições e reservas — sendo esse o caso das monarquias limitadas. Num caso e noutro, a delegação de poderes, uma vez efectuada, não pode ser revogada. Todavia, o rei, embora superior ao povo, encontra-se sujeito ao direito natural e ao pacto celebrado, podendo a comunidade revoltar-se contra os tiranos ou exercer resistência passiva face às leis injustas. Por outro lado, a Igreja tem, sobre o poder civil, superioridade idêntica à do espírito sobre a matéria, podendo orientar os reis com vista à salvação das almas.

Já Maquiavel, que se tornou famoso com o seu livro *O Príncipe,* seguiu outro caminho, defendendo o amoralismo na acção política, subtraindo o Estado à moral e ao direito e recomendando uma acção prática baseada no cálculo, na força e na astúcia. Confrontado com as dificuldades graves com que se debatiam os pequenos Estados da Itália do seu tempo, bem como com as questões existentes com o papado, Maquiavel atreveu-se a defender abertamente soluções que não passavam da prática corrente nas relações entre os Estados e, mesmo, na defesa do poder do príncipe dentro dos seus territórios. Ele não foi um teórico, mas um homem prático, propondo-se resolver os problemas do Estado, sem quaisquer preconceitos, antes dentro de um critério da maior eficácia na acção.

Apesar das resistências encontradas, as novas forças sociais — de carácter fundamentalmente científico, filosófico e económico — vão rompendo caminho, em choque permanente com as tradições e privilégios assentes no passado, acabando por produzir profundas alterações político-económicas e dando lugar a uma sociedade muito diferente no curto espaço de século e meio.

Como principais pontos de referência, vamos examinar muito rapidamente o que se passou na Inglaterra e na França, por serem os dois países que se mantiveram à frente deste movimento, embora com um percurso bastante diferente.

A Inglaterra é justamente considerada a mãe dos parlamentos, o que não significa que desde cedo se houvesse ali instalado um regime democrático. Criaram-se, sim, ao longo de vários séculos de lutas constantes, as condições necessárias ao funcionamento de uma democracia parlamentar, que teve influência universal.

O feudalismo instalou-se também na Inglaterra, com os particularismos decorrentes do meio, verificando-se, de igual modo, as rivalidades entre o rei e os senhores feudais e a estratificação de classes sociais muito desiguais em poder e condições de vida.

Desde cedo, bispos e nobres lutaram pelos seus privilégios e o rei pela amplitude dos seus poderes, inclinando-se a balança para um lado ou para o outro, consoante a capacidade e as forças em presença. Dentro em breve, serão também os burgueses das cidades e, mais tarde, as camadas populares, que surgirão a pugnar, com êxito, pelos seus direitos.

Com frequência, vai-se buscar a origem do parlamentarismo à Magna Carta, documento imposto ao rei João sem Terra, em 1215, pelos bispos e nobres, no qual se confirmavam antigos direitos e liberdades da Igreja, da nobreza e das cidades, ao mesmo tempo que se criava um grande conselho, constituído pelo alto clero, abades, condes, grandes barões e vassalos directos do rei, devendo ser eleitos vinte e cinco barões para fazer respeitar a paz e as liberdades.

Este conselho evoluíu no sentido de se tornar uma assembleia representativa da nação, de carácter regular e periódico, incluindo burgueses das cidades — mas não representantes do povo — com a pretensão de assegurar o cumprimento dos direitos adquiridos face à realeza e de exercer o controlo da acção real.

Com muita frequência, no entanto, os reis procuraram governar sem o parlamento, ou mesmo contra ele, usando de vários expedientes, quando não da violência e de ameaças para conseguir os seus objectivos. Aconteceu também que o povo — que não era ouvido — se revoltasse contra decisões aprovadas naquela assembleia, respeitantes a impostos gravosos. Reis houve que passaram sistematicamente por cima do parlamento, deixando mesmo de o convocar, dando lugar a querelas violentas que levaram, inclusivamente, ao julgamento e decapitação de Carlos I, em 1649.

A efectiva importância do parlamento no governo da nação teve, deste modo, grandes variações, embora se tivesse mantido sempre o princípio de que o rei não podia fazer leis nem cobrar impostos sem o seu consentimento, aspecto este que era particularmente importante em caso de guerra, quando as despesas aumentavam muito. A renitência dos reis em convocar o parlamento era devida ao facto de que essa circunstância era logo utilizada para apresentação de petições as mais diversas.

A consolidação do parlamento só vem a ocorrer em 1689, com a Declaração de Direitos aceite por Maria e Guilherme de Orange — e seguidamente transformada em lei —, na qual se fixava, nomeadamente, a obrigatoriedade de se realizarem eleições de três em três anos.

Em 1695, é estabelecida a liberdade de imprensa, enquanto se organizam os partidos políticos. Progressivamente, os ministros pas-

sariam a sair da maioria parlamentar e surgiria a figura do Primeiro-
-Ministro.

No entanto, em virtude do sistema eleitoral em vigor, a Inglaterra possuía um parlamento aristocrático, porque a maioria da população, além das mulheres, não tinha direito de voto. Daí que o parlamentarismo não possa confundir-se com a democracia, tal como é entendida nos nossos dias.

Daqui resulta que, ainda no século XVIII, se o parlamento, em princípio, pretendia representar a nação junto do rei, na realidade representava apenas a aristocracia, em especial os grandes proprietários rurais, que tinham um papel predominante.

Em paralelo, as desigualdades sociais eram muito acentuadas, existindo verdadeiras classes privilegiadas: alto clero, grandes senhores e nobreza rural. Quanto ao povo, os seus direitos eram diferentes, acontecendo mesmo que os operários da indústria não tinham o direito de se associar, nem de fazer greve, sob pena de prisão. Por outro lado, quem não tivesse salário ou rendimento suficiente para viver, era inscrito obrigatoriamente nas listas de indigentes, o que implicava consequências gravosas, como a impossibilidade de recusar o trabalho que lhe fosse imposto e a proibição de mudar de domicílio.

Mas a Inglaterra, além de ser a mãe dos parlamentos, foi também o país onde primeiro surgiu a industrialização como é sabido, com início no final do século XVII, princípios do século XVIII, o que lhe permitiu alcançar um considerável desenvolvimento económico em todos os campos, nomeadamente a navegação e o comércio externo.

De novo, o aumento da riqueza veio trazer à cena política novas camadas sociais que não foi possível, durante muito tempo, manter afastadas do poder político. A sabedoria inglesa consistiu precisamente em reconhecer o facto e, embora com grande relutância e certas delongas, aceitar as reformas necessárias para que a burguesia, primeiro, e depois o proletariado, pudessem participar activamente na vida política.

Daí resultou a reforma eleitoral de 1832 que permitiu a entrada no parlamento do sector industrial, alargando a capacidade eleitoral, embora numa base económica, o que deixava de fora as massas populares. Mas logo de seguida, entre 1834 e 1839, verifica-se uma redução dos privilégios da aristocracia rural e do clero anglicano. E, com o desenvolvimento sindical e a sua movimentação, inicialmente assente nos operários qualificados — apesar de os sindicatos não terem ainda existência legal, sendo por vezes fortemente combatidos — as leis eleitorais de 1867, 1884 e 1885 operaram novas e importantes alterações, quer quanto ao alargamento da capacidade eleitoral, quer no que respeita à reorganização dos círculos eleitorais, estabelecendo por toda a parte a proporção de um deputado por cada cinquenta mil habitantes.

Entretanto, os sindicatos foram legalmente reconhecidos, bem como o direito à greve, surgindo também importantes diplomas reguladores do trabalho, para protecção do operariado, incluindo os horários de trabalho, os acidentes de trabalho e a higiene.

A degradação temporária da economia produziu grande agitação laboral e levou os operários a entrar directamente na cena política, com a criação do Partido Trabalhista em 1903, o que facilita o progresso da legislação social entre 1906 e 1914.

Quanto às mulheres, só em 1918 adquirem o direito de voto que, até então, lhes havia sido recusado, conquista que foi, ela também, o resultado de uma violenta campanha que suscitou generalizadas atenções.

Enquanto decorria este processo, a Inglaterra tinha alcançado um notável progresso económico — o que permitia o seu desenvolvimento social e abertura política — alcandorando-se à posição de primeira potência mundial.

Por outro lado, o Império Britânico estendia-se por todo o mundo, dando lugar à Comunidade Britânica, mas os povos que o integravam não eram todos democracias, tinham os mais diversos regimes políticos, de acordo com os seus condicionalismos específicos, o que mais uma vez aponta para a sabedoria do empirismo inglês, capaz de acompanhar a mutação dos tempos sem intentar impor soluções de pura elaboração teórica, que as situações de facto tantas vezes não comportam.

A situação em França, no decurso de todo este período, era bastante diferente da que se verificou em Inglaterra. Logo de início, o poder real era mais centralizado, tinha natureza absolutista, sem prejuízo da existência de uns Estados Gerais que o rei ouvia quando entendia, mas não tinham as características do parlamento inglês, nem se destinavam a cercear o poder real.

Existiam também os chamados *parlamentos,* de carácter regional, mas que detinham apenas poderes judiciais, embora por vezes pretendessem defender as chamadas leis fundamentais do reino, de contornos indefinidos, contra o absolutismo real.

A monarquia absoluta francesa apresentava-se como fundamentada no direito divino, pelo que o rei só era responsável perante Deus, ninguém podendo controlar ou limitar o seu poder: a sua vontade era a lei. Os Estados Gerais não eram convocados desde 1614, existia uma censura estrita e o catolicismo era a única religião que podia ser praticada. O rei tinha, inclusivamente, o poder de determinar prisões sem julgamento, bem como a confiscação de bens.

A par disto, a organização social assentava num critério de profundas desigualdades, baseada na existência de três classes: o clero, a nobreza e o terceiro-estado, sendo as duas primeiras altamente privilegiadas e incluindo apenas um pequeno número da população.

No fundo, as duas primeiras classes confundiam-se, uma vez que o baixo clero se aproximava do terceiro-estado, enquanto o alto clero era recrutado apenas entre a nobreza.

Mas também em França, embora em menor grau, o desenvolvimento económico e industrial havia produzido uma burguesia que se ia enriquecendo através do trabalho e da economia, enquanto a nobreza, incapaz de promover o aperfeiçoamento agrícola dos seus domínios e dominada pelos grandes dispêndios a que se considerava obrigada pela sua posição e permanência na corte, ia empobrecendo, quando não endividando-se.

Uma vez mais, os burgueses sentiam que a sua capacidade de iniciativa se encontrava tolhida pelos resquícios feudais, pretendendo, por outro lado, que o seu poderio económico tivesse tradução na esfera política. Daí que esta burguesia, que era culta e consciente do seu valor, se deixasse arrastar por ideias de liberdade, pensando na abolição dos privilégios existentes.

Quanto ao operariado e aos camponeses — em cujo âmbito também existiam significativas gradações — viviam em condições muito difíceis, onerados com impostos e desprovidos de direitos, situação que se agravava sempre que se produziam crises económicas e financeiras, o que era frequente.

Era este o estado de coisas em 1715, no tempo de Luís XIV. A política de guerra seguida por este monarca, as obras magnificentes que empreendeu e o esplendor da corte exigiam recursos que se traduziam em impostos gravosos, provocando pobreza e miséria para muita gente e suscitando um descontentamento geral que se converteu num espírito de crítica e de oposição que conduziu a transformações profundas.

Este espírito crítico redunda num movimento intelectual que vai buscar larga inspiração às instituições políticas inglesas e a um escritor também inglês, Locke, filósofo que havia formulado a doutrina dos direitos naturais do Homem e da soberania do povo, ao mesmo tempo que defendia a tolerância religiosa.

Ciência e filosofia dão-se as mãos e abrem os espíritos para as exigências da razão e a necessidade do saber assente na observação da natureza e na experiência — no que outro inglês, Newton, se tinha mostrado exímio —, retirando daí conclusões contrárias ao pensamento tradicional e favoráveis à liberdade dos homens.

Surgem escritores notáveis, como Montesquieu (1689-1755) e Voltaire (1694-1778) e, mais tarde, Rousseau (1712-1778) e Diderot (1713-1784), o grande impulsionador da *Enciclopédia*.

Enquanto a realeza se desacredita e a situação económica e social se torna grave, estes pensadores vão dar concretização literária aos descontentamentos existentes, mobilizando os espíritos para as profundas mudanças que iriam ocorrer.

A liberdade de pensamento indispensável ao desenvolvimento científico, altamente crítica para com o precedente espírito escolástico, generaliza-se aos campos político e social conduzindo, também, à contestação do passado.

Com isto, é igualmente o direito natural que tende a perder as suas raízes divinas para ir mergulhar antes no poder da razão e na natureza das coisas. Deste modo, entendia-se que o direito não deve buscar — teoricamente — o cumprimento da vontade de Deus mas procurar a felicidade, o bem-estar e a paz entre os homens, objectivos em que vão assentar os direitos dos indivíduos e a utilidade geral ou o bem comum.

Afirma-se, assim, a igualdade e a liberdade de todos os homens e a soberania do povo, sem contudo pôr em causa a monarquia, símbolo da unidade nacional, justificada por uma longa tradição, dentro de uma solução idêntica à que vigorava em Inglaterra.

No entanto, os intelectuais franceses não pensavam no povo em sentido amplo, por considerarem em que as massas populares, sendo «ignorantes, supersticiosas e bárbaras», não tinham competência para participar na vida pública. Esta maneira de pensar tinha o apoio da burguesia à qual importava que fosse salvaguardado o direito de propriedade, fonte do seu poder e posição social, o mesmo acontecendo com a nobreza.

É neste contexto que ocorre a Revolução Francesa em 1789, inspirada também no exemplo da independência dos Estados Unidos da América e sua declaração de direitos. Acontecimento em que a França, aliás, tinha tomado parte activa.

Se a revolução venceu mediante a forte intervenção do povo, não será este o beneficiário imediato dos acontecimentos que se seguiram, tal como resulta da Constituição de 1791.

De facto, embora a Declaração dos direitos do homem e do cidadão, que a precedeu, consignasse que os homens nascem e permanecem livres e iguais em direitos e que a soberania residia essencialmente na nação, a Constituição não consagrou o princípio do sufrágio universal, só concedendo o direito de voto aos indivíduos do sexo masculino que dispusessem de determinados rendimentos que eram ainda de montante mais elevado para se poder ser eleito. Deste modo, a plenitude do poder político pertencia apenas à classe rica.

Na realidade, a Constituição não resultou apenas dos princípios que os teorizadores haviam apresentado, mas de compromissos entre as diversas facções representadas nas Constituintes, que implicavam com a tradição e com as preocupações anteriormente indicadas. Se se pretendia limitar o poder real, desejava-se também manter o controlo das massas populares, cujas paixões e inexperiência se temiam. Quanto às mulheres, continuavam em regime de tutela.

Mas outros pontos importantes foram ganhos, como seja a igualdade perante as contribuições — novo nome dado aos impostos —, a liberdade de trabalho e a liberdade de comércio. Todavia, em consequência da crise económica e do desemprego que aumentava, produziu-se forte agitação popular, acompanhada de greves, que eram incessantes, o que levou à interdição das associações e das coligações profissionais, repetindo-se o processo ocorrido em Inglaterra.

Segue-se um período bastante agitado, que é do conhecimento geral, durante o qual a França passou por quase todos os regimes no âmbito da monarquia, da república e do império, com avanços e retrocessos no que toca aos direitos e garantias dos cidadãos e à sua efectiva participação na vida política. Oscilações estreitamente ligadas às maiores dificuldades e facilidades económicas e financeiras que o país sentia.

Apesar de todas as vicissitudes e dificuldades encontradas, foram os grandes princípios da liberdade e dos direitos do Homem, constantes das Declarações de direitos e das Constituições americana e francesa, e imbuídos da prática inglesa, que se foram firmando durante os séculos XIX e XX no mundo ocidental, até chegarmos às mais importantes Convenções internacionais adoptadas no âmbito das Nações Unidas e do Conselho da Europa.

O caminho não foi fácil, pois graves problemas ficaram em aberto durante muito tempo, como o do operariado, da situação feminina, da escravatura e direitos dos negros, da colonização em geral e dos regimes totalitários que se instalaram na Europa em pleno século XX, a patentearem que as questões fundamentais do relacionamento humano, com directa e imediata incidência no campo do direito, estão longe de se encontrarem devidamente sedimentados, não sabendo nós como irão evoluir as coisas com a mudança de civilização que estamos atravessando e que tão graves e complexos problemas traz consigo.

Vejamos mais de perto como as coisas se passaram.

## 4. Os valores explicitados pela ordem jurídica

Como já sabemos, se os valores são relativos são, ao mesmo tempo, indispensáveis aos indivíduos e aos grupos sociais, encontrando-se estreitamente ligados aos interesses de uns e de outros. Por outro lado, esses valores têm de se articular estreitamente com as exigências do funcionamento dos sistemas sociais, de acordo com as capacidades e as exigências de cada época, sob pena de ineficácia desses sistemas. Por isso, se as aspirações têm a permanência das necessidades insatisfeitas, a sua concretização só parcialmente tem vindo a ser atingida.

Deste modo, enquanto os reis e os senhores feudais desempenharam uma função social de reconhecida utilidade na defesa das populações e na criação de condições propícias à unificação territorial e à formação das nacionalidades nascentes, a sua legitimidade não foi contestada — apesar das lutas constantes —, tanto mais que não se apresentavam alternativas políticas e sociais viáveis.

Mas, a partir do momento em que os senhores feudais se transformaram numa nobreza rodeada de privilégios e o poder absoluto se excedeu, ao mesmo tempo que o desenvolvimento económico, assente na burguesia das cidades, se afirmava, surgiram as oportunidades para se questionarem as formas de poder existentes, pondo em causa a sua legitimidade.

A sociedade entrou em rotura, perdendo as classes sociais as suas características de complementariedade, revelando-se como opositoras quer no campo político, quer no económico. Manifestam-se, deste modo, as resistências contra os abusos cometidos pelas classes dirigentes e contra as desigualdades sociais a que já não correspondiam prestações de serviços efectivos à comunidade.

Se antes houvera os teorizadores do poder absoluto e os defensores da supremacia do poder espiritual sobre o poder temporal, agora vão pôr--se em destaque a razão humana e os direitos naturais dos homens, embora os escritores nem sempre cheguem às mesmas conclusões.

Entre os que tiveram maior influência nos acontecimentos relativos à Revolução Francesa, contam-se Locke e Rousseau, não porque os seus argumentos filosóficos tivessem suficiente fundamentação à luz dos critérios de avaliação actuais, mas porque as suas ideias se encontravam em consonância com a sociedade da época.

Locke (1632-1704) escreveu numa altura em que se consolidavam os poderes do parlamento de Inglaterra, portanto quando se encontrava adiantada a evolução política naquele país. Já relativamente à Revolução Francesa, ele apresenta-se como um percursor que influenciou directamente filósofos como Voltaire e Rousseau.

De observar que Locke procurou situar a sua argumentação no campo da ciência nascente, partindo dos dados do conhecimento sensível e repudiando as ideias inatas, afirmando ser o espírito do Homem que elabora as suas próprias noções de acordo com os dados fornecidos pela sua experiência. Estes propósitos, no entanto, não dispunham ainda de bases suficientes para se tornarem realidade, o que resulta logo do facto de partir da concepção de que os homens «se encontravam naturalmente num estado de perfeita liberdade para conduzir as suas acções e dispor dos seus bens e da sua pessoa como melhor entendessem, nos limites da Lei da natureza, sem necessidade de autorização de qualquer outro homem e sem depender da sua boa vontade», não havendo subordinação de uns aos outros.

O estado de natureza, para ele, só se concebia como governado por uma lei da razão que nos ensina que todos somos iguais e independentes, ninguém tendo o direito de prejudicar outro na sua vida, saúde, liberdade ou propriedade. No entanto, como do estado de natureza resultavam grandes inconvenientes, os homens vão-se associar, formando um corpo social, transferindo para a comunidade alguns dos seus direitos, mas não todos, pois há direitos inalienáveis, sendo para melhor os garantir que eles consentiram em se associar. Entre os direitos inalienáveis, contam-se a propriedade privada, a vida, a segurança pessoal, o direito à resistência e a liberdade de consciência e de religião.

Daqui resulta que o poder do Estado não pode ser absoluto, visto que o verdadeiro soberano é a comunidade, encontrando-se os indivíduos apenas submetidos à lei. O Estado teria, pois, de revestir um carácter liberal que salvaguardasse a liberdade dos indivíduos.

Rousseau (1712-1778), por seu lado, baseado em princípios semelhantes, elaborou um programa reformador cuja execução iria ser tentada pela Revolução.

Partia da concepção de um Homem «essencialmente bom» por natureza, depravado pela sociedade e que importava restaurar para voltar a ser feliz. O problema fundamental consistia em saber como pode o Homem, que nasceu livre e em parte alguma o é, construir um Estado que possa ser considerado como legítimo. Como resposta, volta-se igualmente para o contrato social, o que permite aos homens saírem de um abominável estado de natureza, uma vez que os benefícios não compensavam as desvantagens. Por esse contrato, os homens — no seu próprio interesse — renunciam a uma parte da sua liberdade natural para conseguirem outra liberdade e mais segurança.

Para salvaguarda da liberdade, torna-se necessário que cada um, ao unir-se aos demais, só obedeça a si próprio, assim ficando tão livre como antes. Para tanto, segundo o contrato, cada um, dando-se a todos, não se dá especificamente a ninguém, enquanto, por outro lado, não havendo nenhum associado sobre o qual cada um não adquira o mesmo direito que lhe concede, ganha-se o equivalente de quanto se perdeu, acrescido da força para conservar aquilo que se tem.

Integrado agora no todo de que faz parte, cada homem não obedece a qualquer outro homem em especial, mas apenas à vontade geral, que parece dever ser entendida como a vontade da maioria. Ao ser forçado a acatar esta vontade, isso apenas significa que é forçado a ser livre.

Rousseau não admitia que a soberania fosse delegável, o que afastava os regimes representativos. Deveria ser, pois, o povo a fazer as leis, apenas a execução destas podendo ser delegada, sem prejuízo da possibilidade da destituição dos governantes a todo o momento.

A lei e o direito resultavam, assim, da vontade da maioria, passando esta a ser considerada como a essência da democracia, o que concedia plena autonomia à esfera política.

Estas teorizações — na interpretação que genericamente lhes foi dada — ajustavam-se bem às forças que emergiam na época, além de auferirem de uma certa aura de cientificidade, com apoio na razão esclarecida do século, o que motivou o grande sucesso que tiveram.

Tais concepções não podiam ignorar a força dos constrangimentos sociais específicos de todas as formas organizativas, o que levou a admitir que, no contrato social, havia uma alienação de direitos, mesmo que parcial. No fundo, o problema fundamental consistia na admissibilidade desses constrangimentos e modo de os justificar, reduzindo os seus inconvenientes em favor das novas forças sociais que se encontravam em movimento.

Imperava, agora, o culto da razão, o progresso científico e a aplicação prática dos novos conhecimentos à produção agrícola e industrial, conduzindo a uma rápida ascensão da burguesia. Por isso, foram os intelectuais e os burgueses os grandes vencedores das lutas que se travaram. As massas populares, deliberadamente marginalizadas no momento, teriam ainda um grande combate à sua frente para fazerem valer os seus direitos, sempre de forma parcelar e limitada, primeiro no campo jurídico e, depois, no domínio dos factos.

Quer o movimento científico, quer o pendor para a democracia política, com diversas variantes, propagaram-se genericamente pela Europa e pela América, com sortes diversas em função do desenvolvimento económico efectivo e das forças ideológicas que se encontravam no poder ou a ele ascenderam entretanto. Mas, a partir do termo da segunda guerra mundial, os chamados direitos do Homem e os regimes democráticos ganharam uma força crescente, tendendo a generalizar-se, o que se acentuou ainda mais com as profundas mudanças ocorridas nos últimos tempo nos países comunistas.

Deste modo, convenções internacionais e constituições nacionais passaram a consagrar, com uma plenitude nunca antes conhecida, os grandes princípios da dignidade humana, dos direitos do Homem e da supremacia da vontade do povo.

Logo em 1948, pouco tempo após o final da guerra, foi aprovada pelas Nações Unidas a Declaração Universal dos Direitos do Homem, cujo Preâmbulo considera que o reconhecimento da dignidade inerente a todos os membros da família humana e dos seus direitos iguais e inalienáveis constitui o fundamento da liberdade, da justiça e da paz no mundo e que o desconhecimento e o desprezo desses direitos conduziram a actos de barbárie que revoltam a consciência da Humanidade. O advento de um mundo em que os seres humanos sejam livres de falar e de crer, libertos do terror e da miséria, foi proclamado como a mais alta *aspiração* do Homem.

Aí se afirma também *a fé* dos povos das Nações Unidas nos direitos fundamentais do Homem, na dignidade e no valor da pessoa humana e na igualdade dos direitos dos homens e das mulheres.

Esta Declaração foi proclamada como *ideal comum* a atingir por todos os povos e para todas as Nações, a fim de que todos os indivíduos e todos os órgãos da sociedade, tendo-a constantemente no espírito, se esforcem, pelo ensino e pela educação, por desenvolver o respeito por esses direitos e liberdades, e por promover, por medidas progressivas de ordem nacional e internacional, o seu reconhecimento e a sua aplicação universais e efectivas tanto entre as populações dos próprios Estados membros como entre os dos territórios colocados sob sua jurisdição.

No seguimento destes propósitos, o articulado afirma que todos os homens nascem livres e iguais em dignidade e em direitos e que, dotados de razão e de consciência, devem agir uns para com os outros em espírito de fraternidade. Depois, a Convenção especifica, entre muitos outros, o direito à vida, à liberdade, à segurança pessoal, à igualdade perante a lei, a um nível de vida suficiente, à educação, ao trabalho, à saúde, etc..

Na sequência desta Declaração, foi também aprovado o Pacto Internacional relativo aos direitos económicos, sociais e culturais da ONU.

Por seu turno, o Conselho da Europa, em 1950, aprovou a Convenção Europeia dos Direitos do Homem, na qual se reafirma o profundo apego às liberdades fundamentais que constituem as verdadeiras bases da justiça e da paz no mundo e cuja preservação repousa essencialmente num regime político verdadeiramente democrático e numa *concepção* comum e no comum respeito dos direitos do Homem.

Para salvaguarda destes direitos, foi criada uma Comissão Europeia dos Direitos do Homem e um Tribunal Europeu dos Direitos do Homem, aos quais compete velar por quanto ficou estipulado.

Em 1961, foi aprovada a Carta Social Europeia — a que acrescem vários protocolos —, através da qual os países membros decidiram realizar todos os esforços com vista à melhoria do nível de vida e da promoção do bem-estar de todas as categorias das suas populações, tanto rurais como urbanas. Os compromissos assumidos respeitam a um vasto campo de direitos sociais, incluindo o trabalho, a segurança social, a protecção das crianças e dos adolescentes, as mulheres trabalhadoras, a formação profissional, a saúde, os serviços sociais e a família.

Outras convenções das Nações Unidas e da Organização Internacional do Trabalho reportam-se igualmente a temas de grande importância e significado, nomeadamente no que respeita a uma nova ordem económica internacional e à ajuda a conceder aos países do terceiro mundo.

Estamos em presença de *ideais,* de *aspirações,* de *actos de fé,* mas não ainda de uma análise convincente da sua viabilidade prática, ou seja, da possibilidade de dispor de instituições sociais capazes de efectivar quanto se pretende.

Por certo, os princípios são importantes e, no âmbito dos países mais ricos, têm-se verificado progressos assinaláveis. No entanto, entre esses princípios e a realidade social existente — em especial nos países do terceiro mundo — continuam a verificar-se disparidades abissais que suscitam reparos permanentes e cheios de desânimo. Diz-se, por exemplo, que as organizações internacionais se desdobram em declarações, mas que tal não passa de um ritual e de um artifício para tranquilizar a consciência ocidental, encontrando-se por detrás dessas palavras o vazio dos factos, no que se refere aos países pobres.

Mas, mesmo nos países mais ricos, estamos longe da satisfação generalizada das necessidades que podem levar à realização da personalidade humana, mantendo-se a violência em termos inquietantes.

Nunca, como hoje, se falou tanto em liberdade e realização pessoal; nunca os Estados procuraram, com tanto afinco, o bem-estar geral; nunca a ciência e as técnicas tiveram tantos meios ao seu dispor. E a pergunta que naturalmente surge é a de saber porque não se tem conseguido ir mais longe, sem deixar de reconhecer o muito que se fez.

## 5. Os valores não explicitados pela ordem jurídica

A resposta à pergunta que acabámos de formular parece encontrar-se no facto de a evolução social verificada até ao presente não ter modificado a natureza humana nem as exigências dos sistemas, tal como foram descritas no começo deste trabalho.

Apesar dos progressos espectaculares da ciência e do aumento substancial da produção de bens e de serviços, mantém-se a escassez, predominam os interesses e continuam a exercer-se os jogos do poder.

Se a democracia se impôs, não foi em consequência dos princípios proclamados — sem com isto minimizar a sua importância —, mas devido ao facto de, com o aumento do conhecimento e da produção, haver muito mais para distribuir e se ter generalizado a educação, ao mesmo tempo que se diversificavam os centros de poder, surgindo nomeadamente organizações específicas para defesa dos mais diversos interesses, fazendo valer a força do número, por essa via se alcançando um equilíbrio maior entre os grupos sociais em presença.

Isto significa que o individualismo que inicialmente dominou os teóricos da Revolução Francesa e o liberalismo económico daí decorrente se atenuaram na prática, permitindo o aparecimento de associações privadas capazes de defender os indivíduos em face do Estado e de instituições poderosas como eram as empresas nascentes. Nesta matéria, não podemos esquecer que quando tombam as desigualdades jurídicas surgem as desigualdades de capacidade e de fortuna, hereditariamente transmissíveis e que gradualmente se transformam em desigualdades efectivas, mesmo quando delas não se fale na lei.

É por isso que liberdade e igualdade não são perfeitamente compatíveis, antes jogam em sentido contrário, sendo muito difícil estabelecer entre ambas um equilíbrio razoável. Quanto ao terceiro termo da trilogia da Revolução — a fraternidade — nunca ele conseguiu exercer uma influência sensível, devendo observar-se que existe uma diferença fundamental entre fraternidade e solidariedade.

De facto, a fraternidade implica um movimento interior na direcção dos outros, uma empatia que raras vezes se verifica. A solidariedade, em contrapartida, pode significar apenas o reconhecimento de que os nossos interesses estão de acordo com os interesses dos outros, ao menos quando nos encontramos em presença de situações específicas.

O funcionamento das modernas organizações impõe comportamentos de solidariedade que nada têm a ver com a fraternidade, sendo meramente operacionais e temporários. A mão invisível que, segundo A. Smith, controla a economia, assenta nos interesses privados e não nos sentimentos de benevolência ou de fraternidade dos actores económicos. Por isso, quando o liberalismo defendia que o interesse geral devia ser servido pelos interesses individuais bem entendidos, deixou muito desprotegidos os estratos sociais mais fracos.

Se o liberalismo tinha razão quando fazia assentar os equilíbrios sociais no egoísmo e nos interesses dos indivíduos, ele cometia, no entanto, um grave erro de omissão, pois os egoísmos e os interesses jogam-se sempre e cada vez mais dentro das organizações, sejam elas as famílias, as empresas ou o Estado, como analisaremos mais em pormenor.

Ora, as organizações exigem cooperação, coordenação e solidariedade, as quais têm de existir para além das lutas de interesses ou, se se preferir, têm de coexistir num estado de conflito permanente.

Acontece que nem as convenções internacionais, nem as constituições dos países democráticos tomam este aspecto na devida consideração. Umas e outras encontram-se ainda mais viradas para o passado do que para o futuro, isto é, estão mais preocupadas com as opressões verificadas num passado recente do que com o funcionamento e as exigências das sociedades futuras.

Não significa isto que os direitos dos homens não devam ser acautelados, pois que, como acabámos de dizer, a natureza humana não mudou. Simplesmente, como o contexto social e político se modificou profundamente, o acautelamento dos direitos do Homem não pode ser convenientemente realizado sem se tomar em conta o peso formidável das organizações, as exigências do funcionamento dos sistemas e os constrangimentos que, por seu intermédio, podem ser exercidos e efectivamente o são.

Daqui resulta que o Direito se encontra bastante desadaptado das necessidades da nossa sociedade, ao mesmo tempo que se verificam importantes desfazamentos entre o que dizem as constituições e as convenções internacionais e o que se prescreve nas leis ordinárias e se dá como assente na prática quotidiana, como procuraremos analisar nos dois capítulos seguintes.

De tudo isto decorre que os valores da sociedade ocidental contemporânea não são apenas, nem fundamentalmente, aqueles que antes enunciámos. Nas sociedades de consumo e de concorrência em que vivemos — muito em especial depois do revigoramento do liberalismo económico que se verificou —, surgem-nos como valores realmente fundamentais, actuantes em todo o momento, a competição, o desejo de sucesso, de mando, de fama e de fortuna, a afirmação pessoal e do grupo a que pertence. São os valores das classes políticas e intelectuais, do homem médio e, até, dos indivíduos enquadrados em bandos de marginais ou poderosas mafias.

Daqui resulta um clima algo confuso, em que se misturam declarações de altos princípios e de elevada moralidade e solidariedade a toda a prova com um clima de grande concorrência e, mesmo, de forte agessividade, de corrupção e de falta de escrúpulos, de total desprezo pelo que se chama a dignidade humana. Então, quando passamos para o plano internacional, os factos são ainda mais gritantes.

Para a generalidade das pessoas, a fruição dos bens mais variados é tão importante que, segundo sondagens recentes, entende-se desejável que o terceiro mundo seja ajudado e possa progredir desde que daí não resulte qualquer quebra do nível de vida de que se disfrute.

A natureza humana não mudou e, por isso, os valores fundamentais dos homens contemporâneos continuam a ser sensivelmente os mesmos, o que — embora pareça paradoxal — justifica a proclamação e reafirmação dos grandes princípios. Na verdade, *cada um* quer gozar de dignidade, ser respeitado pelos demais, usufruir de amplos direitos. Mas, para tanto, não se importa muito de atropelar os outros ou de violar as regras do jogo, mesmo quando conduz um automóvel, procurando a todo o momento obter vantagens e regalias. De tal modo que, para muitos, o problema não consiste já em dispor de igualdade de direitos, mas em ultrapassar os outros.

Alguns dos que defendem infatigavelmente os grandes princípios não se sabe bem se o fazem com verdadeira sinceridade se como meio de ter popularidade e desfrutar do poder, em sociedades onde os governos dependem do voto popular.

Quer isto dizer que os direitos que nos atribuímos não podem ser havidos como certos, antes têm de ser conquistados todos os dias, sendo este um ponto que deve estar sempre presente.

Seguidamente, vamos analisar os valores jurídicos explicitados, em confronto com a realidade social. Depois, debruçar-nos-emos sobre a importância crescente das organizações e seu significado na estruturação das sociedades presente e futura, nomeadamente no que concerne aos direitos dos indivíduos.

CAPÍTULO IV

# A REALIDADE SOCIAL

## 1. A dignidade humana

Apresentados os valores segregados pela sociedade ocidental, vamos ver qual a teorização que, à sua volta, foi sendo elaborada pelo Direito, começando pelo problema da dignidade humana, fundamento de todos os demais direitos.

Em primeiro lugar, convém observar que a natureza, ao dotar o Homem de razão e de consciência, se lhe deu uma posição privilegiada na Terra em que vivemos, não lhe concedeu um lugar de tão evidente destaque como poderia parecer.

De facto, os homens começaram por viver em cavernas, cheios de medo dos outros animais que os perseguiam e os matavam para se alimentarem, por se encontrarem, à partida, mais apetrechados para o combate. Mas não era só dos grandes felinos que tinham receio, uma vez que a ignorância tornava a vida misteriosa à sua volta. E tinham razão para isso, visto não se encontrarem isentos das doenças, dos acidentes, dos cataclismos e das condições adversas do clima. Acresce que nem sempre encontravam comida suficiente, que a velhice os enfraquecia e tornava inválidos e que a morte se encontrava à sua espera a todo o momento, embora não soubessem quando nem onde.

Foi longo e penoso o caminho percorrido para, gradualmente, conseguirem melhorar a sua situação, através dos conhecimentos que adquiriram e transmitiram por via social e que, de modo evidente, os transformaram, tornando-os capazes não só de utilizar melhor as capacidades do seu cérebro como de dominar, ao menos parcialmente, o ambiente à sua volta. Mas só muito parcialmente, pois continuaram a manter uma grande fragilidade face a uma natureza que parece ignorá-los por com-

111

pleto e a um meio social que, ainda para muitos milhões de pessoas, se mantém pouco favorável.

Todavia, se olharmos para o futuro a situação não é melhor. Muitos cientistas afirmam que o Universo é produto do acaso e não tem sentido nem propósito discernível, tantas são as contradições existentes. Embora a matéria revele capacidades de complexificação que se manifestam desde o *big bang,* segundo as teorias correntes tudo poderá terminar pela expansão ilimitada do mesmo Universo ou pela sua contracção, pondo termo à humanidade se outra catástrofe planetária entretanto não tiver ocorrido.

Mas os homens também podem auto-eliminar-se involuntariamente, mediante os atentados permanentes que vêm cometendo contra os ciclos da natureza, tornando a vida impossível na Terra.

Perante estes condicionalismos, que significado *último* pode ser atribuído à dignidade humana?

Se encararmos agora as coisas do ponto de vista social, verificamos que, logo a partir dos primórdios, os homens travaram lutas entre si e que ocorreram mortes violentas. Se o aumento gradual do conhecimento serviu para alcançar maior liberdade face à natureza, era logo utilizado também para oprimir e eliminar os semelhantes. Por isso, com o andar dos tempos, os homens reduziram outros homens à escravidão e às servidões mais diversas, tratando-os como *coisas* desprovidas de quaisquer direitos, como seres inferiores que serviam apenas para melhorar a satisfação das necessidades próprias, sem pensarem que eles fossem detentores de dignidade específica.

Fez-se assim no passado e continua a acontecer no presente, por vezes por formas ainda mais requintadas. Não só se travam guerras cruéis e se praticam opressões humilhantes, incluindo a escravatura nalguns países, como se faz dinheiro vendendo armamento para fomentar essas guerras, produzindo e difundindo drogas perniciosas, explorando a prostituição de adultos e de menores, distribuindo roupa biologicamente infectada a populações primitivas, fomentando as condições de miséria no terceiro mundo por acções e omissões, vendendo aos países mais atrasados produtos considerados impróprios no interior das nações que os produzem, destruindo os circuitos ecológicos com riscos graves para a humanidade, ou transmitindo informações falsas, nomeadamente para efeitos políticos e comerciais, o que tudo revela a falta de consideração que se tem para com os outros. Ao mesmo tempo, esbanjam-se recursos fundamentais da maneira mais displicente, quando milhões de seres humanos morrem de fome ou se encontram subalimentados.

Na realidade, os homens deixam-se empolgar mais facilmente pelo lucro, pelo poder, pela auto-afirmação do que pela fraternidade ou pelo simples respeito pela apregoada dignidade do próximo, o que significa que, na sua escala de valores, tal dignidade não se encontra num grau muito elevado, se é que tem alguma relevância.

Acresce que, em consequência de desequilíbrios biológicos, ou por falta de melhores objectivos de vida, são muitos os indivíduos que se aviltam a si próprios e se deixam conduzir a uma situação de farrapos humanos, pondo-se hoje a hipótese de haver tendências genéticas nesse sentido, como nos casos da droga e do alcoolismo.

Também a qualidade de vida se degrada em consequência da ignorância existente. Só muito lentamente começamos a consciencializar-nos das consequências globais das nossas pequenas acções, multiplicadas por milhares de milhões de pessoas. Mesmo quando a consciência do facto surge, sentimo-nos incapazes de travar o processo.

Continuamos a pensar fragmentariamente, sem nos apercebermos, por exemplo, das consequências resultantes do crescimento indiscriminado das populações, que subverte todas as boas intenções no caminho da humanização das relações sociais. Perante a premência crescente de encontrar novos postos de trabalho e de aumentar a produção de bens e de serviços para sustento de tanta gente, perdemos — ou deixamos de ganhar — consciência dos inconvenientes de uma concorrência desenfreada onde o lucro, o poder e o prestígio pessoal são colocados acima de todos os arranjos e entendimentos possíveis, susceptíveis de melhorar a condição humana em geral.

A razão humana parece que deveria ser capaz de ordenar o ambiente à sua volta da forma mais conveniente a uma harmoniosa convivência social, dependendo da sua acção se, num determinado local, haverá uma selva ou um jardim, uma cidade urbanisticamente agradável ou um espaço detestável, um ambiente humanamente viável ou um meio sobre-povoado e mutilante.

Mas dependerá verdadeiramente do Homem? Quantas civilizações ficaram para trás de nós? Quantas cidades soterradas? Quantos jardins destruídos? E os homens que, no passado, certamente também pensaram nestes e noutros problemas não conseguiram impedir as catástrofes que anteviam como eminentes.

Se a realidade é esta, como se justificam as repetidas afirmações acerca da dignidade humana e dos direitos originários do Homem?

A resposta já se encontra implícita em quanto dissemos antes. Precisamente porque os homens procuram satisfazer prioritariamente as suas necessidades, vão tentar defender os seus interesses até ao ponto que lhes for possível. No caso concreto, o avanço da burguesia realizou-se contra as prerrogativas da nobreza e com o apoio do povo que não podia ficar inteiramente de parte. Por outro lado, aos teorizadores dos direitos originários não seria fácil estabelecer restrições, embora estas surgissem na prática e nas leis, como se viu, só tendo desaparecido mais tarde em função do crescimento económico e das reivindicações entretanto apresentadas. Alcançada a generalização do voto, por maioria de razão os direitos teóricos tinham de cobrir toda a população. A democracia actual não se compadece com restrições desta ordem, tanto mais que o nível cultural cresceu enormemente.

Na prática, como já observámos, quando caem as prerrogativas legais, logo são substituídas por outras obtidas pela maior capacidade de alguns, aos quais os princípios genéricos pouco incomodam.

Concretamente, num regime de ampla liberdade, a dignidade de cada um só será assegurada se houver equilíbrio entre os diferentes centros de poder. Serão respeitados os homens, os grupos ou os países que tiverem capacidade suficiente para se fazerem respeitar, sendo muito diversos os graus em que tal respeito se manifesta. Muitos serão admirados e servidos; muitos mais, meramente suportados; a maioria esmagadora terá de haver-se com enormes dificuldades, no meio das malhas das apertadas regulamentações e da escassez dos bens.

Citemos dois exemplos no campo internacional. Primeiro, o direito de veto no Conselho de Segurança da ONU, concedido apenas aos países que se apresentavam como os mais fortes e prestigiados, contra os quais impensável seria fazer passar uma resolução. Segundo, a acção desenvolvida pelos sete países mais industrializados, no sentido de estabelecerem uma nova ordem internacional. O que significa que uns países são mais iguais do que outros.

Ora, o mesmo acontece com os homens e com as suas organizações.

## 2. A igualdade dos homens perante a lei

Outro dos grandes princípios do Ocidente consiste na igualdade dos homens perante a lei.

Com fundamentada razão, não se fala na igualdade dos homens entre si porque nesse campo as desigualdades são demasiado patentes para poderem ser contrariadas. Por isso se afirma a igualdade dos homens perante a lei, embora não se consiga saber muito bem o que se quer dizer com essa frase.

Compreende-se que, resultando este princípio de um combate travado contra regimes onde legalmente se estabeleciam classes sociais dotadas de prerrogativas específicas, houvesse necessidade de afirmar o princípio da igualdade perante a lei, em contraposição ao que antes vigorava. Mas vimos que não era esta generalização que se pretendia e que isso mesmo ficou consagrado na nova legislação.

Duas razões fundamentais se opõem a uma efectiva igualdade dos homens perante a lei.

Em primeiro lugar, quem tem capacidade e meios suficientes de acção não está normalmente disposto a colocar-se em pé de igualdade com quem considere dotado de capacidades menores.

Em segundo lugar, vivemos numa sociedade onde predominam as organizações, sejam estatais, sejam privadas, as quais exigem diversificação de funções estreitamente articuladas umas com as outras, impondo ainda hierarquias de comando, ou seja, destrinça entre quem manda e quem obedece.

Ora estes dois factores não podem ser ignorados, sob pena de rotura ou de ineficácia dos sistemas sociais. Por isso as leis ordinárias, passando por cima do princípio, consagram todas as diferenças necessárias ao eficiente funcionamento das nações, enquanto as desigualdades de fortuna e de prestígio pessoal fazem o resto.

Deste modo, as leis ordinárias debruçam-se mais ou menos extensamente sobre a situação dos menores, das mulheres — para além da actual igualdade legal dos sexos —, dos diminuídos, dos idosos, dos inimputáveis, dos trabalhadores por conta de outrém, etc., o que mostra existirem inúmeras especificidades que patenteiam diferenças que carecem de regulamentação específica. Se se fossem a tratar de igual modo todas estas situações, far-se-iam enormes injustiças, porque o que é diferente não pode ser tratado do mesmo modo. Portanto, a igualdade perante a lei não pode, nem deve, impedir que sejam tratadas diferentemente pessoas e situações que apresentam condicionalismos desiguais.

Por outro lado, as mesmas leis estabelecem prerrogativas específicas para determinados cargos públicos: chefes de Estado, membros do Governo, parlamentares, magistrados, altas patentes militares, professores universitários, investigadores, diplomatas, directores-gerais e altos cargos da administração, administradores de empresas públicas, todos eles gozam, num grau maior ou menor de vantagens particulares, como seja: nível de vencimentos, disponibilidade de palácios, casas de veraneio ou simples habitações, lugares de trabalho aprazíveis ou mesmo luxuosos, pessoal de apoio individual ou ainda pessoal doméstico, carros, aviões e outras facilidades de transporte, protecção pessoal, garantias judiciais em caso de julgamento, modos respeitosos de tratamento, provas de consideração protocolares e, para além de tudo isso, a possibilidade de mandar, de exercer o poder, de organizar a actividade dos outros — quando não de os maçar arbitrariamente —, de decidir da paz e da guerra, do emprego e do desemprego, das condições de trabalho, dos níveis salariais, etc..

Mas não é apenas nos cargos públicos que tal acontece. Genericamente, como acabámos de referir, as organizações implicam a diversificação de poderes e de responsabilidades e as diversas funções exigem qualificações e conhecimentos que não podem ser dispensados sob pena, uma vez mais, de ineficácia, o que prejudicaria toda a gente. Mas a competência e a responsabilidade pretendem ser remuneradas de modo ajustado à diferença de capacidades, e essas remunerações tanto se traduzem em vencimentos como em facilidades de outra ordem. Estamos em presença de um elemento muito importante das organizações que se chama *motivação* e que, de facto, não pode ser ignorado.

Não será, pois, no sentido da abolição destes regimes que a proclamada igualdade perante a lei deverá ser interpretada. Poder-se-á acrescentar, mesmo, que o ensino se encontra aberto a todos e que cada um tem ao seu alcance os meios de obter a valorização indispensável para se alcandorar àquelas posições. Acontece que o sucesso escolar depende de características biológicas e sociais, o que invalida a argumentação em larga medida.

Por outro lado, garantida a propriedade privada e o uso pessoal dos resultados da actividade produtiva individual, bem como a sua transmissão por sucessão, a posse de maior riqueza assegura facilidades de toda a ordem que se traduzem em manifestas desigualdades sociais e jurídicas, pois ninguém pode intrometer-se com a propriedade alheia e com o seu uso legal. O princípio de igualdade perante a lei, tão pouco pode ser interpretado contra estas situações.

Considerando agora o tratamento que os indivíduos recebem por parte das autoridades públicas e dos tribunais, há leis que estabelecem situações especiais quanto à prisão e julgamento de entidades políticas, militares e judiciais. Ao mesmo tempo, as condições de fortuna intervêm aqui, nomeadamente no que respeita à disponibilidade de bons advogados, ao pagamento de eventuais cauções, à possibilidade efectiva de obter testemunhas e outros meios de prova, e à lubrificação da máquina administrativa quanto à velocidade e imprimir aos processos. Acresce que o posicionamento na escala hierárquica constitui também um elemento de grande importância.

Passando à fase legislativa, os *lobbies* que se movimentam são, só por si, prova suficiente do poder da posição social e da fortuna.

Se, no fundo, as diferenças legais vão assentar em capacidades distintas, certo é também que existe o princípio da igualdade de oportunidades segundo o qual todos os indivíduos podem utilizar os meios de formação existentes para desenvolverem ao máximo as suas capacidades. Uma vez que é o conhecimento que permite gerir os sistemas sociais e subir nas hierarquias estabelecidas (ao menos em princípio), então quem quiser que avance por essa via.

O princípio da igualdade de oportunidades tem a grande vantagem de eliminar as barreiras sociais à promoção dentro do grupo, ao menos no plano legal, pois sabemos que a fortuna facilita a frequência das melhores escolas e a aquisição de uma mais ampla experiência de vida, complementar do ensino, além de favorecer, de forma evidente, a colocação nos cargos mais elevados.

Com a eliminação das barreiras sociais promove-se também uma certa igualdade, colocando os indivíduos mais aptos, dos meios sociais menos favorecidos, em condições de alcançarem graus elevados de conhecimento e experiência. Mas, por outro lado, acentuam-se também as desigualdades naturais, pois os mais aptos (no conjunto genes-meio-social) vão-se distanciar ainda mais dos menos dotados, ao desenvolverem as suas capacidades.

Tal facto, no entanto, pode favorecer a sociedade, no seu global, uma vez que lhe permite dispor de indivíduos mais preparados nos cargos cimeiros, indo buscar as maiores capacidades onde quer que elas se encontrem.

Todavia, a igualdade de oportunidades nunca levará a uma aproximação de situações em geral, mas apenas entre indivíduos que, à partida, apresentem já capacidades idênticas.

Em última análise, revertemos a uma situação paralela à considerada a propósito da dignidade humana: é inconsequente garantir igualdades impossíveis, embora a lei tenha a melhor das intenções. Por isso, numa sociedade livre, os direitos têm de ser assegurados por cada indivíduo ou por cada grupo, num esforço continuado.

A lei impediu a criação *legal* de compartimentos estanques, o que é um progresso importante. A manutenção dessa posição não é, porém, segura, pois as situações de facto podem transformar-se em condicionalismos jurídicos. Só um esforço continuado será susceptível de manter essa abertura que não confere um estatuto de igualdade mas de possibilidade. À força decorrente das maiores qualificações tem de se contrapor a força do número, afim de impedir que os termos das desigualdades que factualmente não podem ser evitadas se tornem demasiado onerosas.

O limite das desigualdades consentidas deveria situar-se nas exigências de eficácia dos sistemas sociais e não nos interesses de poder e ostentação das classes dirigentes. Mas o dever-ser não é um facto assegurado.

## 3. A igualdade de direitos

A igualdade de direitos decorre da igual dignidade dos homens e da igualdade perante a lei, constituindo apenas um seu desenvolvimento, pelo que as questões que surgem são genericamente as mesmas.

Efectivamente, as constituições nacionais e as convenções internacionais, como já foi indicado, especificam um número elevado de direitos que os cidadãos devem usufruir, dos quais salientamos os seguintes, no que concerne à Declaração Universal dos Direitos do Homem:

— à vida, à liberdade e à segurança social
— a igual protecção da lei
— à propriedade, ninguém podendo ser arbitrariamente privado da que possua
— à liberdade de pensamento, de consciência e de religião
— à liberdade de opinião e de expressão, ninguém podendo ser inquirido pelas suas opiniões
— a tomar parte na direcção dos negócios públicos, quer directamente, quer por intermédio de representantes legalmente escolhidos
— ao acesso, em condições de igualdade, às funções públicas do seu país
— à segurança social, todos podendo legitimamente exigir a satisfação dos direitos económicos, sociais e culturais indispensáveis à sua dignidade e ao livre desenvolvimento da sua personalidade, de harmonia com a organização e os recursos de cada país
— ao trabalho, à livre escolha de trabalho, a condições equitativas e satisfatórias de trabalho e à protecção contra o desemprego
— a salário igual por trabalho igual
— a remuneração equitativa e satisfatória, que lhe permita e à sua família uma existência conforme com a dignidade humana
— a um nível de vida suficiente para lhe assegurar e à sua família a saúde e o bem-estar, principalmente quanto à alimentação, vestuário, alojamento, assistência médica e serviços sociais necessários, bem como segurança no desemprego, na doença, na invalidez, na viuvez, na velhice ou noutros casos de perda de meios de subsistência por circunstâncias independentes da sua vontade
— à educação, que deve ser gratuita, pelo menos a correspondente ao ensino elementar fundamental

— a uma ordem capaz de tornar plenamente efectivos os direitos e liberdades enunciados.

A simples enumeração destes direitos mostra-nos desde logo que nos encontramos em presença de situações de diversa natureza: política, económica, social e cultural, implicando, para sua possível concretização, níveis culturais e económicos elevados. Nunca será por um simples acto de querer político que tais direitos alguma vez se efectivarão.

Não é pois de estranhar que, no âmbito dos países que integram as Nações Unidas, se verifiquem situações as mais diversas, em qualquer dos campos considerados.

Por outro lado, tão pouco é por mera coincidência que os referidos direitos são mais respeitados *globalmente* num país do que noutro, uma vez que conhecimento científico, desenvolvimento económico e capacidade organizativa andam estreitamente ligados.

Mas, mesmo nos países mais prósperos, a afirmação e a consagração legal destes direitos não afastam, pelas razões antes expostas, a existência de grandes disparidades nos níveis de vida existentes e na capacidade de intervenção efectiva das populações na política dos seus países. Disparidades que tanto podem diminuir como agravar-se, consoante as circunstâncias evoluírem. Ainda não há muitos anos, por ocasião de uma crise económica um pouco mais acentuada, se pôs imediatamente em causa o Estado Providência e os seus esquemas sociais, defendendo-se que o progresso dependia essencialmente do lucro, o qual não poderia descer abaixo de certo ponto sob pena de comprometer a prosperidade económica. O mesmo é dizer que o interesse próprio continua a sobrepor-se à solidariedade social.

De que serve afirmar o direito à alimentação, ao vestuário, ao alojamento, à saúde ou à educação, por exemplo, se não houver produção suficiente nem serviços devidamente organizados e se os demais países não estiverem dispostos a amplos e permanentes actos de generosidade? No entanto, os dirigentes mesmo dos países mais pobres não vão nivelar-se com as situações de carência generalizada que gerem, antes se sabe que vivem bastante bem e que muitas vezes dispõem de elevados depósitos bancários no estrangeiro.

Quanto aos países mais avançados, com raras excepções — e em particular aqueles que são objecto de intensa imigração de populações com condições culturais ligadas às sociedades tradicionais —, encontram-se neles bolsas de subdesenvolvimento extensas, dificilmente ultrapassáveis, pois o meio social em que esses indivíduos vivem vai condicionar fortemente a sua personalidade e capacidade de acção.

Os estudos sociológicos levados a cabo mostram que o crescimento da criminalidade em determinados sectores populacionais resultam de desajustamentos culturais, sentindo-se os indivíduos incapacitados, por uma razão ou por outra, de acompanhar as exigências crescentes de uma sociedade cada vez mais carecida de criatividade, de capacidade de planeamento e de gestão e de disciplina, qualidades incompatíveis com uma certa displicência de vida.

Mas a realização dos direitos enunciados vai confrontar-se também com uma outra realidade: o Estado e os seus serviços não podem ser guardiões do efectivo cumprimento de todas as obrigações que a lei impõe, em relação a dezenas ou centenas de milhões de pessoas. Embora estas, na sua generalidade, procurem situar-se *mais ou menos* dentro dos enquadramentos legais, de acordo com a sua personalidade e o seu estatuto social, com frequência indesejável verifica-se que o quadro legal não se confunde com a realidade social.

Atendendo às relações que efectivamente se estabelecem entre os indivíduos nas famílias, nos locais de trabalho, na vida política e partidária ou em qualquer outro lado, os desvios do padrão legal — que em princípio corresponde aos valores prevalecentes — são muito acentuados: crianças e adultos são maltratados, espancados e abusam deles, sem capacidade para reagirem; há mulheres violadas com uma frequência impressionante, ao mesmo tempo que se fala na igualdade dos sexos (nalguns países criaram-se linhas telefónicas especiais para pedir socorro); há gente espoliada, oprimida e humilhada permanentemente e que têm de aguentar com medo do que de pior possa acontecer se forem queixar-se; organizações ilegais que aterrorizam, roubam, corrompem a destroem a vida e a dignidade; dirigentes corruptos que prejudicam aqueles que deveriam proteger; informações propositadamente erradas e deturpadas, lançando o engano, o medo e a confusão, para proteger interesses próprios, o que é frequente na propaganda política como na comercial — tudo a testemunhar como as pessoas se situam no campo do efectivo gozo dos seus direitos, sem que a lei lhes possa oferecer protecção eficaz.

No entanto, quem tenha fortuna ou disponha de uma organização suficientemente forte que o apoie, poderá defender-se muito melhor do que quem seja pobre e se encontre sozinho. Mesmo em tribunal e no atendimento por parte dos serviços públicos, assim acontece também.

Muitos direitos tão pouco podem ter concretização efectiva porque, por um lado, os sistemas implicam diversidade de funções e, por outro, o número de lugares no topo é sempre limitado. Por isso, nem todos podem ser médicos, engenheiros, ministros, deputados ou diplomatas, como nem todos podem ter acesso significativo à propriedade privada. Isto mesmo em relação àqueles que tenham capacidade e meios para alcançar a preparação necessária, como o comprova o número de licenciados que se encontram em posições secundaríssimas.

Todavia, de acordo com os princípios enunciados, entende-se que as desigualdades consentidas não representam um estatuto pessoal e hereditário, de direito próprio, mas apenas *de carácter funcional,* decorrente das exigências das organizações. O que não é exacto no que respeita à propriedade privada e direitos que sobre ela recaem, particularmente importante quanto à orientação da actividade empresarial e sem prejuízo da evolução verificada na gestão dos grandes empreendimentos.

Dentro deste panorama, os menos favorecidos procuram impedir que, à sombra destas situações e exigências, se estabeleçam novamente privilégios abusivos, e fazem-no através de reivindicações permanentes no campo legislativo e factual. Em contrapartida, os mais dotados ou melhor colocados procuram demonstrar que as suas vantagens se encontram estreitamente ligadas ao bom funcionamento da colectividade e, nomeadamente, que são indispensáveis para dar o estímulo necessário ao trabalho qualificado e empenhado que é preciso desenvolver. Dizem também, com frequência, que o que têm ainda não é suficiente e, se as circunstâncias o permitirem, acrescentam haver boas razões para afirmar que pertencem a uma estirpe biologicamente superior.

Deste modo, diferenças individuais e exigências organizacionais impedem que a igualdade de direitos seja uma realidade. Talvez por isso, Gorbatchov escreveu na sua *Perestroïka* que «a prática muito disseminada do igualitarismo tem sido uma das principais aberrações das últimas décadas». Ainda segundo ele, «o socialismo nada tem a ver com o igualitarismo».

Ao longo das últimas décadas, temos vindo a aprender que liberdade e igualdade não são muito compatíveis: quando se alarga a primeira, imediatamente se manifestam as desigualdades naturais; se procuramos uma sociedade mais igualitária, surgem automaticamente indesejáveis limitações à liberdade.

Nem parece que exista um justo equilíbrio que se possa estabelecer facilmente. Uma vez mais, a resultante das forças em presença vai variar com os tempos e lugares e cada um tem de estar atento ao evoluir dos acontecimentos se quiser proteger de modo adequado os seus interesses.

## 4. A liberdade e as organizações

Quando tratámos do problema da liberdade face à natureza, concluímos que a liberdade, a ter algum sentido, se traduziria na capacidade de pilotagem dos sistemas de acordo com as leis dos próprios sistemas.

Passando agora para o campo da liberdade política, ou seja, da liberdade de acção face aos outros homens na vida social, de novo verificamos que, em qualquer sociedade, só nos podemos movimentar no âmbito dos sistemas sociais e que a liberdade em si, desentranhada do contexto social, não tem significado.

O Homem surge numa sociedade de primatas e cada um de nós nasce numa família integrada numa sociedade mais ampla. Podemos mudar de país — quando nos é permitido, o que nem sempre acontece —, mas só para outro país; quando não nos damos bem no emprego, procuramos outro, com vinculações paralelas, ou entramos numa actividade liberal devidamente regulamentada; se vivermos de rendimentos próprios, encontramo-nos envolvidos no sistema económico, com todos os seus condicionalismos. Ao sair duma família, normalmente entramos noutra e, se mudamos de terra, procuramos criar novos amigos. Como regra, os homens também pertencem a um partido político, a uma igreja, a um clube desportivo, cultural ou recreativo. Por vezes, são mesmo obrigatoriamente incluídos em organizações onde não desejariam estar, como as forças armadas, a escola, como têm de se inscrever em companhias de seguros ou abrir conta bancária, para poder conduzir um carro ou receber o seu vencimento.

Quer isto dizer que a nossa vida decorre sempre no âmbito de diversas organizações — dotadas de leis e de regulamentos — que se entrelaçam e a que não conseguimos escapar. Por isso, a liberdade face aos outros homens tem de ser vista dentro de um enquadramento sistémico — com as suas vantagens e imposições — para poder ser compreendida.

Acontece que as organizações implicam hierarquias, quer dizer, destrinça entre quem manda e quem obedece, bem como diversidade de estatutos sociais e funcionais. Para além disso, as hierarquias mais elevadas beneficiam de vantagens específicas de vencimentos e condições de trabalho, incluindo a disponibilidade de muito maior informação, elemento indispensável para avaliar das situações e tomar decisões, o que significa a capacidade de muito mais fácil movimentação dentro dos sistemas.

Como não parece razoável pensar que as organizações algum dia virão a desaparecer ou delas deixe de emanar poder e discriminação social, numa perspectiva democrática o que temos de procurar é a forma de evitar que as diferenciações funcionais se transformem em classes sociais fechadas, multiplicando as desigualdades pela via da sucessão, ou que o poder se concentre em poucas mãos, sem com isto impedir o eficaz funcionamento dos sistemas.

Para conseguir esse resultado, temos de admitir as desigualdades efectivas que se geram dentro das sociedades, tentando encontrar modos eficientes de controlo. Daqui resulta que o estudo aprofundado da maneira de funcionamento dos sistemas sociais é indispensável para assegurar que as desigualdades não descambem em opressões evitáveis.

Por exemplo, a existência de uma recente disciplina jurídica a que se chama o *direito do trabalho,* que se debruça sobre um campo com legislação específica, mostra como existem diferenças fundamentais de relacionamento dentro das organizações. O mesmo decorre do estudo dos estatutos disciplinares. Mas o desenvolvimento daquele ramo do direito, com forte intervenção dos sindicatos, revela como a admissão aberta das diferenças de estatuto permite impedir e corrigir muitos abusos. Se continuássemos a partir do falso princípio de uma igualdade teórica de direitos entre patrões e trabalhadores, a resolver pelos simples contratos individuais de trabalho, esta defesa nunca poderia ser eficaz.

Na realidade, dentro das organizações o que se pode alcançar é um equilíbrio precário e relativo que tem de ser permanentemente acompanhado e discutido para não descambar no arbítrio.

Vejamos agora alguns aspectos de maior relevo no campo da liberdade política.

A primeira observação a fazer é a de que, ao nível do Estado, não vivemos num regime de democracia pura — que é irrealizável —, mas numa combinação de democracia com aristocracia e oligarquia.

De facto, se a generalidade da população, a partir de certa idade, tem direito de voto e intervem periodicamente na eleição do presidente da República e dos membros do parlamento — podendo ainda esporadicamente ser chamada a pronunciar-se, mediante plesbicito, sobre questões muito concretas —, termina aí a sua intervenção, aliás muito limitada, pois os eleitores só podem pronunciar-se sobre nomes que não escolheram — não será por vezes o caso de eleições directas para a chefia do Estado —, não havendo com frequência a possibilidade de personalidades independentes se apresentarem como candidatos a não ser quando incluídas em listas partidárias.

Por aqui se vê como os partidos se apropriam da vida política, estabelecendo um sistema paralelo ao dos órgãos da soberania — parlamento e governo — que lhes desvirtua o significado. De facto, uma vez escolhidos os representantes do povo — que são antes de mais os representantes dos partidos — de acordo com programas de governo mais ou menos genéricos e flexíveis, são agora os partidos vencedores que gerem a coisa pública e não, como seria de esperar, o parlamento e o governo. Isto porque os deputados se encontram vinculados às orientações do seu partido, o mesmo sucedendo com os membros do Governo, o que faz com que quem dirige efectivamente a política nacional seja, em última análise, o directório do partido vencedor (ou os directórios dos partidos de qualquer coligação, quando esta exista). Se o Primeiro-Ministro for uma personalidade suficientemente forte e carismática, poderá ser ele a governar o país de acordo com as suas específicas orientações, dispondo da colaboração do governo e do parlamento.

Aliás, o povo eleitor não tem elementos suficientes para acompanhar e controlar a execução da política governamental, cabendo essa função aos partidos políticos que se encontram na oposição. De certo, existem os meios de comunicação social, cuja importância é manifesta, mas tudo isso se confina a uma minoria, o que consubstancia a afirmação de que os actuais regimes democráticos têm uma forte componente de aristocracia e de oligarquia.

Para tanto contribuem dois aspectos fundamentais. Primeiro, o facto de a propriedade e os seus frutos serem transmitidos por sucessão, pois a fortuna tende a transformar-se em privilégios hereditários, embora não sejam legalmente estabelecidos por via directa. Ora estes privilégios vão influenciar a capacidade de intervenção política: ocupação de cargos e domínio económico e dos meios de comunicação. Segundo, os que mercê do seu trabalho chegam de novo ao poder associam-se com os demais para defender os seus interesses. Além disso, constituem-se fortes grupos de pressão que exercem a sua actividade pelas mais diversas e difusas formas.

Estes factos, aliados às mudanças globais que se verificam, dificultam e alteram o modo como os partidos actuam, retirando-lhes uma parte do seu poder, mas não modificam a situação fundamental de a governação pertencer às elites, através dos partidos e das organizações não partidárias.

Daqui resulta que o poder é sempre detido por uma minoria cuja vontade não é, no entanto, tão arbitrária como poderia parecer, uma vez que a manutenção no poder dos partidos e das suas clientelas depende dos resultados das eleições que periodicamente se verificam. A ponto de os governantes se deixarem dominar por políticas a curto prazo — por vezes largamente injustificadas — apenas para agradar ao sentimento das camadas da população que dispõem da maioria dos votos. O que não impede as grandes manobras de bastidores que favorecem os grandes interesses.

Olhando agora as coisas por um outro prisma, verificamos que a maioria esmagadora das populações trabalha por conta de outrem, seja nos serviços estaduais, nas forças armadas ou nas empresas. Passam, por isso, grande parte da sua vida em instituições de carácter hierarquizado, executando um trabalho subordinado.

Ora, ao nível destas concretas unidades de trabalho, não há democracia, mas uma situação de autoridade temperada pelos regulamentos, pela acção sindical, quando existente e efectiva, e pela possibilidade de queixa perante os tribunais, quando os trabalhadores não se vêem obrigados a recorrer directamente à força, nomeadamente através das greves. Desta forma, a generalidade da população activa não intervem na gestão dos seus serviços, na escolha dos seus dirigentes, nem na orientação técnica dos seus trabalhos.

Por outro lado, serviços públicos e empresas destinam-se à satisfação das necessidades da população em geral ou de determinados dos seus sectores. Mas o público tão pouco tem uma intervenção directa no modo como as coisas funcionam, nem sequer através de elementos eleitos para as comissões de planeamento e controlo que por vezes existem. Tais comissões são, como regra, preenchidas por designação governamental, partidária, corporativa ou profissional.

Todo este processo acentua o carácter aristocrático ou oligárquico das instituições prevalecentes. O processo democrático fica, desta forma, mediatizado pelas diversas organizações e pelos seus dirigentes.

Destaquemos a situação do *consumidor,* reduzido à celebração de contratos de adesão com a maior parte das empresas com as quais tem de conviver — bancos, companhias de seguros, fornecedores de água, de gás, de electricidade, de transportes ou de diversões, hospitais e casas de saúde, supermercados, etc. — que estabelecem as condições de fornecimento e nem sequer esclarecem os aumentos de encargos que se verificam de tempos a tempos. Resolver estes problemas com base nos tribunais ou no não cumprimento de contratos? Optar por soluções alternativas? Tais possibilidades só se encontram ao dispor de grandes e importantes clientes que — esses — podem nomeadamente discutir cláusulas especiais para os seus contratos.

Quer por herança, quer por mérito pessoal e carreirismo político, formam-se novas classes, dotadas de prerrogativas legais ou derivadas da fortuna. Classes mais abertas, mas nem por isso menos dominadoras.

A complexidade crescente dos problemas reduz a possibilidade de a generalidade dos cidadãos se intrometer na gestão da coisa pública, ou mesmo da sua empresa. Mas não impede que os líderes sindicais alcancem importância social significativa.

Por outro lado, as reuniões internacionais, cada vez mais frequentes e necessárias, aproximam os governantes, os altos funcionários, os técnicos de maior valor, os cientistas, sendo, quanto aos primeiros, comezinhos os encontros em ambientes de grande luxo e requinte, fazendo lembrar os das famílias reais do passado.

Voltam, assim, a reconstituir-se as velhas classes sociais, nomeadamente as do tempo de Roma, de algum modo paradigmáticas, com os seus patrícios, os clientes e o povo, sob a capa inocente da democracia. Fica, no entanto, o direito de voto, donde depende o efectivo acesso ao poder, sem esquecer que os dirigentes romanos também temiam a plebe.

As questões postas mostram como é contingente a liberdade política e como este conceito deveria ser reformulado no âmbito do funcionamento dos sistemas sociais. De facto, os condicionalismos biológicos e sociais, que se traduzem em diferenças profundas de conhecimentos e de capacidades, levam a que na prática a liberdade política, mesmo em democracia, não corresponda à teorização que com frequência se faz.

Bem poderão as constituições dizer que não pode haver destrinças resultantes de opiniões políticas, nomeadamente no que toca ao preenchimento de cargos públicos e ao exercício da actividade económica, pois a realidade social será sempre diferente.

É certo que o voto eleitoral, com todas as reservas formuladas, é importante. A mudança em consequência de eleições faz com que os governos tenham de estar atentos à opinião pública e à satisfação da generalidade dos cidadãos, caindo mesmo na adulação do eleitorado, com todos os conhecidos inconvenientes. E isto distingue clara e inequivocamente a democracia dos totalitarismos, sem prejuízo de a máquina do Estado poder fornecer elementos de desinformação muito importantes.

Mas à parte este aspecto — de capital importância —, as nobrezas partidárias e plutocráticas estarão normalmente de acordo em manter as suas situações de predomínio — no governo ou na oposição — e em respeitá-las reciprocamente, para além das suas querelas.

Na realidade, a liberdade política encontra-se — e estará sempre — limitada pelas efectivas relações de poder que se estabelecem dentro de uma determinada sociedade. Só muito poucos terão alguma possibilidade de ascender à nobreza política e económica, apesar destas se encontrarem muito mais abertas. Uma parte mais numerosa da população chegará à situação de cliente. A grande maioria não passará do estatuto de plebe — com níveis de vida e de cultura mais actualizados, como é óbvio —, sempre ameaçadora para a nobreza, mas sem a ela se poder opor, excepto em condições especiais de sublevação.

Neste campo, os juristas dão-nos uma visão dos problemas muito mais simplificada do que os sociólogos, ao menos quando se limitam a trabalhar com as leis que os detentores do poder elaboram.

## 5. Liberdade, culpa e eficácia

Os homens primitivos, impressionados com a intencionalidade evidente das suas acções, colocaram também uma entidade intencional por detrás das forças da natureza a que se encontravam sujeitos, procurando captar a boa vontade desses *deuses* e evitar a sua cólera, propiciando-lhes oferendas e cumprindo o que pensavam ser a sua vontade.

No que a eles próprios respeitava, os homens consideraram-se responsáveis pelas acções cometidas, o que pressupunha a existência do livre arbítrio e de culpa da sua parte, sem prejuízo de, nas mais diversas circunstâncias, se sentirem igualmente dominados pelo *destino,* ou seja, por forças que não conseguiam controlar.

Estes dois sentimentos — de liberdade e de fatalismo — misturavam-se de modo íntimo, revelando já as duas linhas de interpretação que ainda hoje se confrontam: o livre arbítrio e o determinismo das nossas acções. Por um lado, reconhecia-se a possibilidade de várias opções comportamentais, sendo indispensável que as leis sociais, a que se atribuía origem divina tantas vezes, fossem acatadas, para possibilitar a sobrevivência da sociedade; por outro, as forças biológicas que se manifestavam em sentido diverso não eram menos poderosas e, com frequência, faziam vencimento. A punição das faltas surgia, assim, como defesa da unidade do grupo.

A punição assentava, pois, na culpa e na responsabilidade, as quais forneciam uma construção apta a justificar a intervenção da comunidade contra os elementos perturbadores da ordem social. Aliás, nada impedia o entendimento de que a força do destino, de carácter aparentemente determinista, não fosse, ela própria, uma forma de conduzir à punição por qualquer outra falta anterior.

Neste pendor, pensou-se que qualquer mal que acontecesse a um indivíduo decorria sempre de culpa humana, a tal ponto que o mal físico existente no mundo foi atribuído ao pecado do primeiro homem para com Deus.

Em outra versão, a infelicidade e consequente degradação humana resultariam da impureza da vida individual que se iria reflectir em reincarnações subsequentes até que comportamentos meritórios conduzissem a uma regeneração, limpando o espírito e permitindo a entrada no Nirvana.

Numa linha de pensamento bastante próxima e em tempos não muito recuados, o puritanismo defendia que nada deveria ser feito em favor das camadas populacionais mais desfavorecidas, pois a sua desgraça era consequência directa da incúria e do pecado. Em contrapartida, o bem--estar das classes mais abastadas constituiria a recompensa da virtude, nomeadamente do trabalho. Para ambos os pensamentos, poderemos remontar até Platão.

Existiria, deste modo, um encadeamento entre liberdade, culpa, responsabilidade e punição.

Mas, ao lado desta construção do espírito, existiu sempre a premência da *eficácia na acção,* a que correspondiam medidas práticas inteiramente *separadas da culpa e da responsabilidade.* Deste modo, porque o grupo, para se manter, carece da alimentação indispensável e esta era escassa em muitas regiões, não foi invulgar encontrar-se no passado — por vezes não muito remoto — o hábito generalizado de matar ou abandonar as crianças recém-nascidas, como sucedia na própria Grécia, o mesmo acontecendo com as que apresentavam deficiências físicas (pensemos na problemática do aborto e do controlo da natalidade nos dias de hoje). Nalguns casos, os velhos eram também abandonados, quando já não podiam dar um contributo válido, enquanto os doentes contagiosos eram segregados do grupo para evitar o contágio.

Como é evidente, nenhuma destas medidas severas tinha que ver com a culpa e a responsabilidade de quem sofria as consequências. Os actos praticados pela comunidade constituíam um meio de defesa, com vista à sobrevivência, ditados por simples critérios de eficácia que se sobrepunham à outra conceitualização.

Do mesmo modo, sempre existiram lutas e guerras entre indivíduos e grupos, desligadas de qualquer comportamento culposo e ditadas apenas pelo interesse da apropriação de territórios e de bens, ou de simples conquista do poder. Na guerra, qualquer que seja a sua origem, face ao adversário, ninguém cuida em saber se o homem que se encontra na sua frente é ou não culpado seja do que for, olhando-o apenas como um inimigo que importa eliminar.

Na política, na economia ou no desporto, luta-se por alcançar uma supremacia, numa base de pura concorrência que nada tem a ver com a problemática da culpa, sem por isso deixar de resultar daí a derrota do adversário com todas as suas consequências.

Foi com a industrialização que os problemas da concorrência em todos os campos se generalizaram e agudizaram, ao mesmo tempo que se aprofundavam os estudos acerca das organizações. Por isso, não é de admirar que seja nos tempos presentes que existe uma exacerbada preocupação com a eficácia. Em consequência, estudam-se todos os problemas que lhe respeitam, como seja os circuitos e fluxos dentro dos sistemas, os postos de trabalho e sua articulação, as qualificações, as linhas hierárquicas, dentro de critérios rigorosos de planeamento e de gestão. A ponto de estes conhecimentos darem lugar a cursos universitários com frequências elevadas.

Qualificação e saber encontram-se na ordem do dia, uma vez que o problema consiste em estruturar e gerir complexos sistemas sociais. Mas, na escola ou na profissão, não basta o esforço que o indivíduo faça: é preciso também que esse esforço seja *bem sucedido*. Mais ainda, torna-se necessário que, ao lado desse indivíduo, não exista outro candidato que consiga obter melhores resultados.

São situações em que conta o *mérito* por cima da virtude e em que *a incapacidade* se sobrepõe à culpa. Estamos perante o critério estrito da *eficácia,* em aspectos, todavia, dos mais fundamentais para a vida de qualquer indivíduo.

É certo que podemos dizer que um aluno tanto pode reprovar por incapacidade como por falta de estudo, ou que o empregado tanto pode ser despedido por inépcia como por desonestidade ou incúria. No entanto, se bem repararmos, o elemento comum é sempre a eficácia para a organização, eficácia que tanto pode ser atingida por uma circunstância como por outra. Com culpa ou sem ela, o sistema não pode consentir comportamentos que o ponham em risco, seja qual for a sua origem.

Economicidade, eficácia e eficiência são três ideias fundamentais nos tempos que correm, porque nunca houve outro período em que os conhecimentos estivessem mais avançados e a vida social mais racionalizada no seu funcionamento, o que faz com que a existência dos grupos dependa de modo estreito da organização de cada um deles.

Se passarmos para o campo do direito penal, verificamos que os códigos continuam a basear-se nos conceitos de liberdade, responsabilidade e culpa, sem, no entanto, deixarem de fazer largas e significativas concessões às exigências da eficácia.

Na verdade, se um indivíduo comete um crime de gravidade — mata outro, por exemplo — e é considerado imputável, sofre uma pena de prisão de longa duração, com base na culpa e na responsabilidade. Mas se o agente for inimputável, será internado em estabelecimento de cura, tratamento ou segurança, independentemente de culpa, por não ser responsável. Pode ainda acontecer que o sujeito seja havido como delinquente por tendência, caso em que lhe será aplicada uma pena relativamente indeterminada.

Significa isto que, em qualquer dos casos, é preciso proteger a sociedade contra quem possa perturbar o seu funcionamento ou ponha em causa a segurança dos demais indivíduos, quer haja culpa, quer não, ao que a lei não pode deixar de atender.

Suponhamos agora que estamos em face de um crime que o autor não conseguiu consumar: a intenção de matar existia, o tiro partiu, mas a vítima não foi atingida. Neste caso, houve apenas uma tentativa, cuja pena é muito leve. Como se vê, a pena não é determinada apenas pela culpa mas, propositadamente, atende também à gravidade dos resultados, pois são estes que afectam mais directamente a sociedade, circunstância evidente nos chamados crimes privados.

Embora a lei o não especifique, a punição encontra-se sempre estreitamente ligada ao elemento *perigo* para o funcionamento da sociedade. Mais do que isso: a própria ideia de culpa encontra-se tão limitada por critérios de outra natureza que perde grande parte da sua importância, tendendo para uma aplicação cada vez mais objectivada. Por isso, mesmo quanto aos imputáveis, atende-se às condições pessoais do agente, à sua situação económica, às suas determinações e personalidade, numa vertente vincadamente determinista. Mesmo quando se fala na recuperação do delinquente, procura-se modificar os condicionalismos psicológicos — de origem biológica ou social — que levaram o agente a praticar o crime. Algo de semelhante acontece quanto à graduação da pena, quando se atende às características da personalidade do agente, aos condicionalismos sociais da acção e aos prejuízos que efectivamente ocorram, bem como às exigências da prevenção geral e especial.

Tudo parece indicar que o critério da culpa tende a objectivar-se, o que é mais claro ainda no domínio da lei civil que fala claramente em responsabilidade objectiva, ou seja, aquela que não se baseia na culpa. Os conceitos são diferentes, mas a palavra lá está, a mostrar o parentesco das situações. De facto, reconhece-se que, havendo um prejuízo, alguém o deve suportar: em princípio, quem o provocou, mesmo involuntariamente, ou quem dispõe de maior capacidade económica. Estamos em presença de critérios práticos de resolução dos problemas da convivência social, com afastamento da noção de culpa ou, talvez antes, criando figuras aparentadas à culpa quanto aos seus resultados.

Entretanto, o aumento dos conhecimentos científicos começou a mostrar, de modo mais incisivo, os encadeamentos físicos e biológicos existentes no universo em geral e na biologia em particular, o mesmo acontecendo no campo social. Aprofundou-se e generalizou-se também o estudo dos sistemas, com as suas exigências e condicionalismos, de tal modo que deixou de poder ignorar-se estes aspectos e todas as consequências que daí derivam na estruturação e funcionamento de qualquer grupo.

Como consequência, tem-se vindo a proceder a uma desculpabilização progressiva dos comportamentos humanos, integrando-os numa problemática sistémica, o que é particularmente sentido no que se refere ao governo dos povos e à gestão das empresas e dos serviços. Em contrapartida, continua a desenvolver-se o culto do mérito — indispensável ao bom funcionamento dos sistemas —, embora numa vertente desligada da virtude e da moral tradicionais, entroncando antes nas exigências específicas da eficácia.

Assim, durante muito tempo puniram-se as crianças e os adultos por serem preguiçosos ou demasiado agressivos, quando hoje, de modo geral, não se procede dessa forma, procurando antes saber-se quais as causas biológicas ou sociais que se encontram por detrás daqueles procedimentos para se corrigirem, se for possível, o que nem sempre acontece. Dão-se complementos de alimentação nas escolas, eliminam-se os parasitas do aparelho digestivo, melhora-se o ambiente familiar, etc..

Nos locais de trabalho, algo de semelhante acontece com o desenvolvimento da medicina do trabalho e, no campo do direito penal, acabámos de ver como as noções de inimputabilidade e de recuperação do delinquente se vêm impondo, ao mesmo tempo que diminui o campo da incriminação e a gravidade das penas.

Não quer isto dizer que tenham sido totalmente abolidos os castigos e as recompensas, *como meio prático e eficaz* de educação, uma vez que, em muitas circunstâncias, podem melhorar o comportamento quando aplicados com moderação (o mesmo acontecendo com o treino dos animais). Sabemos, no entanto, que nos movimentamos num campo que tem os seus limites e que, a partir de certo ponto, o processo é ineficaz, quando não prejudicial.

Deste modo, vai-se tomando conhecimento crescente da globalidade das interacções que se encontram em causa, envolvendo a genética, a vida familiar e o ambiente em geral. Sabemos também que estamos ainda bastante impreparados para poder actuar neste plano, quer por falta de conhecimentos, quer de meios materiais e humanos para o fazer, o que se agrava com o crescimento demasiado rápido da população.

Por outro lado, ganhou-se consciência de que ninguém detém o monopólio da sabedoria, o que conduziu a uma variabilidade muito maior de comportamentos. Os próprios defensores do bom selvagem e da culpa predominante da sociedade começam a verificar, através da experiência esclarecedora, que a reforma da sociedade não é um objectivo tão fácil de atingir como se poderia pensar e que a sociedade perfeita é uma utopia.

Acresce que o aumento continuado da produção, que conduziu alguns países a um estado de abundância relativa, tornou possível contemporizar com comportamentos que antes se consideravam intoleráveis.

Se a sociedade se vai descontraindo — sem prejuízo da violência que continua a reinar — e desculpabilizando, nem por isso diminui o reforço do mérito: quer nas escolas, quer na política ou nos locais de trabalho, dão-se todas as oportunidades para que os mais aptos possam desenvolver as suas capacidades até ao mais alto ponto.

Todavia — como já dissemos — o mérito agora não resulta directamente da virtude, nem o demérito da culpa, mas das exigências, em capacidade e eficácia, do bom funcionamento dos sistemas. Por seu lado, os indivíduos física e intelectualmente bem dotados devem essa vantagem considerável à lotaria cromossómica e ao seu meio social. E quando se diz que alcançaram grandes resultados pela sua força de vontade e pelo seu trabalho, uma vez mais é à sua constituição genética e à educação que receberam que devem estar gratos.

Parece possível dizer, em termos genéricos, que mérito e culpa, mesmo quando ligados a uma concepção ética, são sempre expressões que respeitam ao funcionamento dos sistemas. Os comportamentos humanos que favorecem a eficácia e o equilíbrio de uma sociedade são rotulados de meritórios, eficazes ou bons; os que constituem um perigo para o prosseguimento dos objectivos comuns são classificados como ineficazes, culposos ou maus. O que não impede que os povos se enganem nos critérios seguidos, ou que mantenham por tradição comportamentos e critérios morais já completamente ultrapassados.

Quer através de um empirismo inicial, quer em virtude dos conhecimentos científicos adquiridos, as exigências dos sistemas sociais são as mesmas, com a diferença de que as sociedades tradicionais eram menos complexas. Em qualquer caso, as leis sociais terão de se balizar nos mesmos padrões de referência: os interesses e os valores de uma determinada sociedade. Por isso, baseando-se a intervenção social no conceito de culpa ou atendendo prioritariamente às ideias de eficácia e de perigosidade, as actuações concretas é muito provável que não apresentem divergências significativas.

Se hoje, ao menos nos países mais avançados, não se queimam as bruxas, não se pratica a escravatura, não existem guerras religiosas, não se fazem perseguições políticas nem se discriminam as mulheres, ao mesmo tempo que se introduzem tantas outras alterações no campo da família, da sexualidade e da propriedade, tal facto nada tem a ver, como parece óbvio, com a admissibilidade ou não de culpa nos comportamentos humanos. Simplesmente os interesses e os pertinentes valores mudaram entretanto e, com eles, os critérios de incriminação.

Todavia, é importante salientar que são as diferenças de conceitualização que permitem o avanço da ciência e a mais clara compreensão dos fenómenos. Por isso, se quisermos ganhar um grau crescente de liberdade no nosso relacionamento com os sistemas, temos de conhecer melhor as suas leis — sejam físicas, biológicas ou sociais — e proceder em conformidade com esses conhecimentos, mas sem cometer o erro de dispensar o conhecimento empírico e tradicional enquanto o conhecimento científico não estiver suficientemente estabelecido e generalizado.

Assim como já compreendemos que não podemos atribuir ao Homem a responsabilidade pelo mal físico que o aflige no seu posicionamento com a natureza, vamos também chegando à conclusão de que ele é muito menos responsável pelas suas acções do que antes pensávamos, como os estudos da própria criminologia o patenteiam. Por isso nos esforçamos por saber mais acerca das forças que se encontram subjacentes aos comportamentos humanos, para melhor as podermos utilizar e reorientar em benefício dos indivíduos e da sociedade.

Até onde poderemos ir, não é possível dizê-lo, mas as expectativas são muitas, considerando os avanços verificados no domínio da neuro-psicofarmacologia e da engenharia genética.

Tudo com profunda repercussão na elaboração dos sistemas jurídicos e, consequentemente, no funcionamento das estruturas sociais em que nos movimentamos.

## 6. Validação e violação da lei

Importa, agora, que nos debrucemos sobre o que deve entender-se por violação da lei, pois daí decorre uma punição e o problema é mais complexo do que à primeira vista poderia parecer. Mas, para tanto, torna-se necessário abordar o tema da validação da mesma lei.

A análise que temos vindo a fazer aponta para que os fundamentos de uma determinada ordem jurídica — para além dos condicionalismos físicos e sociais existentes — se devem procurar: na força abertamente declarada; nos costumes não impugnados, que não excluem a componente do poder; e no consenso genérico ou maioritariamente formado dos indivíduos integrados num grupo, também influenciado pelos centros de poder existentes. Fundamentos que, em última análise, se traduzem na resultante das forças em presença.

Como os equilíbrios, ou desequilíbrios, dessas forças vão mudando, qualquer legitimação do direito vigente é sempre precária, dependendo do facto de surgir ou não quem impugne a situação presente e da força que exista por detrás dessa impugnação. Porque é diferente afirmar um direito e ser capaz de o sustentar. Quantos povos foram exterminados ou expulsos dos seus territórios, quantos indivíduos privados do que chamavam seu.

Como consequência, uma dada ordem jurídica pode ser afastada ou profundamente modificada pela violência, resultante de conquista ou de revolta interna. Se um movimento ou o outro não se conseguirem aguentar no poder, poderemos assistir à reposição do direito anterior, como tantas vezes sucede.

Daqui resultam problemas delicados.

Pensemos nos casos em que se encontram, no mesmo território, politicamente definido, grupos culturais diversos, em que um deles domina ou procura absorver o(s) outro(s), submetendo-o(s) às suas próprias leis e valores. Grupos, portanto, que não se sentem vinculados aos comandos que lhes são impostos, embora possam ser obrigados a acatá-los em consequência das represálias a que ficarão sujeitos, precisamente por violarem a lei.

Enquanto esta ordem jurídica se mantiver, os prevaricadores serão punidos. Mas se a revolta resultar, os partidários da contestação serão libertados e punidos os que os condenaram. Se, entretanto, as relações de poder voltarem a inverter-se, será o contrário que ocorrerá.

Como se vê, quando há dois grupos de interesses em concorrência, com valores e normas diferentes, a violação da lei e a efectiva punição resultarão de meros critérios de força.

Por certo, conflitos desta natureza podem terminar, com o decurso do tempo, dando lugar a verdadeiras fusões, porventura acompanhadas de cedências recíprocas. Mas quando assim não aconteça, será razoável afirmar que houve violação da lei? Em qual das circunstâncias?

Caso semelhante se verifica quando o grupo, inicialmente unido, sofre uma cisão resultante do aparecimento de classes sociais muito diferenciadas, em que os mais poderosos — que podem ser uma minoria ou a maioria — passam a explorar os demais, criando situações de grande tensão, mesmo em democracia. Toynbee admite que a queda das civilizações que nos precederam se ficou a dever sempre a fenómenos desta natureza.

A perda da unidade do grupo provoca o aparecimento de valores diversificados e a não aceitação das leis consideradas opressivas, com todas as consequências daí decorrentes, sendo no desenrolar desta situação que muitas revoluções ocorrem, se o sistema legislativo não for, entretanto, modificado.

Pode ainda acontecer que os valores fundamentais de uma dada sociedade sejam genericamente admitidos, como acontece nas sociedades ocidentais, com a prossecução da riqueza, do bem-estar e do sucesso como objectivos abertos a todos.

Já vimos, no entanto que, se teoricamente é assim, na prática o mesmo não sucede. Então, em virtude dos condicionalismos gerados pelo meio em que se nasce, nomeadamente a educação adquirida e os estímulos que não se desenvolvem, largas camadas da população, vivendo em bairros degradados, só muito raramente conseguirão vencer essas barreiras para ascender a posições mais elevadas, utilizando os meios que a sociedade considera como legais para o efeito. Neste caso, a experiência mostra que se geram subculturas locais em que se admite a utilização de meios *ilegais,* como o roubo, para se atingirem situações que gratifiquem a personalidade dos indivíduos, quanto mais não seja no âmbito dessa mesma subcultura.

Isto significa que a sociedade falhou na sua missão educadora, mostrando-se incapaz de criar condições suficientes para a vida *normal* de largos sectores da sua população, podendo entender-se que esses sectores não beneficiam das condições gerais fixadas nas leis. Põe-se, assim, o problema de quem é a responsabilidade fundamental quanto às consequências negativas que daí decorrem. Serão os mais desprotegidos que deverão arcar com todas as consequências? A ser assim, não estaremos, de novo, em face de uma posição meramente defensiva do grupo, que vai julgar apenas com fundamento numa perigosidade global, por se sentir impotente de ir mais além?

Todas estas situações existiram e continuam a existir, dando lugar a uma extensa produção artística e a actuações políticas diversificadas.

Primeiro, houve a tendência para eliminar as divergências através da repressão violenta, quer no campo político, quer religioso. Depois, as sensibilidades evoluíram, definindo-se os princípios da autodeterminação dos povos, da liberdade de consciência política e religiosa, firmando-se o direito à diferença de modo de vida e de padrões de moralidade privada.

Verifica-se que os diversos modos de pressão têm vindo a ceder, que as rebeliões foram exaltadas e o moralismo foi afastado. Embora ainda não por toda a parte, mantendo-se zonas cinzentas, impossíveis de afastar na totalidade.

Ao mesmo tempo, outras formas de opressão vão surgindo, resultantes de novos condicionalismos técnicos, económicos e sociais, uma vez que os sistemas não podem evitar os constrangimentos.

Supunhamos, agora, que nos encontramos em plena democracia, com um razoável funcionamento das instituições. Em princípio, temos uma comunidade política, com os seus valores e normas comuns, entre eles sobressaindo a convicção de que essa comunidade é indispensável ao prosseguimento do seu bem-estar havendo que aceitar que as contradições sejam resolvidas por via maioritária.

Não se encontram aqui problemas de legitimidade nem de má consciência mas, apesar disso, continuarão a existir situações difíceis de resolver no campo puramente jurídico.

Comecemos por observar que as leis, na actualidade, são tão numerosas que ninguém pode conhecê-las a todas e muito menos aplicá-las correctamente. Isto porque os condicionalismos de base se modificam com grande rapidez enquanto, por outro lado, há sempre interpretações diversas: as dos interessados, as dos serviços públicos — incluindo as polícias — e as dos tribunais, sendo cada vez menos uniforme a jurisprudência.

Num mundo em que a burocracia se torna sufocante — como todos reconhecem sem conseguir evitá-lo — atingimos já um ponto de saturação que se traduz na impossibilidade de acompanhar todos os preceitos que nos importaria cumprir, mesmo quando sabemos que existem, o que nem sempre é o caso. Uma grande organização dispõe de serviços especializados para lidar com as diversas situações que lhe surgem, mas nem os indivíduos isolados, nem as pequenas organizações, o podem fazer. Daí que, com muita frequência, tenhamos de *deixar correr,* pois a vida não pára e, se nos preocuparmos demasiado, podemos chegar a um ponto de rotura, depois de comprimidos com tantas imposições que surgem por todos os lados.

Mas haverá violação da lei quando alguém não cumpre qualquer preceito que desconhece ou interpretou, com boa fé, de modo diferente do que outros fazem, ou se sentiu simplesmente incapaz de satisfazer?

Em qualquer destes casos, o que está em causa não é a existência de culpa ou a violação da lei, mas sim a necessidade de manter a eficácia mínima dos sistemas sociais. A ignorância da lei não pode aproveitar ao infractor, como não aproveita a ausência de culpa, porque o sistema não pode funcionar dentro desses critérios que seriam logo fraudulentamente utilizados por muita gente, atendendo à dificuldade que existe em estabelecer uma clara destrinça entre quem tem ou não culpa.

Isto leva-nos a uma outra ordem de considerações que se situa no âmbito dos sistemas em transformação. Não nos podemos esquecer de que os sistemas biológicos têm tendência para se autoconservar e para se reproduzir. Para este segundo efeito, o código genético é fielmente reproduzido, de modo a dar lugar a outro indivíduo da mesma espécie. Ao mesmo tempo, os seres vivos procuram eliminar as perturbações internas e externas que possam prejudicar a sua fisiologia e, para tanto, dispõem de um aperfeiçoado sistema imunológico, bem como da faculdade de reparar lesões que ocorram — alguns animais chegam a reconstituir partes importantes do seu corpo, como um membro — e da capacidade de efectuar apertados controlos, como seja o da composição do sangue.

Os sistemas sociais procedem de maneira análoga, reproduzindo a cultura e criando órgãos apropriados à sua defesa interna e externa, como acontece com os Governos, a administração em geral, as forças armadas, as polícias e as associações de cidadãos.

Mas, quer os sistemas biológicos, quer os sistemas sociais, têm também tendência para evoluir, o que só pode acontecer através de uma ou mais roturas com o passado. Deste modo, surgem alterações ao código genético, motivadas por erros no processo de replicação, cuja origem ainda não é suficientemente conhecida, dando lugar a novas espécies, a novas leis e a novos sistemas.

Tempos houve em que as leis naturais foram consideradas como fixas e geradoras de um determinismo apertado, contrapondo-se às leis humanas, variáveis no tempo e no espaço, dependentes da vontade dos homens e sendo violadas com frequência. A ideia de uma ordem universal, reinando por toda a parte, de modo análogo ao funcionamento de um mecanismo de relojoaria, desmoronou-se com o avançar do conhecimento, chegando-se à conclusão de que nos encontramos em face de um universo em transformação e que as noções que temos acerca das suas leis não passam de uma conceitualização humana sujeita, ela própria, a mudanças frequentes.

Existe não só uma grande diferença entre a realidade e a interpretação que lhe damos, como a própria natureza tem mudado ao ganhar maior complexidade e capacidade organizativa. Mais recentemente, habituámo-nos a ouvir os físicos dizer que as partículas atómicas se comportam de modo aleatório e indeterminado, apenas podendo ser estatisticamente conhecida a distribuição dos eventos que lhes respeitam.

Modificou-se, assim, a concepção inicial sobre a matéria e as suas leis. Se passarmos para o campo dos comportamentos humanos, vemos que, em muitos casos, estes também podem ser determinados estatisticamente, não sabendo nós onde, quando e como os acontecimentos vão ocorrer. Assim, num dado universo, pode prever-se o número de acidentes de viação ou de trabalho, as taxas de morbilidade e de mortalidade, de nascimentos, de casamentos ou de divórcios, ou o número de crimes que, em circunstâncias idênticas, se verificarão.

Saber se o determinismo estatístico, exprimindo os comportamentos do conjunto social em termos de probabilidades, permite ou não a liberdade individual, é matéria questionável nos termos em que o problema habitualmente se coloca. De qualquer modo, esta aproximação entre o que se passa no campo da microfísica e dos comportamentos humanos não deixa de impressionar, mostrando mais uma vez como a liberdade e determinismo se entrelaçam de modo a carecer de uma análise mais profunda.

Por outro lado, também a estabilidade dos sistemas sociais é permanentemente posta em causa, como já analisámos, encontrando-se em curso uma acelerada evolução social. Surgem inovações permanentes que alteram o que antes existia — mesmo sem modificação prévia das leis —, permitindo que novos sistemas mais complexos apareçam, novas leis sejam criadas, novas emergências se concretizem. Regularidades e aleatório combinam-se de modo estreito no decurso de um processo que ainda estamos longe de compreender com suficiente clareza.

Sabemos que uma ordem jurídica não é estática, embora possa evoluir mais ou menos rapidamente. Porque as normas se destinam a organizar o conjunto social, porque em qualquer sociedade se produzem alterações de facto que impõem adaptações ou, mesmo, revisões profundas das normas, todos estão de acordo em que as leis não só podem, como devem, ser alteradas quando as circunstâncias o aconselhem. No entanto, nem todos concordarão com a oportunidade ou o sentido dessas mudanças, o que pode dar lugar a fortes tensões internas, como sabemos.

Mas deixemos de lado esse aspecto e concentremo-nos apenas no que concerne às exigências técnicas da organização social, com reflexos imediatos na produção e no consumo ou no esforço que é solicitado aos indivíduos, o que é particulamente importante nos tempos que vão correndo em que a rapidez da acção se torna crescentemente importante, a ponto de Toffler considerar que a grande destrinça a estabelecer entre os povos não se reporta aos regimes de direita ou de esquerda, nem ao posicionamento norte-sul, mas sim à velocidade ou lentidão com que se actua.

Se leis e regulamentos não assegurarem a fluidez indispensável à acção, os prejuízos para os países e para as respectivas populações podem ser imensos. No entanto, a tendência do Direito vai no sentido das mudanças lentas porque: as leis e regulamentos são muito numerosos e se mantêm em vigor enquanto não forem revogados expressa ou tacitamente, não sendo possível pensar em todas; os serviços não são capazes de alterar rapidamente o seu estilo de actuação e de pensar; há sempre interesses que ficam atingidos e que naturalmente reagem.

Quando assim acontece, o progresso pode ficar paralizado, a menos que as pessoas passem por cima da legislação inadequada em nome dos objectivos a atingir, correndo os inerentes riscos de serem processadas e punidas. Pode não haver o intuito de violar a lei, mas apenas o reconhecimento da sua inadequação.

Verificando-se que a lei não cumpre a sua missão de ordenamento do meio social, em função das necessidades colectivas, deveremos dizer que o seu não cumprimento constitui uma violação, atendendo nomeadamente ao facto de as leis não se poderem considerar uma finalidade em si próprias mas meio de organizar *eficazmente* a sociedade?

Sabemos os riscos em se incorre, num caso ou noutro, mas o problema não deixa de existir e de suscitar uma solução urgente.

Uma outra questão pode pôr-se ainda. Há quem defenda que na articulação dos indivíduos em sociedade tudo se passa como se a vida fosse um jogo em que nós tomamos posições aleatórias, por desconhecimento de uma parte da realidade, podendo ganhar ou perder, como quando se compram ou vendem títulos na bolsa.

De forma idêntica, há quem pense que vale a pena correr o risco de violar a lei, nas mais diversas circunstâncias, pois são grandes as probabilidades de não se ser apanhado, de se encontrarem argumentos razoáveis de desculpa, de a prova não se fazer ou de surgir uma amnistia.

Esta atitude é muito mais generalizada do que se pode pensar, bastando tomar em linha de conta situações como a condução automóvel, a fuga aos impostos, nomeadamente aos alfandegários, a adulteração de géneros ou os atentados contra o ambiente. São milhentas as situações de violação da lei que as autoridades não conseguem detectar ou, quando o fazem, se sentem impotentes para levar até final. O que nos mostra que, se as interacções sociais são balizadas pela lei, esta dispõe de uma malha demasiado larga por onde os interesses particulares se esgueiram a todo o momento, apenas alguns sofrendo as consequências das infracções cometidas, o que não deixa de ser importante para efeitos de prevenção geral.

Simplesmente, se uns aceitam a punição com espírito de reparação, é razoável admitir que a grande maioria pense que perdeu a aposta. O que significa que, para esses, a punição é apenas um risco.

De tudo resulta que a teorização feita acerca da violação da lei se afigura demasiado simplificadora, podendo conduzir a sérias distorções dos factos e a graves injustiças.

Pode mesmo acontecer que, em diversos aspectos, em vez de se falar em violação da lei pelos homens, devessemos antes referir a violação dos homens pelos sistemas jurídicos.

## 7. A justiça e o poder

Uma das preocupações dos homens de todos os tempos foi a da realização da justiça, o que constitui também objecto do ideário da democracia actual.

A justiça reporta-se estreitamente ao modo como se estabelece a convivência humana, nomeadamente no que toca à distribuição dos bens existentes e dos encargos assumidos para com os outros homens e a própria comunidade.

Como sabemos, todos os homens aspiram à satisfação integral das suas necessidades, conduzindo à realização pessoal. No entanto, porque dispõem de capacidades diferentes e os bens são escassos, uns aproveitam-se do trabalho dos outros, aberta ou subrepticiamente, enquanto os acordos que possam celebrar se apresentam, em regra, desequilibrados, em consequência do diferencial das forças existentes.

Nestes termos, aceitar um acordo de convivência ou um qualquer negócio, nem sempre significa que se lhe dê inteira anuência: pode estar--se em presença de um mal menor, não sendo possível, de momento, alcançar um resultado mais vantajoso.

De um modo geral, a observação mostra que as relações concretas de poder determinam as soluções reais para a convivência social. Uns reconhecem esse facto abertamente e não têm rebuço em o afirmar e praticar na medida em que as circunstâncias o permitam. Para outros, no entanto, as relações *deveriam ser* orientadas por critérios da maior igualdade possível.

Para Aristóteles, por exemplo, numa troca as duas prestações deveriam ser equivalentes (justiça comutativa) e na distribuição que se realiza dentro do grupo, cada membro deveria receber de acordo com o contributo que tenha dado para a comunidade (justiça distributiva). Encontramo-nos em face de um critério a que podemos chamar matemático, cujas dificuldades práticas de aplicação são enormes.

Em primeiro lugar, tal critério implica uma grande dose de subjectividade na avaliação do valor das prestações, podendo arranjar-se argumentos os mais diversos de valorização. Problema particularmente sentido na justiça distribuitiva, quando se quiser saber qual o contributo que cada um dá para o grupo se as prestações forem de natureza diferente, consoante as profissões: agricultores, guerreiros, sacerdotes, governantes, etc..

Por outro lado, nada impede que sejam apresentados critérios diversos para realização da justiça, como a distribuição puramente igualitária, ou de acordo com as necessidades de cada um, os quais certamente seriam rejeitados por muitos. O que significa que a própria adopção de um critério se presta a discussão, sendo possível arranjar argumentos para todos eles.

C. Perelmann apresenta seis formulações correntes do que se pode considerar como *justo:* a cada um o mesmo; a cada um segundo os seus méritos; a cada um segundo as suas obras; a cada um segundo as suas necessidades; a cada um segundo a sua posição; a cada um segundo o que lhe é devido por lei. Para este autor, a maior parte destas formulações contradiz-se, tendo apenas em comum a ideia de que ser justo significa um igual tratamento para todos os seres que são, sob determinada perspectiva, iguais, apresentando a mesma índole. Fica em aberto o saber em que perspectiva se devem identificar aqueles que devem ser tratados identicamente. Por isso, uma vez que todo o valor é arbitrário, não pode existir uma justiça fundada na razão, o que não impede que existam critérios genericamente aceites num determinado momento, dispensando a sua justificação crítica. Mas esta circunstância implica uma destrinça entre politicamente justo e filosoficamente justo.

Por isso Engisch escreve que não existe evasão do círculo infernal do relativismo axiológico, tendo de nos contentar com um mundo que não nos fornece pautas de valor, ordens hierárquicas e regras de preferência inequivocamente claras.

Sabemos, de facto, que os princípios de convivência social alcançados ao longo dos tempos se têm vindo a alterar, mais lenta ou mais rapidamente, nada ficando como era, quer se trate de relações de família, do estatuto da propriedade, da estrutura do governo ou dos direitos individuais. Mudanças que resultam dos condicionalismos de facto em que assenta a vida das sociedades, acarretando consigo novas teorizações, como tivemos ocasião de observar.

Então, a que poderemos chamar *justiça?* Às normas de convivência social vigentes em determinado momento? A uma possível teorização filosófica das muitas existentes?

Os argumentos têm dado para tudo, inclusivamente para apresentar, como fez Aristóteles, uma teorização da justiça ao mesmo tempo que defendia a escravatura.

A realidade mostra-nos que a justiça nos surge como um conceito ideal através do qual se escondem os mais diversos interesses. Mas também relativo, sujeito aos conflitos e contradições da própria vida, não havendo critério que não seja passível de contestação ou possa apresentar-se como farol da prática legislativa.

Muitos se aperceberam desse facto, como já referimos. Também Pascal dizia que aquilo que se designa por justiça, é apenas a autoridade, a força do legislador ou do costume, já que não existe uma justiça universal e permanente. E David Hume considerava que a justiça não é uma virtude natural, pois encontra a sua origem nas circunstâncias e nas necessidades do homem. Por isso, não é no respeito pelo interesse público nem no amor do próximo que se deve procurar a sua origem.

Em contrapartida, muitos outros autores entendem de modo diferente, colocando nomeadamente a essência do Direito na realização da justiça, embora não se mostrem capazes de apresentar um critério seguro que permita dar concretização a tal aspiração.

John Rawls, por exemplo, vai procurar os pressupostos racionais para a realização de uma justiça mais perfeita, posição que, como a de tantos outros autores, assenta em critérios meramente subjectivos, sendo certo que nem todos comungam dos mesmos ideais ou estão dispostos a aplicá--los quando implicam sacrifícios próprios. De qualquer modo, a concretização de um critério implica a existência de consenso que, na prática, terá de ser, ele próprio, a resultante de um equilíbrio de forças entre posições diferenciadas e portadoras de interesses divergentes.

Popper, por seu turno, ao perguntar o que devemos entender quando falamos de *justiça,* considera que problemas verbais desta espécie não são particularmente importantes ou que seja possível dar-lhes uma resposta definitiva. Pensa, no entanto, que a maior parte das pessoas, em especial aquelas que têm perspectiva humanitária — o que limita desde logo a análise — têm em mente qualquer coisa como: — uma igual distribuição dos encargos da cidadania, isto é, das limitações da liberdade necessárias à vida social; — o tratamento igual dos cidadãos diante da lei, desde que as leis não sejam parciais para indivíduos, grupos ou classes; — a imparcialidade dos tribunais; — a igual participação nas vantagens (e não apenas nos encargos) que a pertença ao Estado pode oferecer aos cidadãos.

Já vimos, no entanto, as dificuldades que surgem quando se pretendam aplicar estes enunciados gerais, o que mantém o problema em aberto.

Como frequentemente acontece, todas as posições têm a sua razão de ser. De facto, por um lado, os costumes e as leis dependem das estratégias do poder que em determinado momento se desenvolvem, sendo esta a realidade concreta de todos os dias. Mas, do ponto de vista dos menos favorecidos, há um inconformismo permanente que se traduz na tentativa de obter melhores condições de vida através de contratos de convivência mais favoráveis. Para tanto, invocam a voz das necessidades não satisfeitas, o sofrimento que daí deriva e a sua efectiva contribuição para o bem comum e para o progresso em geral.

Em oposição à força, é este clamor que se encontra sempre presente e que constitui o apelo vivo da justiça, com eco em muita gente, embora se esboroe perante a escassez dos bens a distribuir e o egocentrismo dos homens. Por isso, mesmo as religiões mais exigentes se tornam maleáveis diante do problema, fazendo apelo à caridade ou encontrando justificações e compensações ideais para o sofrimento.

Porque a questão é esta: alguém vai ser privado de alguma coisa, face à escassez; o mesmo é dizer que haverá sempre necessidades por satisfazer, com o pertinente sofrimento ou a correspondente frustração. Como resultado, acontece com frequência que os necessitados que conseguem mudar de posição imediatamente esquecem o seu anterior clamor.

Em consequência, no domínio dos factos, estas aspirações a um maior bem-estar raras vezes levam a amplos movimentos de solidariedade que transcendam os próprios interessados. Já referimos o que aconteceu com inquéritos recentes sobre a ajuda ao terceiro mundo.

Em cada momento histórico, as leis não são feitas no sentido de permitir uma distribuição uniforme de bens — excepto quando é preciso mobilizar toda a população por motivos de grave risco —, antes sendo aplicados diversos critérios de acordo com as forças que se confrontam. Nem nos países de Leste, seguindo políticas mais igualitárias, tal aconteceu. Quantas vezes, quer a Oriente quer a Ocidente, os privilégios são concedidos de forma indirecta e disfarçada para não levantar protestos, porque para além dos princípios se encontram os interesses muito reais de quem detém o poder.

Se as aspirações que se traduzem pela invocação da justiça encontram uma forte resistência face à escassez dos bens, elas chocam-se também com a circunstância de haver muitas tarefas desagradáveis a realizar. É esta outra faceta da justiça que não se reporta agora aos critérios de distribuição dos bens, mas ao modo como se reparte o trabalho.

Tempos houve em que o trabalho manual era considerado degradante, sendo ainda desqualificado nos tempos actuais. Aliás, o termo *trabalho* tem a sua origem na palavra latina *tripalium* que significa um instrumento de tortura composto por três paus cruzados ao qual se prendia o culpado.

Há quem dirija e quem obedeça, quem execute um trabalho intelectual e trabalhos manuais, alguns pesados e sujos. Apesar da dignificação do trabalho que se quis levar a cabo, estas distinções não acabaram com os fenómenos de capilaridade social que levam os pais a procurarem melhores profissões para os filhos e se mantêm em toda a parte.

Simplesmente, as minas têm de funcionar, as estradas e os edifícios têm de ser construídos, o lixo tem de ser removido e por aí adiante. Não são as classes mais favorecidas que o fazem e, nos países de nível de vida mais elevado, a população em geral tão pouco aceita esses trabalhos. Por isso, importa-se mão-de-obra dos países mais pobres para esse efeito, ao mesmo tempo que se inventam novas máquinas para simplificar e tornar menos desagradável esse trabalho. Nalguns casos, sendo possível, transferem-se as fábricas para o estrangeiro, da mesma maneira que se procura exportar o lixo das actividades atómicas.

Mas outras dificuldades se encontram no caminho da justiça, como acontece com as exigências dos sistemas que implicam, para seu correcto funcionamento, uma profunda diversificação de actividades que, forçosamente, não são todas da mesma natureza. Tem mesmo havido quem queira ver na diversidade das capacidades humanas uma resposta da natureza a essas exigências. As pessoas com altas capacidades seriam poucas, porque os correspondentes cargos são em muito menor número. Quer dizer, a natureza como que teria aplicado, de modo subtil, o critério de Huxley no seu *Brave New World,* preparando os homens de acordo com as exigências da produção.

Por todas estas razões, a justiça tem-se contraposto à alienação.

Alienar significa tornar alheio, transferir para outrem. Se o Homem é um sistema que tende a desenvolver todas as suas potencialidades, sendo apenas por essa via que consegue realizar-se, os homens alienam-se sempre que são obrigados a colocar as suas potencialidades ao serviço dos objectivos de outrem, com prejuízo do prosseguimento dos seus fins próprios.

Sucede que se o Homem é um ser de necessidade é também um ser em permanente formação. Para se desenvolver psicologicamente, para ganhar crescente consciência de si próprio, carece de passar por diversos estádios. Para tanto, não lhe basta satisfazer as suas necessidades fisiológicas, antes precisa de aumentar continuadamente a sua experiência de vida na convivência com os demais homens, o que implica a possibilidade de participar nas decisões que afectam a sua existência. Convivência que, para ser frutuosa, exige a disponibilidade da mais ampla informação, como se encontra reconhecido.

Mas as razões já expendidas não permitem, com frequência, que assim aconteça. Egocentrismo e escassez fazem com que os seres vivos tendam a dominar não só a zona geográfica onde se sustentam, mas ainda todos os seres que nela se encontram. E não é apenas o Homem que actua dessa forma; plantas e animais procedem de igual modo. Mas o Homem encontra requintes específicos nesse campo, atingindo a reprodução dos seres na sua essência e colocando o próprio cérebro dos outros à sua disposição, através do treino adequado.

Hoje, com o aumento do conhecimento científico, a manipulação psicológica torna-se mais subtil e eficaz, de tal maneira que nem se dá conta dela.

A alienação pode acontecer em todos os tipos de relacionamento humano, incluindo pais e filhos. No entanto, foi no campo do trabalho e do poder político que se tornou objecto de particulares estudos. Na sequência de Hegel e de Feuerbach, Marx pôs especialmente em relevo a sua dinâmica, que se tornou um dos pontos fundamentais do materialismo histórico, do que falaremos mais adiante.

Sabemos, no entanto, que não é o capitalismo, em si, mas a industrialização, com o desenvolvimento das organizações, a responsável por novas formas de alienação que Touraine, por exemplo, classifica de tecnicista, burocrática e política.

Porque todas estas questões revestem uma complexidade muito maior do que antes se pensava, é que os problemas da justiça e da desalienação se apresentam como uma longa caminhada cujo termo ainda não é visível. Como refere François Perroux, «de todas as socializações possíveis, há uma que é sinónima de humanização: é aquela em que a coerência do projecto de cada sujeito e a convergência de todos os projectos dos sujeitos tendem a confundir-se como dois aspectos do mesmo movimento». A desalienação consistiria na «libertação de cada sujeito num conjunto em que nenhum perde a qualidade de sujeito. Culmina quando cada sujeito se cria ao mesmo tempo que cria todos os outros». Mas esta teorização não passa de uma utopia sem hipótese aparente de concretização, a não ser em casos muito limitados.

Todavia, a justiça, mesmo que conseguisse ser aplicada de modo razoável, nunca poderia resolver um grande número de problemas do relacionamento humano.

É o que acontece, por exemplo, com os cuidados que se prestam aos filhos até uma idade avançada: estamos em presença de *dádivas* sem contrapartida, ao menos no imediato. Mas algo de semelhante acontece com todos os actos a que chamamos de amor ou de amizade desinteressada, os quais têm, aliás, paralelismos conhecidos no reino animal e que parecem derivar de um quimismo adequado à sobrevivência do grupo.

É possível talvez dizer que o amor tem uma base instintiva, enquanto a justiça deriva da razão.

Hoje, todas as situações podem ser objecto de reivindicação e todos os acordos realizados podem ser alterados.

Se a liberdade alcançada com a democracia não trouxe consigo uma justiça absoluta, que não se sabe bem o que possa ser, permitiu, porém, que não ficássemos encerrados em fórmulas permanentes, em contratos inalteráveis, admitindo que todo o relacionamento seja revisto em qualquer momento. Para melhor... ou para pior, consoante os pontos de vista.

Não esqueçamos que o progresso científico ainda não terminou e que alterações sociais profundas se encontram em curso. Daí que os riscos sejam muitos, pois os bons acordos de hoje podem ser desastrosos amanhã e os desequilíbrios de forças modificar-se radicalmente, com consequências imprevisíveis.

## CAPÍTULO V

# O ACELERAR DA EVOLUÇÃO SOCIAL

## 1. Sociedade industrial e sociedade pós-industrial

Durante milénios, as transformações sociais decorreram com lentidação, sem prejuízo dos processos revolucionários e das numerosas guerras que entretanto ocorreram.

A partir do século XVI e, mais especialmente, do final do século XVII, a evolução social ganha uma aceleração crescente, que ainda se mantém, o que faz com que o problema de um maior ajustamento da teorização jurídica à realidade social adquira maior acuidade.

Já não nos encontramos no domínio das sociedades tradicionais que tentámos caracterizar sucintamente, ultrapassámos mesmo a chamada sociedade industrial e encontramo-nos deliberadamente lançados em novos processos de produção e de convivência cuja importância e significado importa analisar mais de perto.

Como vimos antes, o avanço da liberdade e da democracia fez-se na sequência do crescimento económico decorrente da Revolução Industrial, na Inglaterra, acarretando consigo profundas mudanças políticas e sociais.

Daí resultou a chamada *sociedade industrial,* caracterizada fundamentalmente pela rápida multiplicação das organizações (empresas, serviços públicos e associações profissionais, culturais e outras) e pela modificação dos processos de produção e métodos de gestão.

Em contraposição com o que se passava nas sociedades tradicionais, desenvolveu-se o chamado *meio técnico —* que sucede ao anterior *meio natural —* e que se traduz na interposição entre os homens e a natureza de maquinismos e técnicas complexas.

A mecanização e a diversificação dos produtos dão lugar a uma crescente divisão do trabalho e a consideráveis transferências de mão--de-obra do sector primário para os sectores secundário e terciário, ao agrupamento dos trabalhadores nas oficinas e fábricas, a uma disciplina mais exigente e a uma separação acentuada entre o pessoal de execução e os dirigentes.

O mercado generaliza-se, estabelecendo-se uma vasta rede de trocas rapidamente ampliada pelo crescimento da produção, pela expansão do crédito e da moeda e pelo investimento continuado de vultosos capitais.

Instala-se um novo modo de pensar e de agir, com reflexos imediatos na estruturação da sociedade, nos níveis da produção e do bem-estar dos indivíduos. Não se trata já de promessas teóricas, mas de realidades concretas que gradualmente a todos vão aproveitar, sem prejuízo da situação de pobreza do operariado nos primeiros tempos.

Entretanto, os salários aumentam, a população cresce, o que se reflecte no consumo e na produção, enquanto novas necessidades são estimuladas através da publicidade.

A proliferação das organizações e a diversificação da produção arrastam consigo a multiplicação das *funções,* uma vez que os sistemas produtivos se complexificaram e enriqueceram. Por outro lado, cada indivíduo passa a assumir *papéis* diversos, sendo ao mesmo tempo chefe de família, empresário ou trabalhador, dirigente ou membro de uma associação profissional ou de outra natureza, de um partido político ou de uma igreja.

O poder político muda de mãos, separa-se do poder religioso e aproxima-se do poder económico, enquanto a sociedade se laiciza. A ciência e a razão vão substituir muitas explicações de carácter mítico, acentuando-se a fé no conhecimento científico e no progresso e a confiança na capacidade do Homem para dominar a natureza e se apropriar da sua própria vida, pela via do saber e de uma liberdade imprecisa mas tentadora.

Os valores e mentalidades modificam-se, passando a haver uma diferenciação nítida entre o sagrado e o profano com separação da vida profissional face ao relacionamento do indivíduo com o sobrenatural. Caminha-se também no sentido de um pluralismo religioso e moral em que o espírito crítico e a liberdade de pensamento permitem uma ampla diversificação de opções pessoais e de atitudes morais na condução da vida privada, pondo-se mais exigências no modo de proceder dentro das organizações — em especial no campo do trabalho — do que nas condutas particulares.

O medo da mudança desapareceu em favor da novidade, pois só da renovação dos processos de trabalho se poderá esperar uma melhoria de vida em termos generalizados.

A par disto, importa dar especial atenção aos seguintes factos: — o desenvolvimento do ensino e da formação profissional, indispensável ao progresso e que vai promover a educação das massas; — a inclusão das mulheres neste processo, com o consequente acesso a condições mais favoráveis no mercado do trabalho, o que lhes dá uma independência económica com profundos reflexos na vida familiar e no relacionamento sexual; — a transferência para múltiplas organizações de importantes funções que antes cabiam à família tradicional.

Ciência e técnica fazem com que a economia se encaminhe para um ponto em que passa a possuir os recursos e o espírito de iniciativa necessários para se ultrapassar continuadamente, alargando, de modo permanente, a gama dos produtos lançados no mercado. A eficácia alcançada pela estreita cooperação que se estabelece entre as empresas, o Estado e os centros de investigação teve tal sucesso que dentro em breve vão surgir novos e promissores campos de conhecimento, como a informática, a electrónica, a biologia molecular, a engenharia genética e a ciência espacial, revolucionando outra vez o campo da produção e dando lugar ao aparecimento das chamadas indústrias de ponta, com extensos e profundos reflexos nos métodos de trabalho, no estilo de vida, nos valores existentes, na estrutura familiar, na ocupação dos tempos livres, nas relações internacionais, na economia mundial e no governo dos povos.

Entramos aqui na sociedade pós-industrial, sociedade programada, sociedade pós-estandardizada, dos valores pós-modernos ou pós-materialistas, ou sociedade da terceira vaga, tantos são os nomes que os diversos autores encontram para baptizar um novo tipo de civilização que nos envolve por todos os lados.

Com esta sociedade, chega-se a uma época em que — ao menos nalguns países — se conseguem satisfazer genericamente as necessidades fundamentais de toda a gente, graças ao progresso da ciência, ao domínio das técnicas de planeamento, de organização e de gestão, em que as decisões intuitivas cedem o passo em favor de técnicas sistémicas aprofundadas, utilizando todos os conhecimento disponíveis.

Acentua-se a importância das grandes organizações, públicas e privadas, desenvolve-se a intervenção do Estado, nomeadamente na regulação dos mercados económicos e financeiros, e aparece uma nova elite constituída pelas classes profissionais e técnicas, imbuída pelos valores da ciência, da eficácia, da organização e do prestígio.

Os problemas do relacionamento do capital e do trabalho secundarizam-se — sem desaparecerem —, face à importância das exigências de *crescimento global,* indispensável a qualquer país, mas que tende para posições de domínio, onde a liberdade individual pode ficar comprometida. Ao mesmo tempo, a noção de classe social perde o seu significado anterior, com a diminuição do número de trabalhadores manuais e indiferenciados, enquanto, por outro lado, a capacidade de gerir os grandes empreendimentos e o domínio da informação se tornam vitais para compreensão e controlo do processo social.

Os valores sociais são frontalmente atingidos, transferindo-se a preocupação dos indivíduos das necessidades fundamentais de sobrevivência e de segurança — agora genericamente satisfeitas — para as necessidades de auto-realização e de qualidade de vida, onde sobressaem os problemas da liberdade, da igualdade, da participação na condução da vida social, do pluralismo de opiniões e da autonomia das mulheres e dos jovens.

No plano global da sociedade pós-industrial, o que passa a contar fundamentalmente já não é a posse da terra ou das acções dos complexos empresariais — embora ainda tenham manifesta importância —, mas a capacidade de adquirir conhecimentos e de, por essa via, dominar a informação e ascender aos centros de controlo da gestão e da mudança, quer das grandes empresas, quer da sociedade como um todo.

Por outro lado, as relações internacionais intensificam-se, fazendo diminuir a importância do particularismo das nações e a sua real autonomia, a caminho de uma consciencialização crescente da universalidade dos problemas políticos e económicos, sem prejuízo das culturas locais que pretendem reafirmar as suas identidades.

Compreende-se agora que a capacidade de mudança, para ter realidade no que toca aos resultados, tem de ser *colectiva,* abarcando todos os elementos do sistema, sejam os indivíduos ou as organizações, pois as sociedades encontram-se cada vez mais estruturadas, donde resulta que o *progresso* — qualquer que seja o seu sentido — não pode deixar de ter em conta o estilo de relações humanas, obrigando a um amplo desenvolvimento da cultura e da formação. Resulta daqui que, embora se afirme o *individualismo,* os actores sociais tornam-se mais dependentes das organizações, o que põe em causa a sua personalidade e a sua real autonomia de acção, inclusive no campo da ciência e da investigação.


## 2. Relevância das organizações

De um modo geral, podemos dizer que as acções humanas se nos apresentam como empreendimentos comuns, integrados em organizações da mais diversa índole, que vão desde a família à nação moderna.

No entanto, é com o capitalismo comercial e, mais recentemente, com a industrialização, que assistimos à multiplicação das organizações, sob a forma de empresas, serviços públicos e associações muito variadas, o que veio alterar por completo a textura social.

O núcleo das sociedades tradicionais era a família. Ali nasciam os indivíduos, faziam a sua aprendizagem, trabalhavam, tratavam-se quando estavam doentes, envelheciam e morriam. Hoje, nasce-se em maternidades, vai-se para a escola e para centros de formação e reciclagem, trabalha-se fora de casa, é-se tratado em hospitais, clínicas ou outros serviços de saúde, recebe-se ajuda da segurança social que proporciona também pensões de aposentação, come-se em cantinas ou restaurantes, colocam-se as crianças em creches e jardins de infância, os velhos vão para estabelecimentos da terceira idade e, quando morrem, encomenda-se o funeral a uma empresa, os serviços religiosos fazem-se na igreja, gozam-se férias em qualquer parte, utilizam-se os serviços mais variados para nos fornecer a água, a electricidade, o telefone, os transportes, ou para nos facultarem meios de comunicação rápidos, etc..

Por isso, a importância da família diminuiu, sendo esta substituída, em muitos e fundamentais aspectos, por outras organizações. Como consequência, o tipo predominante de relacionamento que temos — em especial nas cidades — já não é com os outros indivíduos, como tais, mas sim com as organizações que nos rodeiam, nos servem e nos oprimem também. Resulta daqui a dúvida se os princípios do direito privado poderão continuar a regular, com realismo e eficácia, este novo tipo de relações, pois os indivíduos isolados não dispõem de meios para se confrontar com organizações dotadas de capacidades de acção muito mais poderosas.

É certo que uma longa e gradual modificação tem vindo a processar-se no campo jurídico, com o aparecimento de novos ramos do direito bastante significativos e a criação de novos cargos como os provedores de justiça, designados por vezes para ramos específicos de actividade. Afigura-se, no entanto, que isto não basta, continuando as mentalidades predominante arreigadas aos princípios do anterior — e actual — direito privado, o que parece significar que não se atentou o suficiente sobre a natureza e profundidade das alterações sociais em curso.

Também a empresa, na sua fase inicial, carecia de significado jurídico específico, tudo se explicando — incluindo o poder dos patrões — pelo direito de propriedade, por um lado, e pelo contrato individual, por outro. Assim, a realidade colectiva desagregava-se no plano jurídico, numa justaposição de relações contratuais individuais. Só mais tarde o direito deu relevância à empresa como tal. Primeiro, para tratar dos interesses patrimoniais que se geram nas relações de troca decorrentes da actividade empresarial; depois, para considerar o conjunto de direitos e deveres que se estabelecem entre patrões e empregados, daí resultando o direito de trabalho. Em paralelo — o que é fundamental —, os direitos dos trabalhadores passaram a ser defendidos pelas suas organizações profissionais, as quais têm muito mais poder negocial, estabelecendo um maior equilíbrio entre as forças que se confrontam.

No decurso desta evolução, foi-se ainda mais longe, surgindo a tendência para encarar a empresa mais como uma unidade de trabalho do que como um património, considerando-se os homens que nela trabalham — dirigentes e trabalhadores — ligados por laços de solidariedade orgânica. Todavia, esta conceitualização, se tende a traduzir uma certa linha de pensamento humanístico, não chegou a identificar-se com a natureza da empresa, uma vez que tal solidariedade sempre permaneceu muito esbatida e problemática, na sua essência, sendo evidentes as reais oposições existentes entre empresários e trabalhadores. Daí o ser mais realista a dicotomia que se mantém, traduzindo interesses realmente diferenciados.

Ao mesmo tempo, o movimento cooperativo, que se aproxima da tendência referida, nunca conseguiu implantação suficientemente extensa, por motivos que se ligam, uma vez mais, às diferenças existentes entre os homens, pelo que não pode ser tomado como um paradigma de organização social.

Porque todos nós temos de comprar actualmente tudo quanto precisamos, o que mais uma vez nos coloca, como indivíduos, face às empresas, começaram a surgir por toda a parte as associações de consumidores, procurando colmatar uma lacuna gravosa na defesa dos indivíduos face às organizações. Mas se esta solução é um começo, apoiado por serviços estaduais de finalidade paralela, não parece que possa considerar-se ainda como satisfatória. Mostra, no entanto, como espontaneamente o mundo das organizações se vai desenvolvendo e os indivíduos isolados se sentem impotentes.

Mas a multiplicação das organizações deu lugar a outros e importantes desenvolvimentos. Por um lado, as empresas aparecem-nos hoje como os principais agentes da produção de bens e de serviços, enquanto o Estado procura, por seu turno, dinamizar e controlar a vida económica e social, criando as melhores condições para o funcionamento dos mercados e para a salvaguarda do bem comum, nomeadamente no que concerne à protecção do meio ambiente, de importância vital para a sobrevivência da humanidade. Por outro lado, é nas empresas e nos serviços públicos que trabalha a maioria da população activa, aí auferindo os seus rendimentos principais, o que significa que a sua sobrevivência e nível de vida dependem da eficácia e bom funcionamento dessas organizações. Também os grandes capitais são mobilizados pelo Estado e pelas empresas, os quais detêm a parte principal do património imobiliário.

Em consequência, a definição dos valores sociais passa também por estas organizações, tendo o Estado monopolizado o poder de transformar esses valores em normas jurídicas. Por isso, os interesses em debate já não se circunscrevem apenas, ou de modo predominante, aos indivíduos ou às classes sociais, centrando-se nas grandes organizações.

Como se vê, já não vivemos num meio individualista e atomizado, mas no seio de sociedades estreitamente organizadas e unidas por laços de forte interdependência política, económica e social, sem prejuízo das dissenções internas que possam verificar-se.

Por esta forma, os sistemas — que já dominavam o mundo bioló-gico — impuseram-se também, de modo inelutável, nas sociedades con-temporâneas, tornando-se impossível, se quisermos compreender correc-tamente os problemas, deixar de analisar os Estados modernos numa base *organicista,* embora este termo deva, agora, ser empregado em sentido diferente do que antes lhe fora dado, significando uma sociedade inte-grada, sim, mas *aberta,* no sentido de admitir a crítica permanente e a mobilidade social, únicos meios de assegurar a flexibilidade necessária ao processo de rápida evolução em curso.

Como resultado de quanto fica dito, a liberdade e os direitos dos homens já não podem ser vistos numa perspectiva predominantemente individualista, de forma abstracta e atomizada, mas antes na estreita interligação que existe entre indivíduos e organizações, independen-temente do que possam dizer os textos legais em vigor.

### 3. Os problemas das organizações

Se os sistemas são vitais na sociedade actual, se são eles que impri-mem o ritmo ao desenvolvimento presente, não deixam de apresentar importantes problemas que implicam com a liberdade humana e que cabe aos homens resolver.

Problemas que podem agrupar-se da seguinte forma:

— Exigências de eficácia, que passam pela tecnicidade da organi-zação, pelo planeamento, pelos métodos de gestão, pelos recursos finan-ceiros, implicando uma larga subordinação dos homens a todos esses condicionalismos;

— Articulação dessas exigências com os fins e interesses particulares dos mesmos homens, que constituem os elementos dos sistemas, reflec-tindo-se na natureza do trabalho a realizar, nos salários, nos horários praticados, na higiene e conforto e, sobretudo, na sua independência ou subordinação às ordens recebidas;

— Compatibilização dos sistemas entre si e com a dinâmica mais englobante da sociedade em geral, representada pelo Estado.

Trata-se de um conjunto complexo de questões, pormenorizadamente tratadas hoje em diversos cursos universitários e objecto de permanente investigação, que certamente não temos de expor aqui, importando apenas destacar alguns aspectos mais relevantes para o tema que nos propusemos apresentar.

Relembremos que os sistemas oferecem-nos emergências que são como que a essência da evolução mas que, em contrapartida, impõem constrangimentos que não é possível evitar. Está, no entanto, ao nosso alcance atenuar esses constrangimentos e distribuí-los — ou não — mais equitativamente entre os elementos da população.

Deste modo, temos vindo a construir máquinas que realizam os trabalhos mais pesados, melhorámos as condições dos locais onde se exerce a actividade profissional, alargámos as férias, criámos regimes jurídicos para maior salvaguarda da liberdade individual, permitindo igualmente uma maior participação da população na vida pública.

Trata-se, por um lado, de invenções técnicas, que têm a ver com as máquinas e sistemas materiais que utilizamos e, por outro, de invenções que se referem ao modo como os homens vão conviver, implicando com a subordinação de uns a outros e com a distribuição de encargos e de benefícios.

Todas estas questões não ficam resolvidas de uma vez, pois os condicionalismos modificam-se, o que implica reajustamentos permanentes, para se conseguir uma mais correcta integração dos homens nas organizações e destas entre si.

Relembremos também que a evolução social que se desenrolou até ao presente, se tornou as relações interindividuais mais amenas, em virtude do aumento espectacular da produção que permitiu uma elevação geral do nível de vida das populações do mundo ocidental, não alterou a natureza humana, apenas modificando os termos em que a concorrência se realiza e os interesses se confrontam.

Mantêm-se, deste modo, os jogos do poder e as desigualdades, como antes tivemos ocasião de observar, enquanto a generalidade das pessoas, hoje dotadas de conhecimentos mais amplos e de uma experiência social e política mais rica, começa a pôr em causa a bondade dos regimes que nos regem, ou seja, do seu ajustamento aos tempos modernos.

Certamente ninguém porá em dúvida que as possibilidades de melhoria das condições de vida assentam no desenvolvimento científico e nas tecnologias de produção que este fomenta. Mas afigura-se também que os indivíduos, apesar da maior liberdade que — ao menos aparentemente — usufruem, traduzida numa gama muito mais ampla de opções de vida particular, começam a sentir que a sua personalidade se encontra demasiado oprimida pela pressão contínua das organizações que os rodeiam, face às quais pouco podem de relevante, nomeadamente no plano político.

Por um lado, as pessoas dão-se conta de que as desigualdades sociais não deixam de crescer, que as dependências efectivas aumentam os diferenciais de poder, em termos intransponíveis para a generalidade da população. Começa a formar-se a convicção de que as exigências crescentes do conhecimento e a dificuldade de dominar a informação só por poucos podem ser vencidas, não sendo a posse de um curso superior, só por si, que resolve o problema. Com a agravante de que o conhecimento não pode ser facilmente colectivizado ou apropriado — como acontecia com a propriedade —, a criatividade estiola em cativeiro e as revoluções, sempre possíveis, arriscam-se a destruir os complexos processos de produção, enquanto o afastamento dos dirigentes e dos técnicos mais capazes pode lançar a todos na miséria, como a experiência recente de alguns países o comprovou.

Por outro lado, a democraticidade do sistema não é tão extensa como poderia parecer, porque a intervenção da generalidade das pessoas na vida pública é, em aspectos essenciais, mais remota e nem sequer se verifica nos locais de trabalho onde — por motivos técnicos talvez inultrapassáveis — os homens dispendem a maior parte da vida numa pura dependência, por vezes difícil de suportar.

Ao mesmo tempo, as lutas partidárias passaram a revestir características que fazem perder a confiança na isenção de quem governa — ou pretende vir a governar —, constituindo um mau exemplo para as populações pela sua frequente falta de elevação e pela incapacidade de transmitir uma mensagem que inculque o sentimento de autenticidade. Por isso, a gente da rua desconfia do modo como a política é conduzida, da honestidade dos processos seguidos, da possibilidade de ver claro através da opacidade dos discursos e das paredes das grandes organizações. Inclusivamente, sente-se separada dos parlamentares que elegeram e que se regem por princípios que pouco ou nada têm a ver com a defesa dos interesses de quem neles votou.

É certo que, como já ficou referido, a realização periódica de eleições constitui um forte travão para muitas tentações; que a quantidade de pessoas que intervêm na tomada e na execução das decisões tornam os segredos mais difíceis de manter; e que os meios de comunicação social constituem uma fonte importante de informação (mas também de desinformação, o que neutraliza, em parte, os seus benefícios).

Verifica-se ainda que a inadequação das instituições políticas existentes, criadas para outro tipo de sociedades, têm vindo a ser complementadas com numerosas comissões permanentes ou ocasionais, destinadas a resolver muitos problemas com a participação dos interessados, dando mais flexibilidade aos sistemas políticos e administrativos.

Mas tudo isto tem-se revelado insuficiente, pois permanece muita coisa oculta, o poder continua a corromper em larga escala, dispondo também de meios mais sofisticados de acção, multiplicam-se os *lobbies* e a desconfiança cresce. Além disso, o aumento continuado da população e a velocidade da mudança complicam muito a resolução dos problemas, mesmo quando há genuína vontade de os resolver bem.

Por isso, os protestos directos e as manifestações de rua — reunindo, por vezes, dezenas de milhares de pessoas — começam a ser frequentes um pouco por toda a parte, o que significa, precisamente, que muita gente não acredita na fiabilidade das instituições políticas vigentes. E a experiência acumulada mostra que não é possível viver duradoiramente num clima de grande suspeição.

Temos de admitir que mudanças tão acentuadas como as actuais serão sempre acompanhadas de grande turbulência social, mas apesar disso é legítimo perguntar se as instituições políticas existentes poderão permitir uma convivência pacífica por muito tempo, afastando os conflitos internos em vez de os agravar.

O mundo das organizações é muito complexo e a população actual extremamente elevada, o que facilita a irritabilidade e os conflitos. Os sistemas apoderaram-se das sociedades humanas de forma muito envolvente, podendo destruir os homens. Por isso, temos de procurar afanosamente os mecanismos sociais capazes de nos permitir adquirir um domínio suficiente sobre as organizações, para salvaguarda da liberdade possível.

O que exige uma reelaboração teórica profunda, com base mais científica do que doutrinal, onde a criação de novas instituições jurídicas é fundamental.

PARTE III

# A SALVAÇÃO IMPOSSÍVEL

# CAPÍTULO VI

# O MARXISMO

## 1. Origens

Democracia liberal e marxismo foram as duas grandes ideologias do século XX, com uma origem comum no que respeita aos seus valores fundamentais e às transformações político-económicas desencadeadas, mas com desenvolvimentos bastante diferenciados, pondo a primeira a sua maior ênfase na liberdade e procurando a segunda, acima de tudo, a igualdade efectiva entre os homens no seu relacionamento.

O termo socialismo surgiu mais ou menos simultaneamente em França e em Inglaterra entre 1830 e 1840, mas a palavra, nessa época, tinha apenas um sentido vago, ao qual se encontravam ligados os nomes de Louis Reybaud e Robert Owen. Será nos trabalhos de Saint-Simon, Fourier, Louis Blanc, Blanqui, Pierre Leroux e Proudhon que as doutrinas socialistas irão entroncar, na sequência da Revolução Industrial e tendo por base duas razões predominantes: por um lado, o facto de a industrialização acarretar consigo a esperança num aumento de produção que a todos pudesse beneficiar; por outro, a miséria em que vivia a classe operária nessa época, motivo de escândalo e de grande preocupação para muita gente.

Por isso, o socialismo surgiu nesta altura e não antes, dando lugar a uma proliferação de jornais e de literatura operários, ao hábito de pôr os problemas políticos em termos de moral e a um certo idealismo, mas sem que se tenha criado uma consciência de classe, o que não exclui certas tendências para o que mais tarde se virá a chamar o *operarismo*.

O problema do pauperismo atingiu grande acuidade. Alguns tentaram orientar o mundo operário para o cooperativismo, repudiando qualquer intervenção do Estado e da acção política. Outros buscaram o caminho do socialismo de Estado, por intermédio da intervenção na economia nacional. A partir de 1860, a escola chamada de *socialismo de cátedra,* na Alemanha, reclamou uma política social, sob os auspícios do Estado, para lutar contra a pobreza.

Em 1847, é fundada a Liga dos Comunistas e, em 1848, surge o Manifesto Comunista, de Karl Marx, cujo pensamento atingiu grande difusão e apoio, com base em poderosos partidos políticos que suscitavam permanentes ameaças de revolução.

Após 1917, o marxismo-leninismo passa a ser a ideologia oficial da U.R.S.S. estendendo-se depois por numerosos países de todos os continentes.

O problema fundamental do marxismo é o da emancipação humana, com a grandeza e as dificuldades que lhe são inerentes. Aspiração que vem desde os primórdios da história e que preocupou políticos, santos e filósofos. Nesta nova doutrina, a redenção viria através da classe operária, dentro do quadro da industrialização nascente, seu complemento indispensável.

O marxismo apresenta-se como uma concepção global do Homem e do seu destino, como acontecera com outras teorizações anteriores de carácter religioso e filosófico, nomeadamente no campo da filosofia alemã em que Marx se encontrava mergulhado. Concepções de carácter marcadamente subjectivo, sem por isso deixarem de ter a sua aura, como aconteceu com o hegelianismo, uma vez que a ciência não podia oferecer qualquer solução nesse campo.

Sendo fundamentalmente um filósofo, Marx entrou em polémica com os filósofos do seu tempo, como Hegel, Feuerbach, Bauer, Stirner, Strauss e outros. Mas Marx é também um homem apaixonado e generoso que se impressionou vivamente com a sorte do proletariado do seu tempo, que viveu de perto os seus problemas angustiantes, verificou a ineficácia da actuação política no âmbito do liberalismo e sentiu as exigências da acção prática como meio de modificação desse estado de coisas, acção que deveria assentar numa doutrina suficientemente estimulante e convincente. Por isso, Marx elaborou essa doutrina que veio a dominar sobre milhões de pessoas.

De observar que também Marx foi influenciado por Locke e pelos sensualistas franceses, como Condillac e Helvetius, autores imbuídos de moralismo, que afirmavam a igualdade natural da inteligência humana, a bondade natural do Homem e o poder ilimitado da educação.

Mas Marx pretendeu dar aos seus estudos a força da ciência, daí retirando a convicção da inevitabilidade das suas conclusões no que se refere ao desenvolvimento do processo histórico. A nova ciência da história — o materialismo histórico —, utilizando de forma renovadora ideias de outros autores, juntamente com análises próprias, permitiria uma síntese superadora do conhecimento das sociedades, através da qual se podiam compreender as contradições da acção humana e antecipar o futuro do devir social.

Sabemos hoje que tal não aconteceu. Mas vamos apresentar um breve resumo da teoria para, em seguida, nos referirmos às suas dificuldades.

## 2. A teoria

O Homem surge, para Marx, como um complexo de necessidades viradas para a natureza. Essas necessidades só podem ser satisfeitas através dos meios que a natureza coloca ao seu dispor mas que, para serem utilizados, carecem de ser apropriados e transformados pelo trabalho.

Em consequência, o Homem vai produzir-se a si próprio pelo trabalho e pela utilização pessoal dos bens que, através desse trabalho, consegue obter. O desenvolvimento das suas potencialidades depende, por isso, do domínio que conseguir alcançar sobre a natureza, da harmonia do relacionamento que, com ela, venha a estabelecer.

A História humana consistiria, precisamente, num processo natural em que o Homem se desenvolve como ser da natureza que trabalha e produz. Daí que o facto histórico fundamental seja a produção.

Através do trabalho, surgem os objectos que são o produto da actividade do Homem, que existem para ele e que, sem ele, nada significam. Em contrapartida, o Homem não pode subsistir sem esses objectos que se destinam a satisfazer as suas necessidades.

Que acontecerá quando o Homem for desapossado do produto do seu trabalho? Tal facto corresponderá a ser desapossado da sua própria essência: em vez de se produzir a si próprio, em vez de promover o seu próprio desenvolvimento, vai contribuir para a produção dos outros homens, para o desenvolvimento dos outros. Deste modo, deixa de ser um ser em si para se transformar num ser em outro. Diz-se, então, que o Homem fica *alienado*.

A alienação é um dos pontos largamente abordados por Marx e consiste na acção pela qual um ser em si se transforma num ser em outro, nos termos descritos.

Quer isto dizer que os homens, trabalhando em conjunto para produzir os bens necessários à sua subsistência e desenvolvimento, não obtêm todos a parte correspondente ao seu trabalho: uns recebem mais do que outros, porque pertencem à classe dos proprietários dos bens de produção, agora indispensáveis à actividade económica. Bens que se deveriam destinar à satisfação das necessidades de todos mas que, tendo sido apropriados apenas por alguns, permitem que estes explorem os demais.

Deste modo, o Homem opõe-se a ele próprio como homem de necessidade e trabalhador individual face ao homem de classe. Esta situação é interior a cada indivíduo membro da sociedade, seja qual for a classe em que se integre.

Enquanto indivíduos sociais, os homens pertencem a grupos irredutivelmente opostos entre si. Oposição que é correlativa da oposição anterior, existente no próprio ser de cada um.

Mas o significado e a importância da alienação não se circunscrevem à esfera da produção e da vida social, antes se reflectindo em todos os demais campos.

Por isso, as críticas de Marx começaram por incidir na alienação religiosa, uma vez que — segundo ele — a religião serve para manter as contradições existentes na esfera profana, nada fazendo para o impedir. O cristianismo traduzir-se-ia não só na justificação transcendente das injustiças sociais, como serviria para fazer aceitar a desumanidade da condição humana.

Por motivos paralelos, a crítica de Marx volta-se também contra a filosofia, uma vez que esta faz uma análise ideologista das situações, desprezando a realidade. A história não é o movimento da manifestação do espírito-sujeito soberanamente livre, mas um duro combate no seio da natureza que permite ao Homem aceder a uma situação de sujeito que ainda lhe é recusada.

Não basta interpretar o mundo, sendo preciso transformá-lo pela passagem à acção prática, o que põe em causa a própria actividade do filósofo que não pode viver apenas em pensamento, sem contacto com o trabalho manual histórico, pois doutro modo fica dividido entre uma vontade de realismo e o medo da praxis.

Mas tão pouco o Estado e a vida política resolvem as contradições existentes, antes perpetuando a real separação que existe entre o cidadão e o Homem privado, o que faz com que a aparente harmonia do Estado seja enganadora e oculte também uma alienação. Isto porque no Estado existe uma divisão profunda entre classes sociais, levando a que uma delas se aproprie sempre do poder político para oprimir as outras. Daí que a alienação política só possa ser resolvida através da solução da alienação social que lhe está subjacente.

Situações desta natureza têm-se verificado ao longo de toda a história, mas agravam-se consideravelmente com os processos de produção capitalista.

Ao carácter necessariamente social do trabalho humano, contrapõe-se a propriedade privada dos meios de produção, dando lugar ao aparecimento de classes sociais opostas, detentoras de estatutos diferentes e permitindo a exploração de uns homens pelos outros.

Ponto fundamental da análise marxista é também o da afirmação de que «na produção social da sua existência, os homens entram em relações determinadas, necessárias e independentes da sua vontade, em relações de produção, que correspondem a um estádio determinado do desenvolvimento das suas forças produtivas materiais».

Consequentemente, é o grau de desenvolvimento das forças de produção que comanda as relações de produção, sendo a história constituída pela interacção entre estes dois elementos.

As forças de produção encontram-se na base, pois são as relações imediatas do Homem com a natureza, constituídas pelas necessidades e pelas actividades produtivas que se destinam a satisfazê-las. As relações de produção, por seu turno, são as relações sociais no trabalho, correspondentes a essas forças produtivas.

«O conjunto das relações de produção constituem a estrutura económica da sociedade, a base real sobre a qual se eleva uma superestrutura jurídica, à qual correspondem formas de consciência sociais determinadas».

Acontece que, num certo nível de desenvolvimento, as forças produtivas entram em contradição com as relações de produção existentes, o que provoca inevitáveis perturbações sociais.

Isto mesmo acontece com a sociedade burguesa, sobre a qual Marx faz incidir privilegiadamente a sua análise. Sociedade que emergiu da aniquilação da sociedade feudal, que tinha tipos específicos de divisão social. No entanto, ao afirmar-se como nova classe dominante, a burguesia não aboliu as oposições de classe, antes deu lugar a novas classes e a novas condições de opressão que se substituíram às anteriormente existentes. Mas, ao mesmo tempo, simplificou a situação, extremando os campos entre a burguesia e o proletariado.

Marx reconhece que a burguesia nascente constitui um elemento de progresso que, pela primeira vez, demonstrou o que pode realizar a actividade humana. «A burguesia não podia existir sem revolucionar constantemente os instrumentos de produção, donde as condições de produção, donde o conjunto das relações sociais». Votada, pela sua própria dinâmica, a um progresso indefinido, a burguesia vai tentar impor ao mundo a sua unidade e universalidade.

Todavia, ao fazê-lo, gera em simultaneidade outra classe com a mesma vocação universal, embora de sinal contrário: o proletariado.

A burguesia traz consigo, como fenómeno específico, a industrialização, que constitui uma modificação fundamental das forças de produção, com inevitável reflexo nas relações de produção. De facto, a industrialização assenta num processo indirecto de produção que conduz, por um lado, à veloz multiplicação do capital, através da exploração dos trabalhadores, e, por outro, ao aumento extraordinário do proletariado, agora concentrado em unidades de produção cada vez maiores.

A rápida acumulação do capital assenta no mecanismo da *mais-valia,* uma vez que o produto do trabalho tem valor superior ao salário recebido — ainda que se tomem em consideração os demais custos de produção —, o que permite a extorsão de uma parte dos resultados do trabalho e a sua subsequente transformação em novo capital.

Com esta acumulação, o burguês torna-se no homem que tudo tem: riqueza, poderio, família, liberdade e cultura.

O proletário, por seu turno, é o homem espoliado pelo sistema, que não só perde o produto do seu trabalho mas que, para cúmulo, vai permitir que este se transforme em novo capital, ou seja, em instrumento acrescido da sua própria exploração.

Daqui resulta que o trabalho, actividade propriamente humana, que deveria assegurar o domínio do Homem sobre o mundo natural, escapa-se da mão do trabalhador. Este já não executa o *seu* trabalho, mas o trabalho que vendeu e já lhe não pertence. Em vez de sujeito, o trabalhador passa a objecto.

O proletariado apresenta-se, assim, como o inverso da burguesia, como o seu lado negativo, porque nada tem daquilo que esta possui, antes se encontra num estado de despojamento total.

Esta oposição resultou de condições históricas específicas que levaram ao tipo de produção capitalista em que as máquinas surgem como intermédias entre o Homem e a natureza, tendo sido apropriadas pela burguesia, gerando fortes contradições que vão provocar violentos conflitos.

Mas estas contradições, resultantes do modo de produção capitalista, vão ser também necessariamente superadas através do movimento histórico e das suas leis: a lei da diminuição tendencial da taxa do lucro, a lei da proletarização crescente e a sucessão e agravamento das crises económicas.

Por estas vias, o mesmo movimento que permitiu a acumulação do capital levará à sua destruição, pois chegará o momento em que o mercado será demasiado restrito para consumir uma produção crescente — tendente a assegurar as taxas do lucro — face à pobreza e ao consumo limitado das massas, pondo termo ao sistema.

Enquanto esta dinâmica se desenvolve, o proletariado não deixa de crescer e de empobrecer, mas vai-se tornando progressivamente consciente dele próprio como classe, organizando-se e entrando em luta contra a burguesia que acabará por derrotar, através da revolução.

Mas, para tanto, o proletariado necessita, além de uma profunda consciência de classe, de coragem, de entusiasmo, de disciplina, de iniciativa, de maiores conhecimentos e de capacidade para analisar a situação com lucidez.

Toda a acção do proletariado se enquadra também na dinâmica da história. Da conjugação de todos estes elementos, surgirá a revolução dirigida contra os valores e o modo de actividade da burguesia, passando então o poder político para as mãos da classe operária.

Com a tomada do poder político pelos trabalhadores, iniciar-se-á a ditadura do proletariado, mero período transitório indispensável à instauração do verdadeiro comunismo, durante o qual será suprimida a propriedade privada dos meios de produção e a distinção de classes, pelo que não haverá mais dominação de uma classe sobre a outra.

Trata-se de uma ditadura da ciência económica que porá termo a todas as opressões e contradições. Alcançada a fase final, com o verdadeiro comunismo, ter-se-á chegado à expressão mais completa do Homem, deixando a sociedade de constituir um limite ao desenvolvimento da liberdade de cada um, transformando-se na própria esfera de desenvolvimento da personalidade e do crescimento do Homem.

Assim, ultrapassadas as contradições do capitalismo, o Homem ficará não só reconciliado com a natureza, como se encontrará directamente com o outro homem, todos sendo homens sociais, plenamente universais.

Para finalizar este brevíssimo resumo, importa acentuar que a própria revolução é uma consequência inevitável das leis históricas, tal como são apresentadas pela dialéctica marxista.

Se se pede aos homens para, na sua acção, coincidirem com o movimento da história, a fim de realizarem a sua essência, com isso não se pretende fazer apelo a qualquer valor eterno. Trata-se apenas de uma oferta, sem cessar renovada, que faz a história, pois o homem que tomou consciência das contradições em que vive é levado a tentar suprimi-las, fazendo avançar a história. É isto que acontece quando o proletariado se encontra em luta contra a burguesia.

Neste sentido, é sempre o movimento necessário das forças de produção que constitui a realidade fundamental, embora actue também através da acção dos homens.

## 3. Questões de método

O século XX veio trazer, em relação aos precedentes, preocupações metodológicas que se têm vindo a acentuar.

Nos séculos XVIII e XIX, os filósofos e os escritores em geral aceitavam um certo número de princípios deduzidos da religião, da natureza e da especulação filosófica, apresentados por vezes como postulados evidentes em si próprios, em que faziam assentar a elaboração de opiniões ou sistemas pessoais tratando do justo e do injusto, do bem e do mal, ou dos comportamentos humanos, com decisiva influência no campo da moral e da política.

Assim se firmaram, como vimos, os grandes princípios do absolutismo, do liberalismo e do socialismo, que ainda perduram em muitos sectores e determinam os nossos sistemas jurídicos.

Ora, no século XX, passou a haver uma destrinça muito maior entre os métodos científico e filosófico, tornando-se as investigações muito mais exigentes no que respeita à ciência e concentrando-se a filosofia, de modo particular, no domínio da epistemologia.

Como consequência, não é possível tratar como científicas especulações que não se conformem com o método científico, sem prejuízo de se continuarem a elaborar teorias acerca de qualquer assunto, em especial naqueles campos em que a ciência não se pode pronunciar.

O marxismo postula que tudo no Universo se encontra em estado de movimento e de transformação, sujeito a contradições profundas que constituem a base do desenvolvimento.

O pensamento humano, na medida em que reflecte o real, busca a verdade através dessas contradições que são verídicas porque se situam na natureza e não apenas no nosso pensamento.

A análise metódica da realidade vai permitir-nos, pois, detectar não só os elementos contraditórios nela existentes, mas situá-los depois na unidade da mesma realidade, isto é, no conjunto do movimento que se encontra em curso.

Deste modo, a evolução histórica não apresenta um desenvolvimento contínuo, pois resulta, ela também, de uma série de acontecimentos produzidos por conflitos que constituem o modo de ser do movimento histórico, sempre em busca de superação para as suas contradições. Porque assim é, qualquer pesquisa terá de assentar na análise metódica dos elementos da realidade, sem perder de vista a sua unidade intrínseca, resultante do movimento em que se insere e que se nos impõe.

Mas a nossa mente não fica por aqui pois, face a esse movimento, vai antecipar uma síntese na qual esses elementos analisados e contraditórios se integram no seu devir, só assim se podendo compreender os acontecimentos e as suas implicações.

É esta a forma como podemos avaliar não só as situações concretas, num dado momento, mas conhecer também a lei das modificações que ocorrem na história.

Nisto consiste sucintamente o *materialismo histórico,* no qual se integra a análise antes feita, com as oposições existentes entre a burguesia e o proletariado, superadas pelo termo da propriedade privada, dando lugar a uma síntese que será o comunismo final.

O método dialéctico em que assenta o materialismo histórico levanta, no entanto, muitas dificuldades na sua aplicação a ponto de, mesmo dentro do campo marxista, haver autores que dispensam ou afastam deliberadamente a dialéctica, como Kautsky e Bernstein, tendo este último chegado a dizer que tudo quanto Marx e Engels realizaram de notável não o fizeram graças à dialéctica, mas apesar dela.

Para Popper, «a dialéctica é suficientemente vaga e adaptável para explicar tudo e, por isso, também uma sociedade sem classes como uma síntese dialeticamente necessária de um desenvolvimento antitético». Segundo o mesmo autor, «o marxismo é uma teoria puramente histórica, uma teoria que visa predizer o curso futuro do desenvolvimento económico e do poder político e, especialmente, das revoluções». Admitindo que o marxismo seja fundamentalmente um método e não uma teoria, Popper considera que ele não está isento de faltas, acrescentando que se trata de um método muito pobre, não podendo a ciência predizer o futuro com base em rígidos determinismos.

Passando por cima da validade do método — sem esquecer que esta depende também dos resultados obtidos que presentemente se encontram já à vista — podemos dizer que Marx aceitou princípios não confirmados, como o de que a sociedade pode modificar radicalmente os homens e a sua maneira de proceder. Portanto, reorganizada a sociedade — no caso concreto, eliminada a propriedade privada dos bens de produção —, os homens passariam a comportar-se em moldes diferentes, nomeadamente no campo da solidariedade, terminando a alienação e a exploração. Assim aconteceria ao menos com o proletariado inserido no movimento da história.

Hoje sabe-se que, sem prejuízo da sociedade ter uma influência muito grande na personalidade dos indivíduos, o Homem encontra-se geneticamente *marcado* em muitos aspectos e que os caracteres adquiridos não são hereditariamente transmissíveis. Há impulsos ancestrais que poderão eventualmente evoluir, mas não se modificam com facilidade, como vieram a reconhecer os países chamados comunistas, onde há mais de setenta anos foi suprimida a propriedade privada dos bens de produção.

Não podemos esquecer que, quotidianamente, mesmo no campo da ciência, muitas hipóteses formuladas não são confirmadas, ficam ultrapassadas ou são abandonadas. O pensamento científico muda com frequência diante de novas experiências, pois as hipóteses apresentadas carecem de ser confirmadas pelos factos, o que não parece ter acontecido genericamente com o marxismo.

Mas a ciência assenta também em juízos de realidade e, para se acautelar contra possíveis erros, rejeita à partida os juízos *a priori*, as proposições metafísicas e os juízos absolutos de valor. A ciência movimenta-se no domínio do *ser*, procura estabelecer ligações factuais na sucessão dos fenómenos, como forma de determinar as suas leis. Por isso tem de se afastar de afirmações prévias não fundamentadas, bem como do campo do *dever-ser*.

Acontece que os juízos de valor se intrometem nas análises marxistas. No caso da alienação, por exemplo, uma das bases do sistema, segundo a qual o homem explorado deixa de ser um ser em si para se tornar num ser em outro, encontramo-nos em face de uma concepção idealizada do Homem que a análise científica dos factos não consente. O que nós verificámos na natureza é a existência de seres biológicos que procuram sobreviver e multiplicar-se e que, para tanto, uma vezes agridem-se e eliminam-se sem contemplações e outras associam-se para melhor alcançar os seus objectivos, incluindo o de atacarem outros animais ou outros grupos. Os próprios homens assim procedem uns para com os outros, de forma generalizada, mesmo nos dias de hoje e, quando necessário, encontram as teorias adequadas para justificarem as suas atitudes, nomeadamente no domínio da filosofia. Os governos dos países comunistas não procederam de outra forma, quer no plano interno, quer internacional.

Já vimos, aliás, os termos em que é possível pôr o problema da dignidade humana. Nesse enquadramento, o facto de alguns homens explorarem outros e se apoderarem do produto do seu trabalho, traduz--se numa situação que nós podemos analisar nos mais diversos aspectos — incluindo o dos valores genericamente aceites — mas sobre a qual não nos é permitido, do ponto de vista científico, formular qualquer juízo de reprovação, que se traduziria num juízo de valor.

De forma idêntica, tão pouco nos é permitido falar da história em termos de contradições *a superar* numa base valorativa. A natureza mostra-nos processos de equilíbrio de forças que se deslocam e se refazem, produzindo novos equilíbrios tão precários como os primeiros, sem que, do ponto de vista científico, possamos formular quaisquer critérios valorativos.

Por outro lado, numa história que se movimenta através de um confronto de interesses — que o marxismo pretende converter numa luta de classes —, que razões poderão levar alguém a alinhar com os interesses alheios, ou seja, de outra classe, a menos que seja movido por outros interesses mais fortes que importaria descobrir? Haverá quem se prejudique deliberadamente, durante o curto período da sua vida, apenas para aderir intelectualmente ao movimento da história, tal como nos é apresentado?

Cientificamente, nada nos pode levar a afirmá-lo. A solidariedade é um valor que certos homens defendem e praticam e que outros rejeitam. Mas isso nada tem a ver com a teorização marxista. O apelo que se pretende fazer crer que a história nos lança encontra-se em muitos outros lados, desde as religiões aos grupos desportivos e a sua origem tem raízes biológicas e não puramente sociais.

Embora querendo assentar na realidade factual, Marx não conseguiu desligar-se dos princípios filosóficos donde partiu, nem tão pouco dos seus sentimentos pessoais provocados pela situação da classe operária que pretendia redimir. Encontrava-se perfeitamente legitimado para o fazer, simplesmente não com fundamento científico, único aspecto aqui considerado.

Metodologicamente, nem o liberalismo democrático nem o marxismo têm base suficiente para serem classificados como teorias científicas. São apenas ideologias, dotadas de ampla aceitação, o que sociologicamente as justifica.

Todavia, para além dos problemas metodológicos, há outros aspectos — ligados também ao método — que vale a pena apreciar, o que faremos de seguida.

## 4. O cerne do problema

Vamos procurar realizar agora uma apreciação mais alargada da teoria marxista, sintetizando as nossas conclusões nos seguintes pontos:

1.º — Se a produção — como o marxismo afirma — é importante para a realização do Homem, é o acto criativo, porque inovador, que se encontra na base da evolução e do movimento da história. Mesmo admitindo o ponto de partida marxista de que é o grau de desenvolvimento das forças de produção que comanda as relações de produção, não podemos deixar de ter em conta que aquelas se alteram em função das descobertas feitas, das novidades que surgiram e não pelo simples facto do trabalho produtivo.

Por certo que o trabalho produtivo é fundamental mas, só por si, não permite sair da estagnação. Não se sai da miséria reproduzindo forças de produção de miséria, mas criando novos conhecimentos e meios técnicos inovadores. Por isso, a criatividade — que também é trabalho — surge em primeiro plano.

Em consequência, o proletariado nunca pode ser fautor de mudança radical, em especial o proletariado descrito por Marx, pobre, sem cultura, em estado de despojamento. Não quer isto dizer que, entre os proletários, não surjam indivíduos criativos, uma vez que estes aparecem em qualquer meio social, porque a lotaria cromossómica não é classista, embora o seja o ambiente onde se é educado.

Daí que não tenha sido o proletariado a elaborar a nova doutrina da sua emancipação, mas Marx, professor e filósofo, e Engels, industrial culto. Daí também que Lenine, homem eminentemente prático, haja declarado que o movimento operário era incapaz de, por si próprio, conceber uma ideologia revolucionária, tendo ainda afirmado a necessidade de o Partido ser composto pelos elementos mais conscientes.

2.º — Ao lado do conhecimento e da criatividade, surge o problema das organizações, sem as quais presentemente nada se pode alcançar, e que nos surgem como causa de novas alienações e opressões, como atrás explicitámos.

Sem elas, não teria sido possível o surto de desenvolvimento verificado, tendo o próprio Estado crescido de maneira antes insuspeitada. Perante a complexificação social que se verificou, não só o Estado não desapareceu como se desdobrou em novos serviços e multiplicou as suas actividades, especialmente nos países ditos comunistas.

Mais uma vez Lenine — que sentia as exigências da acção prática ao assumir o governo — recusou a entrega da direcção do Estado aos sindicatos, antes entendendo que a classe operária deveria manter-se unida à volta da sua guarda avançada. Perante essas exigências, Lenine como que colocou o marxismo de pernas para o ar, posição em que se manteve até aos nossos dias, uma vez que os Estados ditos comunistas sempre foram altamente centralizados e totalitários.

3.º — Por estas razões, a multiplicação do capital e o enriquecimento da burguesia não resultaram, em primeira linha, da apropriação da mais--valia, mas da acção conjugada do aumento dos conhecimentos e da hábil utilização das organizações, num regime de liberdade de iniciativa e grande criatividade.

A exploração será uma realidade em muitos casos, mas não é o fenómeno mais importante em termos de evolução e de desenvolvimento, o que não significa que a capitalização inicial não tivesse sido indispensável. A verdade é que os países democráticos, onde predomina a propriedade privada, são os que oferecem padrões de vida mais elevados às respectivas populações. Em paralelo, a socialização dos meios de produção não evitou a capitalização inicial — continuando a mais-valia a ser retirada, agora ao nível do poder central —, não impediu o aparecimento de novas classes — com destrinça de rendimentos e privilégios —, nem conseguiu atingir os padrões de bem-estar das sociedades ocidentais, antes atirando os países do terceiro mundo — e não só — para situações de miséria.

Para tanto, contribuiu o facto de a criatividade não se dar bem com a falta de liberdade e com a existência de demasiados controlos. Acontece, ainda, que a socialização da capacidade criativa e do conhecimento não pode realizar-se com a mesma facilidade que a socialização da propriedade, sendo as resistências naquele campo muito mais difíceis de dominar.

4.º — Acresce que o marxismo parece ter ignorado o problema da motivação. As pessoas agem, na generalidade, por interesse próprio e, quando trabalham para si, com resultados imediatos, produzem muito mais.

O egoísmo pode não ser um motivo muito nobre — e, com frequência, as pessoas não o admitem facilmente, em especial quando ocupam cargos elevados —, mas a verdade é que são muito poucos aqueles que procedem com verdadeiro desinteresse.

O problema apresenta particular relevo nos cargos cimeiros das organizações. É certo que o desejo de ascender nas escalas hierárquicas é, em si, bastante forte. Mas as capacidades e o engenho multiplicam-se quando o trabalho de cada um tem reflexos directos e imediatos na sua posição e nos seus proventos, havendo muita gente que gosta de pôr à prova a sua capacidade de iniciativa sem sujeições estranhas.

Encontramo-nos em presença de impulsos ancestrais, ainda não se tendo encontrado forma de alterar esses condicionalismos relativamente à maioria esmagadora das pessoas. Ora, enquanto assim continuar a acontecer, tal facto não pode ser ignorado.

É possível que, mais tarde, surjam homens fundamentalmente dominados pelo neocórtex, cujo conhecimento das exigências dos sistemas seja suficientemente dinamizador, uma vez que lhes permitirá alcançar, num grau mais perfeito, onde se encontra o seu verdadeiro interesse, em confronto com os demais homens, não impondo nem sofrendo constrangimentos desmotivadores. Mas quando chegaremos lá? Até então, impossível se torna teorizar com base num Homem que não existe.

5.º — Por outro lado, pode afirmar-se que a luta de classes não se encontra no âmago da história, pela simples razão de que ela — sendo embora uma realidade — não passa de um aspecto particular de um fenómeno mais geral, que é o poder em sentido sociológico.

171

Na verdade, cada homem tenta dominar o mundo à sua volta pela forma que se lhe afigura mais eficaz, afim de melhor poder satisfazer as suas necessidades e realizar os seus projectos de acção. E fá-lo quer individualmente, quer em grupo. Já vimos que os homens procuram influenciar o comportamento dos outros e que se estabelecem relações recíprocas de poder que, quando desequilibradas, permitem que se estabeleçam situações de opressão.

Mas as lutas não se travam sempre entre dominadores e dominados, mas entre pares, entre concorrentes a objectivos comuns. Conhecemos lutas entre povos, entre reis, entre senhores feudais, entre religiões, entre empresas que disputam mercados, entre dirigentes que pretendem os lugares cimeiros, entre homens que amam a mesma mulher, entre irmãos que querem uma maior quota da herança comum ou do amor dos pais. E nem a mentalidade marxista consegue evitar, no seu seio, as lutas pelo poder, o domínio opressivo sobre os operários ou a subordinação dos povos vizinhos. Por isso as ditaduras existentes nos países comunistas só de nome são do proletariado, uma vez que os trabalhadores se encontram sob o poder das classes tecnocráticas que, entretanto, tomaram conta do Estado.

6.º — Porque o poder se encontra generalizado e as relações de poder se alteram, as sociedades vão passando de um equilíbrio para outro, por processos graduais ou violentos de ajustamento, substituindo-se umas contradições a outras, mas sem que os antagonismos desapareçam definitivamente.

Nem o domínio maior ou menor de uns homens sobre os outros desaparece, nem as opressões se mantêm inalteradas. A evolução social continua imprevisível e cheia de equívocos, de esperanças e de decepções.

Por isso, os regimes ocidentais evoluíram num sentido muito diferente daquele que Marx predissera.

Por um lado, não saberíamos hoje dizer quem constitui o proletariado: se o circunscrevermos apenas aos trabalhadores manuais e indiferenciados, trata-se de uma minoria sem relevância significativa; se quisermos alargar a margem de enquadramento, teremos de incluir a quase totalidade da população activa, numa ampla diversificação que não se compadece com o dualismo simples dos exploradores e dos explorados, dos proletários e dos capitalistas. Até os cargos políticos e a própria direcção das grandes empresas se encontram predominantemente não nas mãos dos detentores do capital mas de indivíduos contratados, dotados dos conhecimentos indispensáveis à gestão de tão complexos sistemas.

Por outro lado, o acesso à cultura generalizou-se, os níveis de vida aumentaram extraordinariamente, a liberdade é muito mais ampla e a generalidade da população dispõe do direito de voto. No domínio das relações de trabalho, criaram-se instituições completamente novas para a resolução dos conflitos, deu-se maior participação aos trabalhadores na abordagem dos seus problemas e surgiu o Estado-Providência com os seus esquemas sociais. Desta evolução — que antes analisámos —, não resultou a pauperização do proletariado, nem o seu aviltamento, nem tão pouco a sua oposição violenta à burguesia, porque o proletariado emburguesou-se.

Como evidência do sinal da evolução ocorrida nos países ocidentais, apesar da periódica realização de eleições livres os partidos comunistas munca ascenderam ao poder. Em contrapartida, nos países ditos comunistas, durante muitas décadas não se realizaram eleições livres, certamente com receio dos resultados que daí poderiam advir, mesmo após sessenta anos de ditadura do proletariado. E, quando tal aconteceu, confirmou-se a justeza desses receios.

A ocidente como a oriente, as grandes preocupações dos dias de hoje situam-se no campo da racionalização e da eficácia das estruturas sociais, face à rápida sucessão das inovações científicas e tecnológicas, o que exige qualificação, organização, informação e cooperação, em termos que não se espera que venham a acabar com todos os antagonismos mas impõem a busca de novos equilíbrios.

Para além de tudo isto, pode dizer-se que a análise dialéctica, mesmo dentro do seu próprio campo, não foi levada até aos últimos limites, uma vez que as contradições não se encontram apenas na sociedade ou dentro do homem como ser de necessidade e trabalhador individual face ao homem de classe.

O Homem encontra-se dividido nos impulsos que brotam dentro do seu próprio ser e, por isso, não há homens *bons* e *maus,* sendo todos os homens simultaneamente ambas as coisas. Tudo agravado pela ignorância, ainda importante, que rodeia os fenómenos mais profundos da psicologia humana.

As contradições são genéticas e sociais e têm carácter evolutivo. Pode ser mesmo que se encontrem mais radicalizadas do que geralmente pensamos, a seguir a sociobiologia.

O marxismo teve a sua aura numa época em que as ideologias dominavam. É possível que a sua apresentação como ciência tenha contribuído também para esse resultado, mas não será daí que lhe adveio a sua maior força.

O que projectou o marxismo como doutrina salvífica foram os seus ideais de justiça, de libertação e de transcendência e talvez também a oportunidade que oferecia a muitos para satisfazerem os seus sentimentos de vingança.

Poderíamos tentar saber qual a percentagem de marxistas que têm um conhecimento razoável da respectiva doutrina, que leram Marx, Engels e Lenine ou, pelo menos, alguns trabalhos sérios a este respeito. Como poderíamos averiguar quantos cristãos leram o Velho e o Novo Testamento e fizeram uma análise consciente da sua religião. Certamente, num caso e noutro, ficaríamos decepcionados com os resultados.

A realidade é que o cristianismo fez o seu caminho insurgindo-se contra a situação dos mais desprotegidos e prometendo-lhes a libertação e a felicidade, ao menos num outro mundo que se encontrava, no entanto, aparentemente ao seu alcance. Nessa ocasião — e por muitos séculos ainda — o conhecimento científico e as potencialidades económicas ainda nem sequer deixavam entrever a possibilidade de melhorias significativas nas condições de vida das populações, o que afastava qualquer hipótese de promessa generalizada de felicidade na Terra. Daí a natural projecção das promessas para um mais além onde, todavia, a justiça não deixaria de ser feita.

Com o advento da industrialização, o cristianismo não se apercebeu imediatamente das profundas transformações dos tempos, vendo-se, de repente, ultrapassado pela democracia liberal e pelo socialismo.

É nesta perspectiva que o marxismo surgiu, fazendo apelo aos mesmos *sentimentos* humanos, mas apontando deliberadamente para a realização da felicidade na Terra, num prazo ainda indeterminado mas suficientemente próximo para mobilizar as vontades. As desigualdades sociais resultantes da acumulação da riqueza e as duras condições de vida do proletariado de então eram bem patentes e favoreciam todas as reivindicações assentes nas expectativas que a própria industrialização trazia consigo. O marxismo concentrou-se nestes aspectos com toda a sua força e, tal como o cristianismo, obteve não só larga adesão das massas — em especial onde as condições de vida eram mais precárias e o meio social menos estruturado — como o entusiasmo dos intelectuais talvez mais generosos.

O marxismo implantou-se sempre pela força em diversos países, na sua primeira fase de ditadura do proletariado, nunca tendo passado daí. A ditadura do proletariado deveria constituir um mero período transitório, uma vez que se tornava imperioso, antes de mais, criar um novo tipo de sociedade, formando os homens, protegendo-os, no começo, do contacto pernicioso dos países capitalistas e dos resquícios burgueses existentes dentro das próprias fronteiras. Situação de dureza justificada pelos fins meritórios a atingir: a dignificação do Homem e a constituição de sociedades fraternas, solidárias e desalienadas.

Mas cedo começou a tornar-se difícil aceitar que a dignificação do Homem tivesse de passar pela humilhação, subordinação incondicional e esmagamento de milhões de outros homens, à sombra da orientação *infalível* de uns poucos, dos quais passou a derivar todo o poder.

Os factos confirmaram os receios existentes. Tendo sido eliminada a propriedade dos meios de produção e afastadas, de forma definitiva, as anteriores classes dominantes, nascidas e educadas novas gerações dentro da ditadura do proletariado, verificou-se que outras classes sociais tinham surgido — embora mais abertas —, com os seus privilégios e métodos de domínio bem estabelecidos, renovando oposições e conflitos.

Ao longo de todo este tempo, não se confirmou a igualdade dos homens, a sua bondade originária nem a possibilidade de mudar radicalmente os comportamentos por via social, enquanto a busca forçada de uma maior igualdade comprometia todas as veleidades de maior liberdade. Procurando forçar os homens a ser aquilo que não podiam ser, utilizaram-se terríveis coerções, que nem o capitalismo mais exacerbado ousara impor. Em nome dos trabalhadores, estes foram gravemente violentados, continuando a manter-se de forma dura a destrinça entre governantes e governados. Ao mesmo tempo, perdeu-se toda a liberdade de pensamento, de consciência e de religião, sendo obrigatório alinhar por um padrão único, imposto por cima.

No entanto, não foram estas violências que conduziram, directamente, à condenação do marxismo, mas sim a sua ineficácia no domínio económico, pois a falta de liberdade repercutiu-se negativamente no plano criativo, na capacidade de gestão e na motivação para o trabalho, retirando flexibilidade e rápida capacidade de actualização à economia.

Em contrapartida, não se verificaram as previsões de Marx em relação às crises que haviam de destruir o capitalismo, antes acontecendo que as sociedades ocidentais avançaram de modo imparável no caminho da modernização e dos aumentos de produção, estabelecendo padrões de consumo e de bem-estar nunca imaginados.

A prova estava feita. Por isso, assistimos hoje à tentativa de reconversão dos países de economia socialista, em busca de maior eficácia.

É curioso lembrar, a este respeito, alguns dos aspectos da *Perestroïka,* de Michail Gorbatchov, publicada já em 1987:

— Num livro de 280 páginas, apenas cinco vezes se fala em Marx e de passagem;

— A palavra *comunismo* raras vezes aparece, sendo genericamente utilizado o termo *socialismo;*

— Como grande doutrinador — não era possível afastar todos de uma vez —, invoca-se Lenine, o homem que, para efeitos práticos, pusera o marxismo de pernas para o ar, em nome da eficácia da governação, afirmando-se, no entanto, que terá de ser lido hoje *em termos actualizados;*

— Aceita-se a insuficiência económica do sistema, tal como a situação da época o revelava;

— Defende-se a competição económica e entende-se que o montante dos salários deve depender dos lucros;

— Considera-se indispensável tomar em linha de conta os interesses pessoais, sem o que nada provirá do esforço individual e a sociedade só terá a perder com isso; toma-se como imperativo procurar um equilíbrio dos interesses;

— Afirma-se que a prática muito disseminada do igualitarismo tem sido uma das principais aberrações das últimas décadas e que o socialismo nada tem a ver com o igualitarismo; o socialismo soviético não é comunismo;

— Reconhecem-se os benefícios e privilégios que foram estabelecidos pelo Estado, na base da quantidade e da qualidade do trabalho socialmente útil, com destaque para os cientistas, académicos e escritores;

— Faz-se um permanente apelo à democraticidade e à transparência das situações, embora em termos condicionados.

Em larga medida, a modernização preconizada neste livro aponta para objectivos de há muito correntes nos países democráticos, embora se afirme a manutenção dos princípios fundamentais do regime.

Já então não se podia fugir à formulação da seguinte pergunta: se este novo programa de acção resultasse, sobreviveria o socialismo marxista na U.R.S.S.? Ora, entreabertas as portas, tudo evoluiu com uma rapidez que ultrapassou todas as previsões.

Houve a esperança de nos encontrarmos em presença de uma experiência do maior interesse, da busca de uma terceira via resultante da reestruturação de uma sociedade de colectivização total mediante a aplicação de métodos modernos de gestão num clima de democraticidade, embora não pudéssemos esperar que fosse ainda por esta via que iria surgir o tão desejado Homem novo. Mas o caminho que acabou por ser seguido parece ter posto termo a esta expectativa.

Se o marxismo se encontra em franco declínio, tal não significa que o capitalismo se mostre liberto de ameaças, atendendo aos excessos que em seu nome se têm cometido e continuam a cometer, quer no plano da natureza, quer da concorrência desenfreada com que se procuram resolver os problemas económicos. Ao que se soma uma certa mentalidade tribalista de desagregação social.

Quando poderíamos pensar que a humanidade apostaria mais na ciência e no pragmatismo, surge uma nova vaga *emocional,* de cariz marcadamente biológico e ancestral, mostrando-nos que as ideologias não vão ceder o passo à razão e continuam a constituir uma atracção permanente para o espírito humano, sob as mais variadas formas.

O marxismo foi um motivo de fé e de esperança para muita gente. Mostrou que não estava à altura das expectativas que nele haviam sido postas. Todavia, *os sentimentos* que impeliram Marx a travar o seu veemente combate em defesa da solidariedade entre os homens, esses não desapareceram e é muito provável que se situem geneticamente na linha de evolução, voltando a reaparecer por outras formas.

Nem os homens desistem de alcançar a sua realização pessoal, nem a capacidade criativa se encontra esgotada. E seria a todos os títulos desejável que o Direito não ficasse fora desta problemática.

PARTE IV

# A PROBLEMÁTICA DO DIREITO

CAPÍTULO VII

# NATUREZA E FUNDAMENTOS DO DIREITO

## 1. A sociedade, as leis e o Direito

A palavra *Direito* abarca um amplo conjunto de factos e de ideias que se situam em diversas esferas do conhecimento e são objecto de vários ramos de estudo, o que torna difícil a sua conceitualização, não sendo de estranhar que juristas e não juristas divirjam ao pretender circunscrever o seu âmbito.

Já S. Tomás de Aquino dava como habitual que as palavras fossem desviadas da acepção em que primeiramente tinham sido usadas, para terem outra significação, o mesmo acontecendo, segundo ele, com a palavra *Direito*. E acrescentava: «Foi utilizada primeiro para significar a coisa justa em si, depois designava a arte de discernir o justo; em seguida o lugar onde se faz justiça, como quando se diz que alguém compareceu em justiça; finalmente a sentença, mesmo iníqua, proferida por aquele que está encarregado da fazer justiça».

Para Cabral de Moncada, a palavra *Direito* significa «em todas as línguas neolatinas o mesmo que a posição tida como correcta, isto é, direita, de uma coisa com relação a outra ou outras, em oposição àquilo que é torto». «Chama-se-lhe também, se olhado o direito na sua objectividade social histórica, lei, norma, regulamentação de certas relações sociais». No entanto, para este professor, «nem todas as leis, normas e regulamentações das relações sociais são abrangidas pelo conceito de Direito. Este só abrange aquelas leis, normas e regulamentações sociais cujo fim é realizar e garantir três coisas: uma certa ordem, na compreensão do bem comum de todos e de cada um; um certo mínimo de moral, chamado o «mínimo ético»; e, acima de tudo, uma ideia de justiça, interpretadas todas estas ideias em harmonia com determinada concepção fundamental das relações entre o indivíduo e a comunidade e geralmente tuteladas essas relações pela autoridade pública do Estado». O conceito mais corrente de Direito, encarado no seu aspecto objectivo, seria o seguinte: «conjunto de normas reguladoras da vida social, de qualquer modo, efectiva ou eventualmente garantidas por meio de uma acção coerciva do Estado. Nisto, sobretudo nesta eventual coacção, essencialmente se distinguem as normas de Direito de todas as outras normas sociais, tais como as de moral, de religião, de simples cortesia, etc.».

Por seu turno, Ferrates Mora escreve que «por algo que se encontra dentro do direito entende-se (...) o que está de acordo com uma regra, o que a acata e cumpre sem desvios, rodeios ou oscilações». Acrescenta que, «para alguns, o que é de direito é o que é justo; outros afirmam a independência mútua da justiça e do direito, e outros, finalmente, chegam a subordinar a justiça ao direito, sustentando que algo é justo porque se ajusta ao direito».

Considerando o que estes e outros autores afirmam e tendo em consideração a evolução histórica, tal como a conhecemos, podemos dizer que no seu sentido original, o *Direito* teria sido o comportamento que se encontrava de acordo com as normas existentes dentro do grupo. Num segundo momento, a palavra terá abrangido também as próprias normas que estabeleciam o comportamento tido por correcto. Posteriormente, virá a incluir tudo quanto respeita à elaboração e aplicação das normas, embora limitado ao campo das normas emanadas do Estado ou por este sancionadas.

Na actualidade, Karl Larenz, circunscrevendo-se à chamada *ciência do direito,* escreve que, com esta expressão, «entende-se (...) aquela ciência que se confronta com a solução de questões jurídicas no contexto e com base em um ordenamento jurídico determinado, historicamente constituído, ou seja, a tradicionalmente chamada jurisprudência».

Deixando para mais tarde uma possível definição do *Direito,* admitiremos, provisoriamente, que o *Direito* abarca aspectos tão variados como a lei, o Estado, a produção legislativa, a doutrina, a jurisprudência, o poder e a justiça.

Entretanto, vamos fazer um breve apanhado do que os homens têm pensado acerca do *Direito* ao longo dos tempos, reflectindo, aliás, a evolução do pensamento em geral, como seria de esperar, uma vez que o *Direito* não surge desgarrado da sociedade do seu tempo.

Quando os homens começaram a debruçar-se sobre estas matérias, estabeleceram um paralelismo estreito entre as leis da natureza e as leis da cidade, uma vez que umas e outras se lhes apresentavam como *dados* imperativos e inafastáveis, cuja origem se perdia nos tempos. Nas sociedades primitivas não havia sequer legisladores nem juristas, os costumes sedimentavam-se ao longo dos séculos e tudo devia parecer perfeitamente consolidado.

Por outro lado, o indivíduo não tinha autonomia face ao grupo, sem o qual a vida era impossível, o que contribuía para uma unidade societal que se confundia com a imutabilidade do próprio cosmos. Por isso, se designou esta maneira de pensar como concepção cosmológica do direito natural, ou jusnaturalismo cosmológico.

Quando o pensamento conceitual se desenvolveu — embora ainda dentro de uma sociedade fechada —, esse modo de ver as coisas modificou-se gradualmente, conduzindo à diferenciação entre as leis da natureza e as leis da cidade e ao reconhecimento da variabilidade destas.

Logo nessa altura se estabeleceu, contudo, uma diferença fundamental de entendimento do cosmos e da vida, a qual deveria permanecer até à actualidade: por um lado, os que pensam que as leis humanas nada mais traduzem do que a vontade dos homens, resultando da imposição dos mais fortes ou dos interesses do grupo e desligadas de qualquer transcendência, surgindo o Homem como a «medida de todas as coisas»; por outro, aqueles que viam o cosmos animado pelo *espírito,* pela razão ou por Deus que o criara, mantinha e modificava, havendo que estabelecer qual a relação entre esta Realidade e as leis produzidas pelos homens.

A aceitação da existência de um Criador, de cujo espírito os homens participam, acarreta consigo a admissão da existência de valores eternos com os quais os homens devem procurar conformar-se através das suas condutas virtuosas e do direito positivo que criam para as sociedades onde vivem. O Direito, reportando-se a Deus, comanda o próprio Homem e limita a sua acção em favor do bem comum e da justiça. O reconhecimento dos valores eternos tem lugar através de uma revelação ou da própria razão humana, onde aqueles se encontram como que gravados.

Mas, a não aceitação da existência de um Criador não afasta a admissibilidade de um direito natural, limitativo do arbítrio dos homens, pois esse direito pode derivar directamente da própria natureza do Homem ou ser encontrado na natureza das coisas, quando perscrutada pela razão, à qual tais princípios se apresentariam como evidentes, tal como acontece com a matemática e a geometria.

Deste modo, para o Homem racional, descobrir o *ser* ou descobrir o *dever-ser* traduz-se sempre em procurar uma justificação racional. Trata-se de encontrar princípios inatos da consciência e que, como tais, são independentes da experiência. Por isso mesmo, o direito definido por esta via continua a ser direito natural.

Porque a natureza humana é comum a todos os homens, ou porque a natureza, em geral, se encontra marcada por determinismos eternos, os princípios de direito natural seriam idênticos em todos os tempos e lugares, neles devendo o direito positivo buscar a sua inspiração.

Numa modalidade, tais princípios incorporariam valores coevos ao aparecimento do Homem; noutra, esses valores não se encontrariam ainda realizados, mas pertenceriam ao futuro, como projecção das potencialidades espirituais do Homem, o que significa que não estariam «fixados» desde todo o sempre, antes se realizando, de modo mais ou menos grosseiro, através das diferentes legislações, tendendo a aperfeiçoar-se e a concretizar-se gradualmente através da acção de todos, orientada pela justiça. Estaríamos assim perante um direito natural *em devir,* a materializar no futuro.

Em qualquer dos casos, encontramos duas ordens de direito: uma, de carácter ideal, na qual nos devemos inspirar, *intuindo* as realidades fundamentais da existência; outra, positiva, traduzida nas leis concretas de cada ordem jurídica.

A admissão de um direito natural é uma atitude filosófica, integrada na especulação geral acerca do mundo e da vida, dando lugar a conclusões divergentes no campo da elaboração dos valores fundamentais que estariam na sua base. Bastará dizer que S. Tomás de Aquino, na sequência de Platão e de Aristóteles, considerava a escravatura de direito natural, embora procurasse salvaguardar a dignidade do escravo.

Estes resultados contraditórios que traduzem um subjectivismo grande, consequência dos tempos em que os filósofos vivem e da personalidade de cada um, não são de molde a preocupar aqueles que procuram para o direito natural uma concretização futura, uma vez que as discrepâncias existentes tenderiam a ser superadas com o tempo e o esforço construtivo, em permanente tensão.

Em contraposição com as correntes defensoras do direito natural, encontra-se o positivismo jurídico, que se integra no positivismo filosófico e procura aplicar às ciências sociais os métodos das ciências naturais, ou seja, o método científico. Afastadas as proposições metafísicas, o direito vai reconduzir-se às normas positivas, formuladas pelo Estado, cujos valores são definidos pelo próprio sistema e, por isso, variáveis no tempo e no espaço. O positivismo parte de um facto — a lei —, sendo com ele que vai preocupar-se.

Este modo de pensamento encontra — mais uma vez —, as suas raízes em alguns pensadores gregos, tendo ganho agora nova pujança com os resultados alcançados pelo método científico, daqui derivando a chamada *ciência do direito* que se impôs a todos os estudos jurídicos.

Em paralelo, a sociologia — que também procura movimentar-se no campo científico — defende que as normas jurídicas não constituem o *facto* básico do Direito, uma vez que encontram a sua origem e fundamentam a sua legitimidade na convivência social. Por isso, é no concreto viver em comum que teremos de procurar o cerne e as raízes do direito positivo que, sem elas, não tem explicação. Isto sem prejuízo de as estruturas jurídicas, por seu turno, constituírem também, num segundo momento, parte desse viver em comum, passando a influenciar, desse modo, a subsequente produção do direito.

Nesta linha, não podemos pensar que o direito positivo seja o ordenador da vida social, sendo antes a sociedade, com as suas necessidades e interesses, que determina o direito.

Ainda dentro do positivismo sociológico, situa-se o marxismo que destaca, de entre os factos sociais, os de carácter económico como sendo os decisivos na criação do direito. Os sistemas jurídicos apenas traduziriam as estruturas económicas que se lhes encontram subjacentes embora, uma vez mais, passando a ter, por sua vez, influência no próprio processo económico.

Em resumo, o *Direito* tem sido fundamentalmente concebido de duas maneiras: como ideia ou criação do espírito que procura moldar a realidade de acordo com valores metasociais; como um facto que mergulha na realidade social e se impõe, de seguida, à consciência.

No primeiro caso, movimentamo-nos no do domínio da filosofia, numa base teísta ou meramente racional; no segundo, caímos no campo da ciência ou, pelo menos, dela procuramos aproximar-nos, quer pensemos na ciência do direito, quer na sociologia.

As diferentes concepções do Direito manifestam-se no sentido de que este integra uma ordem que preside à vida da sociedade e a tutela. A partir daí, surgem divergências relativamente a questões como as seguintes: — se existe um direito natural; — se o direito prossegue, ou não, a realização de valores transcendentais; — se o direito se encontra, ou não, dirigido à realização da justiça; — se a coersividade é, ou não, um elemento indispensável à existência de um verdadeiro direito.

De acordo com a orientação que temos vindo a seguir, não parece possível aceitar um direito natural decorrente da vontade divina e constituído por valores eternos claramente definíveis — quer se reportem ao passado, quer ao futuro —, porquanto: não se encontraram ainda fundamentos suficientes para firmar tais valores, variando o seu conteúdo com os autores, o que manifesta grande subjectivismo; nada permite concluir que exista uma linha identificável de evolução que conduza a uma progressão dos valores ao longo do tempo.

Já falámos no caso da escravatura, mas muitos outros se podem facilmente referir, como seja: nas sociedades pretéritas, admitiam-se sem ambiguidades as desigualdades sociais, enquanto hoje o mesmo não acontece, ao menos nos países ocidentais; antes, aceitava-se a sujeição de uns povos aos outros, e agora vigora o princípio da autodeterminação; no campo da constituição da família, do divórcio e da sexualidade em geral, tudo sofreu modificações profundas, que não podem classificar-se claramente como um progresso.

Como já analisámos, a experiência mostra que, pertencendo o normativo ao campo do dever-ser, a articulação das normas com a realidade social vai fazer-se de acordo com os condicionalismos de cada caso concreto, o que retira universalidade ao modo como cada sociedade resolve os seus problemas e fixa os seus valores.

Por idênticas razões, poderá dizer-se que não é admissível um direito natural baseado na razão humana ou na natureza das coisas, se se lhe quiser dar também um carácter universal, sem prejuízo das situações semelhantes que se podem encontrar.

No entanto, é possível analisar o problema de um modo um tanto diferente. Na realidade, embora no domínio da biologia não existam *direitos,* há no entanto *necessidades* fundamentais para a sobrevivência dos indivíduos que carecem de ser satisfeitas, pelo que todos desejam dispor dos bens para tanto indispensáveis. Trata-se de duas afirmações factuais que não parece levantarem discussão.

Deste modo, todos podem estar de acordo em que a satisfação das suas necessidades, decorre *naturalmente* da estrutura biológica dos seres vivos, o que corresponde a uma tendência generalizada no campo das sociedades contemporâneas.

Simplesmente, o fenómeno natural não se esgota aqui, pois a natureza apresenta-nos um enquadramento mais complexo do que este. Por um lado, os animais carnívoros alimentam-se de outros animais, o mesmo acontecendo ao Homem. Por outro lado, os bens sempre foram escassos, isto é, insuficientes para satisfazer as necessidades de todos os homens. Ora, como vimos, face a essa escassez os homens tendem a satisfazer prioritariamente as necessidades próprias, com prejuízo da satisfação das necessidades dos outros. Como uns homens são mais fortes do que os outros — qualquer que seja a origem da sua força —, são as necessidades dos primeiros que prevalecem.

186

Daí o poder perguntar-se se, no plano natural, há uma tendência para a satisfação das necessidades de todos ou se os fenómenos da escassez e da concorrência daí decorrentes traduzem outra orientação: o desenvolvimento prioritário dos indivíduos mais bem dotados. Como se sabe, ambas as posições têm sido defendidas.

Deste modo, não é fácil, mesmo por esta via, fundamentar o princípio de que todos deveriam poder satisfazer de igual modo as suas necessidades, incluindo a de auto-realização, o que poderia significar que os homens não têm todos a mesma dignidade nem os mesmos direitos, no campo social.

Sabemos apenas como as coisas efectivamente se passaram até ao momento, o que não nos permite assentar numa orientação definida, antes apontando na direcção de que a dignidade possível é algo que tem de se conquistar e de se defender a todo o momento, como aconteceu e continua a suceder.

Actualmente, os valores *jurídicos* prevalecentes correspondem às aspirações da generalidade dos homens e tendem a manter-se nos regimes democráticos. Mas a realidade social não se harmoniza inteiramente com os princípios, porque — como vimos — os valores *juridicamente* afirmados não são os únicos existentes e, por conseguinte, não nos contam toda a história. Ao lado deles, e com muito maior força, predomina o interesse próprio, nas suas diversas manifestações: poder, riqueza, prestígio, desejo de privilégios, afirmação pessoal.

A democracia não mudou a natureza humana, apenas modificou os condicionalismos em que se digladiam os interesses contraditórios. Por isso, a maioria dos homens não está disposta a prescindir voluntariamente das suas vantagens — sejam quais forem — para atenuar as desigualdades de facto existentes, como a experiência quotidiana comprova.

Por tudo isto, as situações factuais existentes continuam a depender da dinâmica que se estabelece entre as forças em presença e não se conformam com critérios de justiça pré-estabelecidos.

A afirmação da igualdade dos homens em dignidade e em direitos tem, no entanto, uma grande vantagem de ordem prática: mantém permanentemente aberto o processo de revisão das desigualdades existentes, havendo que ter em atenção que tal faculdade tanto pode jogar num sentido como no outro. Tal posicionamento corresponde ainda às promessas de abundância que a civilização industrial nos trouxe, promessas, todavia, que não se encontram inteiramente cumpridas, o que faz com que a escassez e a concorrência se mantenham activas, patenteando o permanente desequilíbrio das forças em presença.

Nem sequer é fácil admitir que haja um desejo amplo no sentido de uma generalização da liberdade e do bem-estar porque — embora tal não seja expressamente admitido — há muita gente que só se sente bem quando se distingue dos outros, quando goza de privilégios muito seus, quando pode afirmar a sua personalidade de modo notório, mesmo que se limite a oprimir um familiar qualquer.

Para essas pessoas, mesmo quando se proclamem campeões da liberdade e da igualdade, tais valores justificam-se porque elas os afirmam e os outros as aplaudem. Mesmo admitindo, à partida, um consenso sobre o bem-estar geral, importaria averiguar o que aconteceria quando, para alcançar esse propósito, se colocasse em causa o bem-estar próprio, como antes referimos.

Recordemos que os valores do cristianismo eram já definitivos quanto ao amor ao próximo. No entanto, os grandes teólogos, bons conhecedores da natureza humana, não se deixaram iludir com a possibilidade do cumprimento integral de tais princípios. Por isso, São Tomás distinguia o necessário do supérfluo, devendo este ser disponibilizado para ajudar os mais carecidos. O necessário seria o estritamente indispensável para viver. Mas ao necessário absoluto juntava-se o necessário relativo, ou seja, o indispensável não já a qualquer indivíduo da espécie humana, mas a determinada pessoa para exercer decentemente a sua profissão, sustentar a família e *manter a sua posição social.* Neste aspecto, é evidente que havia margem para muita coisa. Mesmo assim, sabemos como os valores cristãos nunca foram genericamente aplicados.

Não podemos pensar que tenha ocorrido significativa mudança na maneira de proceder dos homens. Os condicionalismos sociais é que efectivamente se alteraram, dando lugar a uma mudança nas práticas adoptadas e nos princípios proclamados.

Tendo presente tudo quanto ficou antes explicitado, poderemos dizer o seguinte:

— O direito tem raízes que mergulham na constituição da matéria, uma vez que se apresenta como ingrediente essencial dos sistemas, base de toda a organização e evolução que começou com o *big bang.*

— Este factor encontra-se particularmente explicitado no campo da biologia, cujas analogias com as sociedades humanas são flagrantes, sem com isto se pretender adoptar uma posição reducionista, uma vez que ficou claramente explicitado que, com o Homem, nos encontramos num patamar diferente do processo evolutivo, com características específicas que antes não existiam.

— Deste modo, o direito tem manifestamente uma base *natural,* pois traduz uma exigência da natureza a que não nos podemos furtar. Mas, tal como acontece com os demais aspectos da actividade humana — a linguagem, por exemplo —, o Direito pode ter conteúdos diferentes que se traduzem em formas específicas de organização social. Portanto, se o direito é um imperativo biológico, o mesmo não acontece com as formas concretas como se exprime no tempo e no espaço.

— O direito é inseparável dos interesses e dos valores, eles próprios de origem biológica, mas também marcados pela variabilidade e relatividade dos sistemas sociais em que se integram.

— Só artificialmente se podem separar as normas dos interesses e dos valores dos indivíduos pertencentes a uma sociedade concreta. Tal pode, no entanto, acontecer quando nos encontramos em presença: — de uma ideologia; — de uma teorização jurídica dominada por preocupações fundamentalmente lógico-formais. Num caso e noutro, as consequências podem ser desastrosas ou, pelo menos, prejudiciais.

— O direito não domina os valores, os interesses ou as instituições sociais, antes interage com todos eles, de acordo com as forças sociais existentes.

— A justiça não é um ingrediente que se encontre imperativamente ligado ao direito. Mas, embora o conceito de justiça seja também relativo, encontra-se normalmente presente através da confrontação dos interesses que se manifestam e das aspirações existentes nos elementos do grupo com menor capacidade de acção.

— As normas podem, ou não, incorporar preocupações de justiça, mas têm sempre preocupações de eficácia, ao menos na salvaguarda dos interesses dos indivíduos ou das classes dominantes.

— Não se pode dizer que o direito nada tem a ver com um sistema jurídico totalitário que traduza as relações de força existentes em determinado momento. Poderá, no entanto, ser declarado injusto, de acordo com valores não integrados nesse sistema.

— Todas as normas traduzem padrões de comportamento que se pretende sejam acatados pelos membros do grupo a que o sistema jurídico se reporta. O que não impede a possível existência de forte oposição dentro deste grupo — tal como é apresentado — e que o sistema possa ser derrubado pela força, perdendo a sua validade.

— Os sistemas normativos constituem uma exigência primeira das sociedades, mas isso não significa que seja o direito a comandar o processo de evolução social, mas antes a confrontação dos interesses e os valores que se formaram, sendo desse conjunto que brotam as normas. Entende-se que a confrontação de interesses envolve os jogos de poder e as forças reais que lhes estão subjacentes.

— A ciência do direito é um aspecto circunscrito e limitado do fenómeno *direito,* decerto importante, mas não principal.

— A coersividade pode exercer-se da forma mais variada e, mesmo no caso das normas emanadas do Estado, pode revestir carácter político e não estritamente jurídico.

Se as normas são indispensáveis ao funcionamento das sociedades humanas, como de quaisquer outros sistemas, se elas visam sobretudo a eficácia do funcionamento dessas sociedades — na qual se inclui a harmonização dos interesses — tais normas têm de ser procuradas pela razão humana, trabalhando com programas abertos, dependentes das características dos homens e do meio em que estes vivem.

A origem do direito encontra-se, pois, na natureza e toma forma através da razão e em conformidade com o modo de ser biológico dos homens e as características do meio onde a acção decorre.

Poderemos, assim, dizer que o *Direito* — em sentido amplo — abrange toda a actividade concernente à elaboração e aplicação das normas que regulam o funcionamento das sociedades humanas, bem como o resultado dessa actividade, traduzida nas próprias normas, nas decisões tomadas ao seu abrigo e na execução dessas decisões.

Em sentido estrito, e de acordo com os possíveis objectos e métodos de trabalho dos diferentes ramos de estudo, podemos definir o *Direito* com a amplitude que se entender mais conveniente, o que implica sempre uma grande dose de arbitrariedade.

Compreende-se, por exemplo, que nas sociedades modernas e para efeitos práticos, se circunscreva o Direito apenas ao campo das normas emanadas ou reconhecidas pelo Estado, tal como o faz a ciência jurídica.

Poderemos também dizer — ainda em sentido amplo — que o *Direito* consiste na tentativa permanentemente renovada de organizar eficazmente a sociedade através da elaboração, reformulação e aplicação das leis.

No conjunto desta actividade, encontramos duas fases que importa analisar separadamente: a feitura e a aplicação das leis. A esses aspectos dedicaremos os pontos 3 e 4.

Antes disso, porém, faremos uma referência específica à ciência do Direito.

## 2. A ciência do Direito

Os diferentes ramos do saber distinguem-se pelo seu objecto e pelo método utilizado para fazer a sua abordagem.

O objecto da ciência do Direito — ou jurisprudência — é o direito positivo, as leis emanadas do Estado. E, ao debruçar-se sobre elas, cuida especificamente da legitimação das normas e da sua interpretação e aplicação.

Para tanto, procura apreender o sentido e significação dos textos, extrair deles conceitos, articular esses conceitos uns com os outros de forma sistemática, elaborando seguidamente princípios gerais que vão orientar todo o sistema.

Cria-se, deste modo, uma realidade ideal, como que independente das próprias normas, embora por elas enformada, que vai servir, de seguida, não só para dar maior compreensibilidade a normas que antes poderiam apresentar-se de alguma maneira desgarradas umas das outras, mas para permitir uma sua mais correcta interpretação e aplicação.

Mais do que isto: quando os juristas são chamados, como frequentemente acontece, a participar na feitura das leis, vão dar aos novos textos uma sistematização de acordo com o sistema geral utilizado, o que facilita, desde logo, a sua compreensão e aplicação, bem como a sua integração na ordem jurídica vigente.

Por outro lado, ao reportar-se a valores, o jurista não está a ultrapassar o seu campo de acção, na medida em que não é ele, mas o legislador, o político, que impõe esses valores através das normas. Por isso, os valores já incorporados na lei são dados que ele trata mas não cria, não tendo, como jurista, que fazer opções neste campo (embora este problema possa levantar algumas dificuldades).

No entanto, a ciência do direito não tem um carácter estático, antes, dentro dela, se têm desenvolvido diversas correntes, com particular relevo para a escola histórica do direito, a jurisprudência dos conceitos, a jurisprudência dos interesses e a jurisprudência das valorações. Destas correntes, umas são puramente lógico-formais, enquanto outras vão já ao encontro do substrato social da norma, como o seu nome indica. Mas, em qualquer caso, estamos sempre no âmbito das normas emanadas pelo Estado e por ele impostas e do trabalho que sobre elas, de uma maneira ou de outra, os juristas possam fazer com o seu método específico.

Deste modo, a ciência do direito tem tentado afastar-se dos problemas filosóficos, nomeadamente dos que respeitam à natureza e aos fundamentos do direito e sua estreita relação com o direito natural. Com esta demarcação, a ciência do direito procura garantir o seu estatuto de verdadeira ciência, ao menos como ciência cultural do espírito. Propósito não inteiramente conseguido, pois há sempre sectores que contestam este intento.

Por outro lado, a ciência do direito tenta também separar-se da sociologia, não desejando ser considerada como um seu simples ramo. Na realidade, os seus métodos são diferentes, como diversas são — ao menos até certo ponto — as suas preocupações e o seu objecto.

Dentro do seu terreno específico, tão pouco a ciência do direito deverá confundir-se com política legislativa, pois a formulação do direito, com as suas opções fundamentais e os seus critérios valorativos, não é a mesma coisa que o estudo do direito. Sem prejuízo de os juristas poderem participar activamente na preparação das leis, como frequentemente acontece, nomeadamente quando se trata da elaboração dos códigos existentes.

Estas demarcações que a ciência do direito voluntariamente se impõe tornam-se extremamente gravosas para os próprios juristas que não podem sentir-se à vontade dentro da estreiteza da técnica jurídica. Por isso, com Stammler e outros, surge o afastamento do positivismo e o relançamento do direito como uma *ideia em realização,* como um propósito valorativo que a todos envolve. Então, normativismo e axiologia de novo se encontram estreitamente ligados e a ciência do direito marcha inexoravelmente pelo caminho da filosofia.

É óbvio que não há aqui qualquer ilegitimidade. O que talvez não seja correcto é pretender aplicar métodos da filosofia a algo que se quer seja ciência.

Mas não é só no campo da filosofia que os juristas caem com frequência: é também no domínio da política e da sociologia. Houve um período em que os juristas, para além de se dedicarem à jurispridência, apareciam com forte predomínio na acção política e consequente prestígio na cena social, pelo que não havia necessidade de estabelecer claramente o campo em que se moviam. Sucede que, actualmente, o direito perdeu grande parte da sua posição em favor de outros sectores do saber, como a economia, a gestão e a engenharia. Por outro lado, a estabilidade social foi fortemente abalada com o aparecimento de novas formas de convivência e de novos valores. Como ficou referido, encontramo-nos não apenas numa mudança de milénio, mas de civilização, e as exigências sociais e políticas assentam mais na capacidade de mudança do que na estabilidade para que o direito tende. Daí que a ordem jurídica, ainda largamente vinculada às teorizações do passado, não se ajuste facilmente às transformações em curso e possa mesmo constituir um entrave para a mudança, sentido por políticos e gestores. Situação que os juristas não podem deixar de considerar.

Estreitamente aparentado com esta perspectiva, outro problema se apresenta à ciência do direito: saber em que medida a conceitualização efectuada se adequa ou se afasta da realidade social, porque o importante não é dispor de um sistema conceitual perfeito, mas de um ordenamento legislativo que se ajuste às necessidades da acção individual e colectiva e aos critérios de justiça predominantes. Problema particularmente sensível na época em que nos encontramos e que muito sucintamente caracterizámos.

De facto, a exagerada teorização pode dar lugar a indesejáveis desajustamentos em relação à realidade social, pelo que o ordenamento jurídico deveria ser frequentemente testado em termos de eficácia.

É em nome da eficácia — e não da coerência interna do sistema — que a ciência do direito é muitas vezes questionada, pois ninguém se poderá sentir satisfeito ao ver a sua vida e a acção que desenvolve afectadas — seja em que campo for — pelo que possa dizer um artigo de uma lei qualquer, mesmo que seja em função de uma bem arquitectada construção teórica.

## 3. A feitura das leis

Nas sociedades tradicionais, cujo pensamento ainda nos influencia bastante, os homens deixaram-se, por vezes, impressionar pelo poder das leis, chegando a pensar que era através delas que se geriam efectivamente os povos: feitas as leis, os cidadãos conformavam-se com os critérios estabelecidos e cumpriam-nos.

A pouco e pouco, foi-se dando conta de que não era exactamente assim e que, por detrás da capacidade de fazer leis e da obrigação de as cumprir, existiam já estruturas de poder, além de que a eficácia das leis dependia dos conhecimentos e das efectivas capacidades de acção de que os grupos sociais dispunham em cada momento.

Ao lado dos filósofos, dos políticos e dos juristas, apareceram outros estudiosos que foram dissecando variados aspectos fundamentais à vida, a ponto de os cientistas se destacarem dos filósofos, quando antes se encontravam confundidos com eles.

Com tudo isto, a vida enriqueceu-se num duplo aspecto: ganhou-se em conhecimentos múltiplos e conseguiu-se produzir maior quantidade de bens e de serviços, com manifesta vantagem para o bem-estar das populações. Mas, ao mesmo tempo, deu-se conta de que os sistemas sociais que foram surgindo, porque mais ricos, eram também mais complexos, o que impunha novas capacidades de gestão. Por isso, ao lado dos cientistas, surgiram os empresários e os gestores, isto é, gente capaz de gerir as novas organizações, harmonizando as técnicas produtivas com as exigências da convivência social, quer nas empresas, quer nos serviços públicos, quer ainda no âmbito internacional.

Com a perda de prestígio das grandes ideologias que dominaram até há poucos anos, desvalorizaram-se os simples objectivos, desligados dos meios concretos de acção indispensáveis à sua concretização, fazendo--se antes apelo crescente à ciência e entrando-se, no campo da política, num pragmatismo crescente, dominado pelas exigências de maior eficácia no que respeita à qualidade da vida, o que envolve a produção de bens e de serviços, a obtenção de empregos para muitos mais milhões de pessoas e preocupações justificadas pelos gravosos desequilíbrios ecológicos que se manifestam um pouco por toda a parte.

Deste modo — mesmo quando tal se não reconheça ainda abertamente —, os objectivos fundamentais das sociedades contemporâneas já não se encontram ligados à realização de uma ordem social teoricamente perfeita, idealizada por filósofos e políticos, mas à obtenção, em pontos muito concretos, de maior eficácia na satisfação das necessidades, com o mínimo de constrangimentos, o que, em muitos aspectos, vai também ao encontro da ideia corrente de justiça.

Em paralelo, já não existe em apego forte à tradição e à estabilidade, pondo-se muito maior ênfase na capacidade de mudança controlada, como forma de alcançar maior bem-estar e eficácia, o que pressupõe a flexibilidade indispensável à obtenção desses objectivos. Na mesma linha, recusam-se deliberadamente as imposições que não se revelem indispensáveis, não se estando disposto a cumprir a lei só porque é lei, ou a acatar a autoridade só porque é autoridade.

Já vimos que a complexificação das sociedades deu lugar a uma interdependência crescente dos indivíduos, dentro e fora das organizações, com papel relevante para estas, tendo o seu número aumentado de modo extraordinário, tanto mais que a família tradicional, ao desaparecer, deu lugar a uma família de composição reduzida, incapaz de desempenhar muitas das funções anteriores que tiveram de ser assumidas por grande número de novos serviços.

Por tudo isto, o relacionamento das pessoas já não se estabelece apenas — ou de modo predominante — directamente entre elas, mas em termos privilegiados, com as organizações a que pertencem ou com as quais têm de contactar de maneira permanente.

Esta evolução conduziu a que o papel mais importante do Estado já não consista em proporcionar uma forma adequada de dirimir os conflitos individuais de interesses e em manter a ordem resultante dos valores vigentes, mas na tarefa ingente de promover e acompanhar a estruturação da sociedade, em termos pragmáticos, desprendidos de orientações doutrinárias globais, criando as condições para que essa estruturação se faça — e se refaça — da melhor forma.

Deste modo, o Estado teve de se voltar para a criação de infra-estruturas e de serviços fundamentais, como seja o ensino, os cuidados médicos, a segurança social, o desenvolvimento científico, as estradas, os portos e aeroportos e as comunicações em geral. Por outro lado, cabe ao Estado regular a forma como as organizações privadas — nomeadamente as empresas — orientam as suas actividades, a fim de permitir uma equilibrada convivência social que ultrapassa já o âmbito dos respectivos países e se projecta no plano internacional onde se multiplicam as organizações da mais variada ordem.

Mesmo quando se deixa uma ampla margem de acção à iniciativa privada, o Estado e as organizações internacionais têm de estabelecer as regras do jogo, de acordo com os conhecimentos científicos existentes e as exigências dos sistemas e subsistemas sociais.

Em paralelo, vão surgindo os meios de defesa dos indivíduos e das organizações menores face à possível prepotência das organizações estaduais e privadas de maior dimensão, e seus agentes. Para isso existem processos de reclamação, tribunais especiais e outras organizações ou serviços — de defesa do consumidor, de protecção do meio ambiente, de defesa dos direitos do Homem, etc. — susceptíveis de dialogar e, de algum modo, fazer frente às demais.

Transformações tão profundas deram lugar aos estudos relativos às potencialidades, modos de funcionamento e riscos das organizações, em termos técnicos, sociológicos e jurídicos. No campo da ciência jurídica, surgiram e desenvolveram-se novos ramos, como o direito constitucional, administrativo, financeiro industrial, empresarial e do trabalho, de promordial importância.

A grande maioria das leis reveste hoje carácter predominantemente organizativo ou gestionário, dirigindo-se aos órgãos de soberania, aos serviços públicos e às empresas, sendo de notar que, na generalidade, estas disposições legais não são acompanhadas de sanções específicas referentes à sua violação por omissão ou insuficiente implementação. Nalguns casos, podem surgir sanções políticas ou administrativas internas, como a queda de um Governo, a demissão de um ministro ou de um director-geral, o que não reveste a natureza das tradicionais sanções jurídicas.

À medida que a ciência vai ganhando um papel preponderante na vida quotidiana e a acção do Estado se modifica, também a ciência jurídica se vê obrigada a evoluir e a tomar em consideração os ensinamentos das demais ciências, para poder acompanhar a vida social. Mesmo em relação às instituições jurídicas que, ainda não há muitos anos, poderiam parecer relativamente consolidadas, como a família e a propriedade, muito se modificou com rapidez com o avanço da sociedade pós-industrial e dos novos valores.

Tendo em consideração todos estes aspectos, verificamos que, na feitura das leis, se encontram englobados os seguintes pontos principais:

— os objectivos que a sociedade se propõe atingir, em pontos específicos

— os meios disponíveis para prosseguimento dessas finalidades — materiais e humanos —, incluindo o conhecimento para tanto necessário

— a articulação entre os fins e os meios

— o ajustamento dos interesses e dos valores que se encontram envolvidos — nomeadamente a eficácia e a justiça social — situados dentro de uma determinada cultura

— as relações de poder efectivamente existentes.

Quando se elabora uma lei, todas estas questões se encontram presentes, embora nem todas possam ser claramente consciencializadas ou correctamente avaliadas. Por exemplo, o legislador, levado pelo desejo de andar depressa — por pressão dos acontecimentos ou razões de propaganda política — pode apresentar objectivos irrealizáveis face aos meios de acção existentes, ou considerar que dispõe de muito mais força do que na realidade acontece, provocando descontentamentos ou movimentos de contestação que não consiga vencer. Nestas e noutras circunstâncias, a eficácia da lei ficará naturalmente comprometida.

A avaliação dos interesses e dos valores predominantes, bem como das relações de poder, caberá fundamentalmente aos políticos, enquanto a adequação dos meios aos fins deverá pertencer aos técnicos. Nos países democráticos, intervêm aqui os partidos políticos, as organizações profissionais e outras, quando não a população através da realização de plebiscitos ou de manifestações pacíficas ou violentas. No final, perante a diversificação dos centros de poder, tender-se-á para consensos que permitam harmonizar o desenvolvimento com a paz social.

Legislar torna-se, assim, um acto largamente colectivo, exigindo não só conhecimentos técnicos variados como uma boa dose de criatividade na busca permanente de soluções para os problemas da colectividade. Legislar aproxima-se, pois, a um acto de engenharia social, como Popper e outros sugerem, dirigida à pontual estruturação e gestão das organizações.

Nestas condições, o momento legislativo foge, em grande medida, ao domínio dos juristas, o que não afasta a exigência da sua presença na confecção das leis, uma vez que estas devem ser redigidas com correcção técnica e integradas no sistema jurídico global, tal como é trabalhado pela ciência jurídica.

Na colaboração que se lhe pede, o jurista tem, no entanto, de fazer uma opção fundamental: ou se coloca num posicionamento predominantemente ligado às conceitualizações feitas no passado, ou assume, ele próprio, uma posição de maior criatividade, procurando novos conceitos e soluções com vista à resolução dos novos problemas que surgem a todo o momento e tendo os olhos postos na evolução profunda que as sociedades actuais atravessam.

No primeiro caso, o jurista assume um papel retardador da mudança, podendo mesmo entrar em conflito com outras forças, porventura mais poderosas politicamente, que terão tendência para o marginalizar, tendência tanto maior quanto mais evoluído for o país. No segundo caso, o jurista será levado a buscar soluções diferentes das existentes, reformulando os conceitos e inventado novos institutos jurídicos, se necessário, que melhor respondam às necessidades de inovação e de flexibilização, garantindo ao mesmo tempo o mínimo de estabilidade de que os sistemas sociais carecem para funcionar correctamente.

Para que assim aconteça, é manifesto que os juristas terão de estar preparados para esta tarefa que só pode ser realizada em estreita colaboração com os demais ramos de saber e com dependência de um conhecimento apropriado da sociedade do seu tempo, com os seus problemas e as suas aspirações.

Este momento da feitura das leis mostra-nos como o Estado moderno tem de se adaptar à perspectiva de um universo de sistemas em evolução. Nós somos construtores de sistemas sociais que evoluem de acordo com os condicionalismos que antes tentámos explicitar, o mais importante dos quais é, certamente, o aumento do conhecimento científico. Conhecimento que se dirige conscientemente para a pilotagem de sistemas em evolução.

## 4. A aplicação das leis

As leis, uma vez entradas em vigor, destinam-se a ser aplicadas, o que pressupõe uma actividade prévia de interpretação, dentro do sistema legislativo vigente. Actividade muitas vezes difícil de exercer, como é sabido, pois os textos podem não ser suficientemente claros e, para além disso, também se prestam a *leituras* tendenciosas, de acordo com os interesses que se pretendem defender, para o que servem os advogados e não só.

Acontece, por outro lado, que as leis são aplicadas por juristas e não juristas, cabendo a estes um papel preponderante nos serviços públicos, nas forças armadas, nas polícias e na gestão das empresas. Como cabe à generalidade das pessoas, nos numerosíssimos contratos que se celebram e aplicam quotidianamente.

A lei obriga o Estado a construir estradas, escolas, hospitais e tantas outras coisas e a pôr em funcionamento e gerir complexos serviços que se tornam indispensáveis ao bem-estar das populações. Como obriga as empresas a cumprir normas relativas ao interesse público e ao dos seus trabalhadores. Como os homens são parciais, e alguns mesmo venais, a lei toma as suas precauções, estabelecendo controlos para a acção dos seus agentes, em especial no que se refere aos dispêndios de dinheiros.

Controlos que podem pôr em causa a eficácia desejada, fazendo perder flexibilidade aos sistemas.

É aos políticos, aos técnicos e aos gestores que fundamentalmente compete a estruturação das sociedades modernas, pelo que se encontram virados, de modo particular, para a acção concreta que lhes cabe desenvolver, sendo levados com frequência a esquecer as restrições que a lei lhes impõe, como meio de defesa. Os juristas, pelo seu lado, confrontados mais directamente com os textos legais e sua sistematização, sentir-se-ão mais inclinados a tomar em conta as conceitualizações jurídicas e a defesa dos interesses imediatos que se encontram em jogo, mesmo com prejuízo da acção e do prosseguimento dos objectivos previstos.

Sendo a estrutura da sociedade, nos termos referidos, o aspecto fulcral da actual actividade do Estado, a maioria esmagadora das leis publicadas relaciona-se com estas matérias. Tais leis estabelecem, de modo mais ou menos pormenorizado, mas sempre genérico, os quadros da acção, ficando os modos concretos de efectivar os seus comandos a cargo dos mais diversos especialistas. No entanto, mesmo nesta fase, o jurídico não pode ser posto de parte. Por isso, o Estado e os seus serviços dispõem de juristas que são consultados sobre o sentido das leis quando surgem dúvidas de interpretação, nomeadamente no que toca à explicitação dos limites e condicionalismos impostos à acção e ao relacionamento com terceiros.

Nesta fase da aplicação da lei — tal como acontecia com a sua preparação —, o jurista pode intervir numa atitude predominantemente lógico-formal e conceitualista ou antes com a preocupação primeira de mergulhar na razão de ser da lei, sem prejuízo das salvaguardas estabelecidas. No primeiro caso, é muito provável — em especial em peíodos de transição como o presente — que surjam conflitos entre juristas e técnicos ligados à modernização. No segundo, haverá por certo maior sintonia de preocupações e de objectivos.

A par destes aspectos, mantém-se uma actividade do Estado, de carácter mais tradicional, que consiste em dirimir os conflitos de interesses entre particulares, ou entre particulares e entidades públicas, bem como em aplicar sanções a quem viole a lei. Esta competência cabe tanto aos tribunais como aos diversos serviços administrativos ou policiais, conforme as circunstâncias do caso. De modo geral, existe sempre a possibilidade de recorrer, por último, aos tribunais.

Se os serviços utilizam os juristas para a interpretação das leis, os tribunais, por seu turno, recorrem com frequência crescente a técnicos de variada ordem para os ajudarem a decidir. Médicos, psicólogos, economistas, contabilistas, engenheiros ou outros são chamados a dar pareceres que, em muitos casos, são decisivos para o julgamento dos processos, o que patenteia a estreita articulação da ciência jurídica com os demais ramos do saber.

Em todo este contexto, são no entanto os juristas aqueles que, de modo sistemático e deliberado, se dedicam à elaboração de conceitos, à arrumação das matérias em institutos e sistemas harmónicos, à busca de formas que permitam, da melhor maneira, conciliar interesses antagónicos e dirimir questões. Dessa forma se escalpelizam e organizam, em termos conceituais, os grandes e pequenos problemas da actividade social, das empresas e da vida de cada um.

É neste preciso momento que o jurídico se pode apresentar como uma ciência e não — como alguns continuam a defender — como uma simples arte, sem prejuízo de muitos juristas o aplicarem como arte, tal como acontece com médicos ou engenheiros em relação às respectivas ciências.

Existe, no entanto, um risco muito grande em toda a ciência jurídica, que se reflecte tanto na fase de elaboração como na de aplicação das leis e que decorre da lentidão com que as coisas se passavam nas sociedades tradicionais, fora dos períodos revolucionários, o que permitiu uma certa estratificação de pensamento que veio a traduzir-se numa ampla actividade codificadora, em especial nos domínios do direito civil, penal e processual. Foi assim que se pensaram e repensaram os mesmos problemas, burilando-os e escrevendo milhares e milhares de páginas sobre os mesmos assuntos.

Hoje, como vimos, as mudanças aceleraram-se. Os próprios cientistas consciencializaram-se para o facto de que as suas teorizações são apenas aproximações da realidade, encontrando-se permanentemente preparados para as reformularem: sempre que um facto não pode ser explicado pela teoria existente, há que rever posições, ajustando a teoria ou substituindo-a por outra. Isto não impede que, enquanto uma nova explicação não for encontrada, se não mantenha provisoriamente a anterior com o reconhecimento explícito da sua insuficiência.

Ora, no campo da ciência jurídica, parece haver ainda uma forte tendência para a estratificação das teorias e dos conceitos, com alguma relutância e dificuldade em mergulhar no social, na evolução profunda que se encontra em curso, de modo a reformular muitas orientações. Isto sem prejuízo do muito que se tem feito e que se traduz, como antes foi referido, no aparecimento de diversos ramos novos da teorização jurídica.

Talvez a causa se encontre no facto de os juristas trabalharem principalmente sobre os textos já publicados, na fase de interpretação e aplicação da lei, sem aprofundar suficientemente a realidade social que se considera pertencer antes ao campo da sociologia e da política. É o risco de todas as especializações.

Deste modo, pode-se ser levado a tender mais para olhar o passado do que o futuro, para se ser mais conservador do que inovador e criativo, no que toca às exigências da evolução social. O que é facilitado pela já referida inclinação do espírito para as teorizações de sistemas abstractos de pensamento, dotadas de forte lógica interna. Tudo facilitado pela influência de um passado recente de elaboração conceitual e prestígio dos respectivos autores, no campo quer da filosofia, quer da ciência do Direito.

Bem podem os próprios juristas afirmar que a teorização tem de se ajustar permanentemente à realidade, pois a inclinação primeira será a de submeter a realidade à conceitualização já elaborada. Os juristas são os primeiros a chamar a atenção para o facto de que, por detrás das normas, se encontram interesses a ajustar, assentes em valores sociais assumidos pelo Direito: por isso defendem, no processo interpretativo, a jurisprudência dos interesses e a jurisprudência da valoração. Mas, na prática, com frequência se esquece esse propósito, facilmente se caindo numa interpretação predominantemente lógico-formal.

É de presumir que esta tendência seja também consequência da falta de tempo de que se dispõe, em virtude do trabalho crescente e com frequência acumulado, exercendo forte pressão no andamento rápido dos processos, sendo certo que demora muito mais a aprofundar interesses e valores, ao lado da conceitualização lógico-formal, do que a atermo--nos principalmente a esta.

As situações da vida real, na sua multiplicidade, conduzem, de modo crescente, a que os casos concretos não sejam susceptíveis de se enquadrar facilmente nos conceitos derivados da lei, enquanto o número de processos entrados todos os dias nos tribunais, nas polícias e nos serviços públicos em geral não permitem, sequer, por vezes, que se proceda a uma correcta avaliação das situações de facto. A vida transborda por todos os lados e subverte as melhores das intenções. As dificuldades são agravadas ainda pela propositada deturpação que as partes introduzem nos factos, para melhor defenderem os seus interesses, em especial quando não têm razão.

Mas que pensar, em contrapartida, quando centramos a nossa atenção na vida política, nos grandes empreendimentos em que comandam as exigências técnicas e a urgência, ou na gestão de complexos organismos, como os grandes hospitais, sem capacidade para atender os utentes que a eles se dirigem, tratando-se com frequência de questões de vida ou de morte? Nestes e noutros casos, surgem a todo o momento problemas graves — com grande incidência no campo ético — que só podem ser resolvidos através da compatibilização da flexibilidade com a responsabilidade, fazendo apelo a soluções inovadoras que respeitem a eficácia dos sistemas.

A passagem para um novo tipo de civilização, com valores, interesses e tecnologias específicos, sobre a qual pesa a pressão do crescimento populacional, exige que a ciência do Direito avance também a um ritmo mais acelerado, sob pena de se ver ultrapassada, como começa a acontecer. Na verdade, embora as leis sejam um elemento imprescindível das sociedades humanas, é impensável que a vida se deixe aprisionar dentro das suas malhas ou das conceitualizações que à sua volta possamos tecer. Se as leis não servirem, haverá por certo outras práticas que inevitavelmente se lhes substituirão, como já começa a verificar-se: perante a urgência, pôr-se-ão sistematicamente de parte formalidades que se considerem secundárias em relação aos objectivos a atingir, como se vivessemos numa permanente situação de caso de força maior. Mas esta seria uma maneira de todos perderem.

## 5. Algumas dificuldades da ciência do Direito

Apesar da redução do seu objecto em relação ao Direito no seu sentido amplo, a ciência do Direito encontra-se, ela também, directamente ligada à organização social, quer na fase da feitura das leis, quer, de modo ainda mais estreito, na da sua aplicação, numa dupla e indivisível preocupação:

— da eficácia dos sistemas sociais, pois é para isso que as leis existem

— da conceitualização e sistematização das situações, de modo a facilitar a inteligibilidade dos textos, dentro do sistema jurídico global.

As rápidas transformações sociais a que sistematicamente temos vindo a aludir, vieram suscitar um certo número de problemas, dos quais destacaremos os seguintes:

— O simples facto de a ciência do Direito se circunscrever ao campo das normas directas ou indirectamente criadas pelo Estado ou por ele garantidas através de uma possível intervenção coerciva mostra-se extremamente limitativo para a apreciação das situações concretas, o que se torna particularmente notório quando a velocidade da mudança é grande, não permitindo a conveniente sedimentação das ideias e das instituições.

Nestes casos, é o próprio *sentido da mudança* que tem de ser apreendido e considerado.

Do ponto de vista prático, compreende-se aquela limitação na medida em que parlamentos, governos, tribunais e serviços públicos reportam a sua acção às normas emanadas do Estado ou por ele reconhecidas. São estas, aliás, aquelas que revestem importância fundamental na vida das sociedades desenvolvidas, uma vez que nelas se incluem as normas que regulamentam a vida de muitos e importantes sectores sociais, como as empresas e instituições científicas, culturais e desportivas, com os seus estatutos e regulamentos.

Mas o sentido da mudança não se encontra aí suficientemente explicitado, mas antes nos condicionalismos científicos, técnicos e sociais em movimento, facto que não se verificava com igual intensidade no tempo das sociedades tradicionais.

Lembremo-nos, nomeadamente, que as normas vão incorporar os valores correntes na sociedade respectiva ou, pelo menos, os valores das suas classes dirigentes. Com o aparecimento das sociedades industrial e pós-industrial, a evolução dos valores tem sido rápida — por vezes nem existem valores definidos —, o que não pode deixar de se repercutir em todo o sistema jurídico, mesmo naqueles campos que, até ao presente, gozavam de relativa estabilidade, como os da família, da sexualidade, da propriedade e do trabalho.

— De tudo isto decorre que à certeza que antes se procurava, como valor importante a prosseguir pelo Direito, se sucede o frenesim da mudança que possibilite um grau maior de liberdade individual e de bem-estar colectivo.

No entanto, para haver mudanças rápidas é necessário que exista flexibilidade no funcionamento dos sistemas, com capacidade e possibilidade de alterar o que antes existia, mesmo à custa de uma maior instabilidade.

Estas exigências são manifestas no campo da produção, sabendo-se que o que se passa neste sector tem imediato reflexo na estruturação dos demais campos sociais. Alvin Toffler, por exemplo, fala-nos na *ad-hocracia* ou seja, nas equipas de projecto que surgem para atingir um objectivo empresarial muito específico — uma encomenda de novos aviões para a força aérea dos Estados Unidos, por exemplo — e se modificam logo de seguida em função de outra grande encomenda que, entretanto, venha a surgir. Com os mesmos ou outros homens, as grandes empresas procuram, assim, responder às exigências do momento, sem que a flexibilidade da acção diminua a eficácia.

A necessidade de ajustamentos contínuos é facilitada pelo facto de a difusão dos conhecimentos prosseguir a um ritmo crescente, produzindo homens com muito maior flexibilidade comportamental, evoluindo, em paralelo, os estilos de gestão no sentido da descentralização e da delegação de poderes a todos os níveis. No próprio campo da execução, chega-se às equipas móveis, aos horários flexíveis e aos pequenos grupos autónomos de produção.

Aumenta, também, a variedade dos comportamentos sociais aceites, o que faz baixar as incriminações penais em número e gravidade, ao mesmo tempo que surgem novos campos a que importa atender — com novas incriminações —, como acontece com o controlo da qualidade nos mais variados sectores — como a alimentação e os medicamentos —, a protecção do ambiente e a defesa contra os males sociais.

No entanto, sistemas sociais flexíveis não é o mesmo que descontrolo, sob pena de se cair na anarquia demolidora. O reconhecimento das interdependências e dos riscos que se correm em comum exige o desenvolvimento de instituições adequadas à situação, portadoras de valores de conteúdo porventura mais amplo, capazes de manter a coesão das sociedades e podendo ser genericamente aceites. É necessário encontrar, no campo da produção, da divisão do trabalho e da distribuição dos bens, fórmulas que atendam simultaneamente às exigências da solidariedade e da flexibilização dos sistemas, como se verifica de modo crescente no domínio das relações internacionais.

São novas maneiras de encarar o fenómeno social que já têm forte repercussão no domínio legal, como não podia deixar de ser, mas talvez não estejam ainda a ser encaradas em toda a sua extensão, dependentes como se encontram de conceitualizações que antes se faziam e davam grande prioridade a um valor importante do passado que era a certeza do Direito. Certeza que, nas condições actuais, em caso algum poderá ser uma realidade.

— Estreitamente ligado a este aspecto, encontra-se o facto de a livre interpretação da lei conduzir, ela própria, a uma grande indeterminação, pondo-se a pergunta de saber que sentido deveremos atribuir à lei em cada caso concreto: — O que lhe é dado pela doutrina? E quando existirem várias correntes? O que resulta da jurisprudência dos tribunais? Mas esta tão pouco é uniforme. A orientação seguida pelos serviços públicos que resolvem grande parte das questões? Ou a que deriva da prática social corrente, na sua multiplicidade?

Facto que se agrava, uma vez mais, com a rápida sucessão das leis. Quando as sociedades evoluíam lentamente e os valores se mantinham sem grandes alterações, as leis gozavam de maior estabilidade, pois incidiam sobre campos de acção mais limitados e gozavam de largos períodos de vigência o que permitia a sua melhor articulação em sistemas bem definidos, ao mesmo tempo que a jurisprudência podia estabilizar-se, alcançando-se uma razoável certeza nas decisões judiciais e na prática dos serviços públicos, podendo os interessados saber com que contar.

Mas hoje não acontece assim e mesmo os juristas têm dificuldade em saber quais as leis aplicáveis a um determinado sector, com todas as suas alterações e rectificações, ou as interpretações que lhes são correntemente dadas, atendendo à multiplicidade dos agentes.

Daí que, em muitas circunstâncias, se tenha de avançar de modo mais ou menos improvisado, embora às vezes com a possibilidade de incorrer em maiores riscos.

— Deste modo, não é de admirar que existam cada vez mais normas que nunca foram executadas — nomeadamente por ter sido essa a intenção de quem legislou ou por causa da oposição com que foram recebidas —, normas que só raras vezes o são ou são-no de modo muito imperfeito, normas que são aplicadas em sentido manifestamente diferente do que se encontra legislado, ou que continuam a aplicar-se depois de revogadas, por desconhecimento.

Tudo isto ocorre, inclusive no campo da actividade do Estado, sem dar sequer lugar a grandes reparos, pois não existem sanções específicas a aplicar, como acontece quando a lei impõe prazos para realização de certas acções, que não são cumpridos nem pelos governos, nem pelos serviços públicos.

Também existem reorganizações de serviços ou de sectores de actividade que não se efectivam ou cujos diplomas são substituídos por outros antes de estar concluída a reforma primeiramente prevista, na maior das confusões.

Há ainda situações punidas por lei que nunca ou — o que é pior — raras vezes são levadas aos tribunais, apesar de se saber que existem milhares de infracções, como sucede com o aborto.

Em muitas circunstâncias — e para largas camadas da população —, as normas são desconhecidas e, se não o forem, tornam-se inexequíveis, em consequência das alterações sociais ocorridas, de sinal contrário, que não foram tidas em devida consideração. Por outro lado, porque as normas, só por si, não conseguem, com frequência, modificar rapidamente as mentalidades existentes em largos sectores da população, há leis que não alcançam os resultados pretendidos.

Se esta problemática da aplicação correntia da lei já existia antes, em que termos se apresenta agora, com tantos diplomas a saírem quotidianamente?

Tudo isto faz com que se torne extremamente difícil, em qualquer momento, estabelecer os contornos de um sistema jurídico determinado, pois a realidade social imbrica-se com o direito legislado e sobrepõe-se-lhe, por vezes de uma forma difícil de apurar.

Trata-se de uma situação aliás semelhante à que acontece com a ciência em geral. «Só para fins de descrição histórica é permissível e, algumas vezes, apropriado, falar de um corpo de ciência, no sentido de que a aceitação por todos ou pela maioria dos cientistas, dentro de um período histórico definido, determina o que constitui parte desse corpo. A ciência, encarada como uma preocupação dinâmica da humanidade, segue em frente sem atender ao que a maioria dos cientistas, em qualquer momento dado, está disposta a aceitar (...). O corpo da ciência é algo de vivo, não petrificado. Inclui todas as aceitações provisórias, ou as recusas de aceitação, legitimamente oferecidas por qualquer cientista. Incorpora tanto as teorias discutíveis como as incontroversas; e as teorias discutíveis não só rodeiam um corpo de ciência que, de outro modo, seria consistente e petrificado, como uma atmosfera ou auréola, mas, por vezes, alcançam profundamente o seu próprio âmago». (Arnold Brecht).

Tudo mostra ser difícil querer circunscrever a ciência do Direito à análise das leis em vigor. Parece haver condicionalismos de vária outra ordem que não podem deixar de entrar em consideração, para se ter uma visão suficientemente clara das situações, no momento presente.

— Finalmente, somos levados a perguntar em que medida os sistemas jurídicos se ajustam à resolução dos problemas concretos das sociedades que lhes estão subjacentes e de que as leis fazem parte integrante.

Lembremos o que já dissemos sobre a organização informal e a maneira como as normas podem ser contornadas. Precisamente por isso, para conhecer uma sociedade não basta ler as suas leis e saber quais as interpretações mais correntes a seu respeito: é preciso procurar em profundidade o que na realidade se passa e como estão estruturadas as verdadeiras relações de poder.

Este aspecto ganha um relevo muito especial quando somos confrontados com uma sociedade em que se encontra particularmente em causa o relacionamento dos cidadãos com o Estado e com as organizações existentes, o mesmo é dizer, a estrutura global da comunidade.

Por isso, precisamos de investigar em que medida as leis satisfazem e se adaptam aos factos, para além daqueles desvios que são inevitáveis. Por um lado, cada vez menos as pessoas se encontram dispostas a ser regidas por artigos e parágrafos, antes desejando saber quais os valores e os interesses que se encontram em jogo e sua adequação às realidades. Por outro, ainda, tão pouco as organizações poderão funcionar com a eficácia necessária se as leis não tomarem em consideração, na sua generalidade, a sua efectiva possibilidade de execução. A melhor maneira de deixar os indivíduos desprotegidos consiste em criar a ilusão de que a lei tudo contemplou — ou vai contemplar — e o Estado a tudo pode ocorrer e efectivamente ocorre. Uma ciência do Direito que crie um sistema de conceitos claros e bem articulados é manifestamente insuficiente para alcançar os objectivos fundamentais das sociedades, podendo encontrar-se a uma distância consideravelmente grande da realidade dos factos e das necessidades.

O que importa é acompanhar a mudança de forma tanto quanto possível controlada, admitindo a existência de roturas no sistema jurídico, isto é, conceitualizações decorrentes de improvisações ou de soluções ainda não suficientemente enquadradas no sistema. Só numa fase muito mais adiantada voltará a haver, possivelmente, oportunidade para os juristas se debruçarem mais calmanente sobre os seus princípios.

Até lá, as pessoas têm de estar preparadas para a instabilidade e para um papel crescentemente responsável e criativo, numa perspectiva de descentralização e de responsabilização.

Os conceitos terão, em muitos casos, de ser reinventados e integrados em novos sistemas jurídicos a contemplar em função do futuro. Por isso, o jurista não poderá circunscrever o seu papel a mero serventuário de leis pretensamente estáticas.

Para tanto, a ciência do Direito, embora continuando a tentar demarcar o seu campo específico de intervenção, terá de dar muito mais estreitamente o braço às demais ciências, mergulhar mais profundamente nas exigências de estruturação e de gestão da sociedade e assumir-se como participante activa da sociedade futura.

CAPÍTULO VIII

# DA MORAL TRADICIONAL À ÉTICA DOS SISTEMAS

## 1. Mérito e desgaste da moral tradicional

Quando nos debruçamos sobre o processo de desenvolvimento do pensamento, verificamos que tudo começou com uma atitude simplista de interpretação do universo e da vida, passando de seguida para o campo da filosofia e, depois, para o domínio da ciência. Globalmente, poderemos dizer que as duas primeiras fases derivaram das sociedades tradicionais e que a terceira deu lugar à sociedade industrial, continuada pela sociedade pós-industrial que se encontra ainda em marcha.

Sabemos que, inicialmente, a evolução do pensamento foi lenta, com longos períodos de estagnação, de modo que a origem dos costumes e das leis perdia-se na noite dos tempos e os homens pensavam que os valores e as normas por que se regiam radicavam nos deuses da tribo ou da cidade.

Sófocles mostra-nos como Antígona violou a lei que proibia dar sepultura a quem tivesse combatido contra a cidade, em nome de outra lei mais antiga, de origem religiosa, que impunha como dever sagrado enterrar os familiares sem qualquer discriminação, a fim de assegurar o repouso da sua alma. Para Antígona, esta lei vinha dos deuses e, como tal, não podia ser violada, sob pena de graves consequências.

Moisés é apresentado como recebendo, no Monte Sinai, das mãos de Javé, os mandamentos que deviam reger a vida do seu povo. E Maomé, por seu lado, transmite as prescrições que Alá lhe mandara comunicar por intermédio do arcanjo Gabriel.

Mais tarde, com o cristianismo, toda a vida social passou a ser profundamente influenciada pela religião, o que deu lugar a um grande desenvolvimento do direito natural.

Mas não eram apenas os ditâmes da moral que emanavam de Deus, pois para melhor fundamentarem o seu poder os governantes tinham-se sabido ligar, eles também, à divindade. Se o faraó era havido como um deus cuja vontade fazia a lei, o mesmo tentaram fazer os imperadores romanos. Mais tarde surgiu a doutrina do direito divino dos reis, investidos por Deus nos seus cargos e não podendo, por consequência, ser destronados pelos homens.

Na realidade, como o poder existe por todo o lado, a começar na família, e a ordem é indispensável à sobrevivência dos grupos, não é de estranhar que ambos — poder e ordem — fossem havidos como factos naturais e queridos por Deus.

Tão pouco podemos esquecer que, no mundo de Aristóteles e de S. Tomás, o Homem era o centro do universo que havia sido feito especificamente para ele. Tratava-se daquele universo fechado, fixo e estável, onde os valores eram também eternos, devendo os homens conformar- -se com um plano de vida que Deus estabelecera para eles. Daí decorria um direito natural, dirigido a alcançar uma plenitude de ordem e de harmonia.

A estas concepções está subjacente o facto de os homens serem permanentes construtores de hipóteses, pois o seu cérebro não se limita a receber as informações do mundo exterior, mas é dotado de capacidades organizativas, sendo em moldes matemáticos, lógicos, sistémicos e causais que trabalha, procurando sempre razões explicativas para a vida e o Universo.

Por isso, o Homem, quando não sabe, inventa, cria mitos, procurando esquemas explicativos a partir dos elementos dispersos que chegam até ele, mesmo que, para tanto, tenha de introduzir no seus sistemas intelectuais uma ordem invisível que lhes dê coerência.

Não é, pois, de estranhar que, nas sociedades tradicionais, os mitos tenham tido um papel preponderante e que os homens procurassem na natureza uma intencionalidade semelhante à sua.

Pensamento mítico e religioso desempenharam uma função primordial na estruturação e coesão dos grupos sociais e assim continua ainda a acontecer em larga medida, uma vez que a ciência não nos dá quaisquer respostas no domínio dos valores e do significado da vida.

Podemos aceitar, no entanto, que as idealizações efectuadas resulta- vam dos condicionalismos específicos de cada época e do jogo dos interesses existentes. Se o Nilo era considerado como um deus, pois dele dependia a sobrevivência no Egipto, o faraó tinha de ser também de origem divina para comandar o fluxo permanente das águas. Se diversas gerações viviam nas mesmas terras com os seus gados, o chefe tinha de deter poderes fortes para manter a unidade do património e da exploração agrícola. Se as nações se encontravam em formação, procurando sacudir a pulverização dos senhores feudais, os reis deveriam dispor de grande força. Daí que juristas e filósofos, reflectindo estas necessidades, fossem levados a buscar as razões justificativas para as soluções adoptadas. Como os teólogos procuraram firmar o poder espiritual da Igreja.

Isto significa que as organizações sociais já impunham as suas exigências, só que, nesses tempos as relações entre os homens se apresentavam muito mais numa base directa e pessoal de lealdades, mesmo quando o grupo se impunha pesadamente aos indivíduos, retirando-lhes a sua liberdade.

Os preceitos existentes dirigiam-se directamente aos homens, sendo as suas acções individuais que se encontravam em causa, o que era reforçado pelo espírito religioso que visava a salvação das almas, respondendo cada pessoa pelo bem ou pelo mal que praticasse.

O cristianismo estabeleceu princípios de moralidade individual muito exigentes, embora admitisse também desigualdades que se prestavam a muitos abusos apesar de teoricamente temperadas pelo exercício da caridade. Desigualdades que assentavam nas condições específicas das sociedades tradicionais.

Como vimos, a evolução social foi-se processando por caminhos sinuosos que, mais tarde, deram lugar às duas ideologias fundamentais que acabámos de analisar: o liberalismo democrático e o marxismo. Ambas foram buscar os seus valores fundamentais ao cristianismo, empenhando-se em estabelecer uma maior felicidade entre os homens, numa sociedade que começava a industrializar-se e que, para tanto, tinha de mudar muitas das suas práticas anteriores, como efectivamente aconteceu.

Todavia, se as condições materiais evoluíram significativamente, nem o cristianismo conseguiu, no geral, estabelecer o amor entre os homens, nem o liberalismo democrático e o marxismo alcançaram, em termos suficientemente expressivos, os seus ideais de liberdade, de igualdade e de fraternidade, numa sociedade desalienada em que os homens deixassem de ser explorados e oprimidos uns pelos outros.

Entre as teorizações feitas e a prática social sempre se interpuseram a realidade biológica dos homens, dominada pelas suas necessidades, pelos interesses e pelas situações de escassez existentes nos mais diversos campos. Nós podemos tentar construir sistemas sociais em que tudo seria diferente se... os homens e os condicionalismos externos deixassem de ser como são. Como tal não acontece, quando se pretende passar da teorização à prática, não só o sistema não funciona conforme fora previsto como, por vezes, produz resultados contrários aos pretendidos.

Não podemos esquecer que homens e sociedade constituem uma unidade indivisível, interagindo constantemente entre si, pelo que qualquer mudança significativa é um processo lento e *global,* de resultados aleatórios, não se sabendo bem até que ponto as alterações pretendidas poderão ser alcançadas.

Já aprendemos, no entanto, que a sociedade perfeita não existe nem se encontra ao nosso alcance e que vivemos num mundo de equilíbrios precários que têm constantemente de ser reconsiderados.

Mantendo-se insatisfeitos, os homens continuam a procurar, por todos os modos, modelos de organização social mais eficazes. É nessa insatisfação que assentam as *ideologias,* ou seja, as concepções teóricas da sociedade e do Homem em termos globalizantes que pretendem dar concretização política a novas formas de sociedade. Já na Grécia aconteceu o mesmo, sendo a *República* de Platão a teorização mais conhecida. Na sua idealização, Platão pretendia, segundo a *Ideia,* realizar o que ele considerava ser o Estado perfeito, de acordo com a natureza humana e as suas patentes desigualdades, o qual se apresentava como fortemente totalitário e retrógrado mesmo para o seu tempo. Mas os homens não corresponderam ao seu convite, nem mesmo depois de Platão ter alterado o projecto inicial.

A experiência mostra que a simples imaginação e a melhor boa vontade não chegam para estabelecer a convivência pacífica entre os homens, mesmo quando o sistema teórico apresente suficiente coerência interna, ou se pense que, por seu intermédio e por via da educação, será possível mudar significativamente a natureza humana.

Lembremo-nos de que o apelo a um Homem novo e a uma sociedade mais fraterna vem de épocas remotas. Independentemente do que outros já tivessem dito a esse respeito, o cristianismo assentava nessa exigência a sua doutrina, há cerca de dois mil anos atrás. Trata-se de uma aspiração talvez coeva com o aparecimento do Homem e sempre a fugir à sua frente, sem se deixar alcançar.

O liberalismo democrático e o marxismo fizeram uma reformulação do mesmo tema, na sequência do surto de desenvolvimento económico e científico entretanto ocorrido, cheio de promessas no que toca à possibilidade de multiplicação dos bens e do aumento da felicidade dos homens. A esperança que os homens albergavam no seu coração rompeu os dique da contenção imposta pelas grandes carências existentes no passado — com as correspondentes práticas repressivas — antecipando o advento de uma nova era que implicava precisamente a recuperação do Homem agrilhoado pelas cadeias sociais.

Apesar disso, nenhum esquema teórico fez vencimento em termos suficientemente aceitáveis, pelo que se fala hoje, de modo crescente, na falência das ideologias, muito em particular após o desmoronar dos regimes comunistas. Quanto aos programas partidários e às promessas e discursos dos políticos, caíram no rol das coisas em que se não acredita.

Todavia, a democracia mantém-se e propaga-se como o melhor — ou o menos mau — dos sistemas políticos conhecidos. Podemos perguntar porque acontece assim, quando é certo que os princípios fundamentais da ordem jurídica democrática, decorrentes da teorização filosófica da Revolução Francesa e devedores da prática seguida na Inglaterra estão longe de se ajustar à realidade social, como tentámos mostrar.

A resposta parece residir no seguinte: é precisamente por causa desse desfazamento que a democracia se mantém. Enquanto os princípios básicos da democracia, permanentemente afirmados e desenvolvidos, respondem às aspirações profundas da generalidade dos homens — dignidade humana, igualdade de direitos, liberdade política e igualdade de oportunidades — na prática da legislação comum e dos factos admite-se um pragmatismo cheio de sabedoria que permite — dentro de limites — a permanente adaptação das instituições à natureza humana. Mantêm-se, assim, por um lado, os princípios da Revolução Francesa, compensados, por outro, com o pragmatismo da evolução social inglesa.

Deste modo, ninguém procura impor, pela força, a estrita aplicação dos princípios, mas encontrar apenas *as aproximações possíveis,* dentro dos jogos de poder existentes. Ninguém vai exigir, por outro lado, a efectiva execução de direitos sociais — como a habitação, a saúde ou a educação — para além dos meios financeiros ou humanos existentes no país. Como ninguém põe em causa as hierarquias existentes dentro das empresas e dos serviços, ou nas forças armadas, ou pretende receber salários iguais pelo exercício de qualquer cargo.

Teoricamente, os homens podem ser todos igualmente livres e ricos e ascender aos mais elevados cargos — e essas *metas* estão sempre abertas —, pelo que se acomodam com o facto de a realidade prática ser diferente e de muitos gozarem de privilégios específicos decorrentes da riqueza ou das funções que ocupam. Ao mesmo tempo, cada um pode ter o estilo de vida que lhe aprouver — mesmo que seja dormir na soleira de uma porta —, enquanto as pessoas gozam de grande margem de liberdade de pensamento, de expressão e de religião, sem prejuízo de poderem ser manipuladas pelas propagandas políticas e comerciais. Acresce que não há declarados intuitos persecutórios contra quem quer que seja, ao nível oficial, enquanto a segurança social dá uma certa cobertura financeira, de acordo com as disponibilidades.

A liberdade existente é a *possível,* dentro das limitações que antes explicitámos, existindo maior abertura das classes sociais e mais fácil ascensão dos bem dotados. Por outro lado, a concorrência favorece o impulso natural de competição, que se generaliza. Quer no plano político, quer no económico, funciona o jogo do poder, encarregando-se o Estado de o manter dentro de limites que não descambem *demasiado* no sentido dos totalitarismos para que se tende em regime onde os jogos de força se possam exercer em plena liberdade.

Sobretudo, a criatividade é livre e podem fazer-se as mais diversas experiências em simultaneidade, o que permitiu, no plano económico, aumentar extraordinariamente a produção nos países do ocidente.

Compreendeu-se que liberdade e igualdade nem sempre andam a par, podendo variar na razão inversa uma da outra. Reconhece-se ser menos desagradável ser cliente ou plebe num ambiente de maior fartura e tolerância do que mais igual em sistemas dotados de maior rigidez e intransigência.

Deste modo, a democracia mantém um alto prestígio não porque efective as suas premissas fundamentais, mas porque encontrou uma adequada combinação entre teorização e prática, o que lhe permite: desenvolver o conhecimento, a flexibilidade e a eficácia; proporcionar maior bem-estar geral, apesar da pobreza ainda existente; dar condições de promoção social aos mais bem dotados; oferecer condições de competição aos ambiciosos.

É fundamentalmente em nome do conhecimento, da flexibilização dos sistemas e da eficácia — que envolve a atenuação dos conflitos — que a democracia se mantém.

Tal como no passado, o risco maior pode resultar do facto de a liberdade passar a ser exercida abusivamente por alguns, desequilibrando gravemente os sistemas através das desigualdades crescentes e dando lugar a possíveis e gravosos conflitos sociais.

Com a democracia, as leis passaram a ser votadas pelos parlamentos ou aprovadas pelos governos, sem invocações metasociais, assentes em equilíbrios de interesses e objectivos de eficácia social. Conhecemos não só os seus textos, como os debates que à sua volta se travaram e os interesses que se lhes encontram subjacentes. Isto não impede que muitos valores correntes não se reportem a concepções religiosas e políticas ainda fortemente enraizadas. Mas as mudanças ocorridas em aspectos relativos à igualdade de situação das mulheres, regulação da família e sexualidade mostram como se processa uma rápida desvinculação dos valores tradicionais mesmo em campos tão sensíveis como estes.

Se, no decorrer da evolução social, moralismo e tradição perderam uma parte importante da sua influência, se o mesmo vai acontecendo com as ideologias políticas e filosóficas, nem por isso deixa de se procurar uma valoração para as leis e as práticas sociais, situando-se o critério na busca da eficácia social e da felicidade dos cidadãos, traduzidas na ideia de progresso, de abundância de bens e de serviços, de liberdade individual, de admissão de modos de vida privada diversos e de prazer.

A esperança já não reside na sabedoria do passado mas no avanço em direcção ao futuro. Por isso se exigem permanentemente reformas urgentes e contínuas.

Estamos na era da eficácia dos sistemas, dirigida a um bem-estar que pretende englobar a justiça social. E isto remete-nos para outro aspecto fundamental que já antes focámos com insistência: a importância das organizações. Porque se, antes, a moral era especialmente dirigida aos indivíduos, hoje grande parte dos preceitos têm como destinatários sistemas e subsistemas sociais.

Quantas leis e regulamentos não tratam da sua estrutura, das suas competências, e atribuições, do modo como devem funcionar e do relacionamento que devem manter com os indivíduos, com as demais organizações e com a sociedade em geral.

Hoje, mais do que os homens, são as organizações que são capazes de tomar e de fazer vingar as iniciativas em que assenta o bem-estar social, que se tornam grandes proprietárias, que se instalam no poder e dominam a economia, ao mesmo tempo que os países se associam em grandes espaços económicos a caminho da continentalidade.

É certo que são os homens quem impulsiona essas instituições, mas eles nada seriam sem elas e sem as condições de trabalho que ali encontram.

Dominados por uma preocupação de eficácia, os serviços públicos e as empresas, para responderem a situações complexas e muito concretas, estudam, investigam, medem, avaliam, programam e controlam. A mentalidade que disseminam é, precisamente, a da eficácia dos sistemas, frequentemente num clima de apertada concorrência. Para tanto, a experiência do passado só pode ser um empecilho, pelo que deixou de ser tomada em consideração. O que importa já não é o conhecimento de ontem, nem sequer o de hoje, mas predominantemente o que se espera ter amanhã.

Mudam os conhecimentos e alteram-se os valores, pois eles são o fundmento da coesão social. Ora, numa sociedade em que o indivíduo se encontra absorvido por tantas e tão numerosas organizações, nas quais dispende grande parte da sua vida e das quais depende o seu bem-estar e o seu futuro, a moral já não pode ser meramente individual, antes tem de ter em consideração esta realidade e apresentar-se como uma *ética dos sistemas,* embora abrangendo também os indivíduos como elementos desses sistemas.

É certo que os sistemas não deveriam absorver *a pessoa,* antes servi-la, pela simples razão — se outras se não quiserem aceitar — de que os homens pugnam nesse sentido. Simplesmente, a realização dos homens não se alcança sem os sistemas. A ética dos sistemas será também uma *ética da pessoa.*

Já não vivemos no tempo dos absolutismos impiedosos — ao menos em democracia — nem de uma acção humana bastante atomizada e dispersa. Encontramo-nos num século de uma intensa socialização, mesmo que afastemos o socialismo como modo de estruturação da sociedade. O entrelaçamento estreito que as próprias organizações são obrigadas a praticar vão necessariamente impondo formas de cooperação que, mais uma vez, ultrapassam a acção humana isolada e fragmentária.

Por tudo isto, à moral tradicional sucede-se uma ética dos sistemas, ou seja, uma ética declaradamente assente nas organizações e nos valores daí decorrentes, em que, todavia, o Homem não pode deixar de estar permanentemente presente.

## 2. A ética dos sistemas

A ciência trouxe consigo a possibilidade de ultrapassar a aparência das coisas, inclusivamente a aparência dos regimes legais, para detectar os centros de poder em acção e o modo como se estrutura a vida em sociedade.

Não sabemos ainda o suficiente, mas vão-se reunindo estudos que nos permitem proceder mais conscientemente à pilotagem dos sistemas sociais.

Procurando adequar os meios aos fins, inventariam-se as disponibilidades com que podemos contar, estabelecem-se planos de acção, preparam-se antecipadamente os elementos humanos ou materiais, mobilizam-se as vontades e controlam-se as mudanças.

Surgem os amplos programas educacionais bem como os esquemas específicos de formação, calculam-se as necessidades financeiras, criam-se as organizações de apoio, motivam-se os intervenientes, escolhem-se as pessoas mais qualificadas, etc.. Mais do que isso: sabendo a influência do meio humano e geográfico, procura-se actuar na globalidade dos países ou das áreas económicas em consideração — como é o caso da CEE — de modo a criar condições gerais que facilitem o desenvolvimento específico em cada situação. São as múltiplas infra-estruturas que se encontram em causa, pressupondo uma interacção permanente de todos os sectores.

Conhecimento, flexibilização, mobilidade dos factores, liberdade de iniciativa, informação, transportes e comunicações, investigação, ensino, saúde... são amplos campos em que procuramos avançar para podermos dispor de mais liberdade, bem-estar e felicidade.

Ultrapassada a fase inicial do liberalismo individualista, a sociedade tem vindo a reorganizar-se gradualmente, de acordo com as exigências do desenvolvimento económico. Entrou-se num processo de *organicidade* política e social — no sentido já indicado — que, embora não seja directamente admitido e explicitado, nem por isso deixa de ser uma realidade inafastável.

A estruturação dos órgãos da soberania, a organização integrada da administração pública, a multiplicidade das empresas, o desenvolvimento das associações patronais, sindicais, científicas, culturais, desportivas e de tanta outra espécie, a coordenação financeira e económica que, de modo mais aberto ou diluído, existe por toda a parte, o número crescente de organizações internacionais e a regulamentação que produzem, vêm impondo às sociedades nacionais e à vida internacional uma coesão e uma vitalidade cujo significado não pode ser ignorado.

Aprendeu-se a trabalhar muito mais em conjunto, a valorizar a racionalidade das organizações, a reunir a informação, a criar centros de poder autónomos, a não se deixar manobrar — tanto quanto é possível — pelas propagandas políticas e comerciais, a não ficar à margem da vida política, antes todos se integrando no tecido social.

Sente-se gravosamente que os erros cometidos no funcionamento dos sistemas se pagam e que não se pode ser eficaz sem conhecimento e competência, o que exige rigor. Conhece-se também que a natureza não pode ser tratada de qualquer maneira e que a preservação dos sistemas biológicos é imprescindível à sobrevivência do Homem.

O bem-estar já não depende de uma vaga caridade, mas do funcionamento eficaz do sistema económico, articulado com uma política social que mantenha a paz e a harmonia entre os diversos elementos do meio em que vivemos.

Todos estes aspectos vão ganhando um reconhecimento crescente que os eleva à posição de fundamentais valores sociais, pois deles depende a satisfação das necessidades dos homens. Conhecer os sistemas, saber como funcionam e como podem ser melhorados, de modo a que possam atingir a sua máxima potencialidade, aí reside a maior liberdade possível e a mais elevada capacidade de acção humana.

Em paralelo, verifica-se, como ficou referido, uma maior permissibilidade quanto aos comportamentos individuais e modos de vida privados, na medida em que estes não conflituem com a eficácia social. Por certo, continua a ser importante que os homens não se agridam, não se roubem ou assassinem uns aos outros. Mas as consequências destes actos

215

particulares já não aparecem com a mesma gravidade global. Excepto quando, pela sua frequência, possam pôr em causa o conjunto da sociedade, como acontece com o crime organizado, nas suas diferentes formas. Porque no mundo do crime também se aprendeu o valor das organizações e se exploram as suas potencialidades.

No entanto, nada disto impede que a concorrência se desenvolva e atinja, por vezes, uma violência impressionante, não apenas no campo político e económico, mas no domínio profissional, desportivo e sexual.

Voltamos outra vez ao mesmo tema: cooperação e concorrência mantêm-se lado a lado como elementos indispensáveis do progresso, pois a concorrência como que excita a imaginação e as capacidades humanas mais variadas.

Aliás, como também referimos, algo de semelhante acontece no campo biológico: cada ser vivo constitui um sistema perfeitamente coordenado, mas plantas e animais lutam e competem uns com os outros, para subsistirem e se reproduzirem. Não podemos esquecer que o darwinismo nos apresenta a competição e a selecção como processos básicos da evolução.

Mas também aprendemos muito neste campo: para que a concorrência funcione, é preciso que haja um controlo da sociedade, de modo a impedir que os mais fortes se apropriem dos mercados, criando condições de monopólio. O mercado, tem, pois, de ser protegido.

No campo político, algo de semelhante sucede: para não se cair em ditadura, devem diversificar-se os centros de poder e a maior capacidade de alguns tem de ser contrabalançada com a força do número dos restantes.

São experiências que vamos adquirindo com o andar dos tempos, mas que não se transmitem geneticamente, pelo que podem ser esquecidas ou iludidas em qualquer altura.

O esforço de racionalização em curso, a que gradualmente vamos sendo submetidos desde a escola, vai-nos dando uma visão diferente das coisas e do nosso relacionamento recíproco, embora o progresso não seja linear. Para tanto contribui o facto de não ser ainda bem claro para muita gente que o comportamento correcto do ponto de vista social pode ser também o mais desejável no plano individual, o que resulta da falta de transparência de muitas situações e de características individuais difíceis de irradicar.

Porque os nossos impulsos biológicos se mantêm operantes, permanece a tentação de burlar o colectivo em favor do proveito próprio imediato. Assim, embora se acredite no planeamento e na racionalidade das organizações, muitos julgam-se suficientemente inteligentes para utilizar as vantagens da colaboração evitando os seus constrangimentos.

Para tanto, continua a contribuir, de modo determinante, o facto de a abundância não ser ainda bastante para permitir uma humanização suficiente das relações interindividuais, o que é largamente ajudado pelo continuado e acentuado crescimento populacional que altera constantemente os dados dos problemas a resolver.

Mesmo quando se admite que a solidariedade pode não ser um acto de fraqueza ou de cedência perante o adversário, mas antes uma atitude de inteligência e de maior sabedoria face aos conhecimentos acumulados acerca do funcionamento dos sistemas, existem desconfianças e ambições impossíveis de ultrapassar de momento.

A evolução desejável, de um ponto de vista da eficácia, parece que deveria orientar-se no sentido de, sem perder as vantagens da emulação decorrente da concorrência, limitar esta a níveis compatíveis com uma solidariedade mais eficaz. Mas aqui encontramo-nos no domínio do dever-ser que pode vir a ser inteiramente frustrado, se não tiver por detrás uma base biológica suficientemente forte.

Lorenz defende que a agressividade existente entre os animais foi-se gradualmente reorientando no sentido da cooperação e do amor, não existindo amor nas espécies onde, inicialmente, a agressividade não fosse eficaz. Mas não sabemos se esta força biológica virá também a actuar na modificação do relacionamento humano, embora haja muitas manifestações nesse sentido, suficientemente animadoras.

Desde sempre que os homens tiveram consciência das vantagens das organizações e da solidariedade que estas exigem, mas foi com o avanço da biologia que se estabeleceram analogias mais estreitas entre o funcionamento dos seres vivos e das sociedades, entre evolução biológica e evolução social, onde se encontram entralaçados, como temos visto, o conhecimento, a solidariedade e a concorrência.

O conhecimento, só por si, tem levado muito longe, em vantagens e riscos, podendo nomeadamente arrastar a aniquilação da humanidade, através do exacerbamento da competição. A solidariedade, isolada, tem pouca força efectiva, não tendo sido capaz de eliminar os fortes factores de oposição resultantes da insuficiente satisfação das necessidades, conduzindo uma vez mais à concorrência.

Parece, assim, que só a conjugação do conhecimento com a solidariedade poderá reduzir a força de rotura da competitividade.

No âmbito de muitas organizações já conseguimos, através das lutas ocorridas e do desenvolvimento da produtividade, conciliar muitos interesses antagónicos, o que patenteia as possibilidades, mesmo neste campo, que os sistemas comportam. Até ao momento, no entanto, esta combinação ainda não alcançou resultados com generalização satisfatória, porque a maioria dos homens não se encontra preparada para tal.

Não é ao nível dos menos informados ou dos que ocupam posições mais modestas que isso acontece: são os que se consideram mais esclarecidos e dotados de maiores capacidades que pretendem sobrepor-se e obter privilégios indiscriminados.

É no aprofundamento da racionalidade global dos sistemas sociais e na exploração das suas capacidades produtivas que podemos colocar alguma esperança de melhoria da situação. Todavia, perante a natureza humana, tal como ela ainda se nos revela, a sempre lenta progressão da cultura e a pressão resultante da continuada expansão das populações, podemo-nos justificadamente interrogar se este movimento conseguirá vencer antes que uma catástrofe aconteça. Por isso, o futuro é imprevisível.

O presente, no entanto, encontra-se diante de nós e não lhe podemos escapar. O nosso esforço de aprendizagem mostra-nos que vamos passando das concepções ideológicas para os modelos cibernéticos, na esperança de encontrar neles melhor solução para os múltiplos desafios que continuamos a ter de enfrentar.

Entretanto, os valores e a prática que dominam a sociedade contemporânea continuam a ser ambíguos, traduzindo as contradições ainda existentes. Assim:

— Coloca-se como meta prioritária da sociedade a satisfação das necessidades das populações, englobando os aumentos da produção, a mais equitativa distribuição do produto e da repartição dos encargos, em termos de maior justiça social. No entanto, a realidade continua a mostrar a tendência para se firmarem os interesses individuais e grupais.

— Dá-se toda a importância ao conhecimento, desenvolvendo-se ao máximo a investigação e a generalização do saber. Mas as diferenças de capacidade e a crescente complexidade da ciência, vão alargando o fosso entre os homens, havendo que ter receio das consequências práticas que daí possam resultar.

— Aceita-se a evolução na complexidade, dando-se particular relevo às organizações, assentes na divisão do trabalho, na diversificação e na estruturação de funções, na hierarquização com o mínimo de opressão, na informação e na comunicação partilhadas, para evitar o risco dos aparelhos dominadores. Contudo não é patente que as organizações possam vir a funcionar numa base democrática e que os centros de informação não se estabeleçam efectivamente como os grandes senhores da vida social, com as pertinentes funções de comando e de controlo.

— Defende-se o direito à diferença, bem como a pluralidade de objectivos sem desestabilização dos sistemas, a necessidade de corpos intermédios entre os indivíduos e o Estado — de base cultural, profissional, regional e outras —, como formas de diversificação dos centros de poder e, concomitantemente, meio de defesa dos direitos individuais e de correcta estruturação social. Todavia, já vimos que surge sempre o empenhamento — e meios disponíveis, como acontece com os partidos políticos e os grandes empórios económicos — em alargar o controlo de instituições aparentemente diversificadas.

— Procura-se que os sistemas sociais sejam flexíveis e que haja ampla mobilidade social, mas muitas forças jogam em contrário.

— Tenta-se realizar a articulação das diversidades individuais e grupais com a indispensável unidade dos sistemas sociais, fazendo apelo aos interesses comuns. No entanto, continuam a verificar-se fortes tendências para uma diversificação exagerada, exaltando-se os particularismos étnicos e históricos com os mais variados fundamentos.

— Promove-se a defesa da dignidade humana, a tolerância e o respeito mútuo, como formas de alcançar uma convivência pacífica com salvaguarda dos interesses de todos. Porém, ressurgem a todo o momento novas modalidades de agressividade, de intolerância, de fanatismo, de manipulação e de ludíbrio.

— Prossegue-se no caminho da clarificação das situações, o que favorece possibilidade de as soluções que vão sendo encontradas serem utilizadas no interesse geral, fortalecendo a unidade e a cooperação social. Só que isto não impede que, ao mesmo tempo, proliferem as propagandas propositadamente enganadoras e tendenciosas, inclusive nos programas políticos onde as promessas não são acompanhadas da explanação do modo como se pensa poder dar-lhes concretização.

Isto significa que há ainda um longo caminho a percorrer, de resultados incertos. Mas esse caminho passa sempre pelo conhecimento e aperfeiçoamento dos sistemas em que nos encontramos envolvidos, os quais tanto podem evoluir num caminho de libertação como de maior e mais perigosa opressão, pois os meios dão para ambos os lados, como acontece com a utilização da energia atómica.

É ao aperfeiçoamento destes problemas e às exigências comportamentais que daí resultam e que não podem deixar de se traduzir em importantes valores sociais que chamamos *ética dos sistemas*.

Trata-se de uma caminhada que não se apresenta fácil, antes exigindo um esforço quotidiano e prolongado. Esforço que não contradiz nem é, por certo, menor que aquele que as religiões têm procurado pôr em prática, quer no plano individual, quer colectivo, não dispensando

— antes pressupondo — o aprofundamento da consciência e da capacidade de autodomínio.

Porque os resultados são incertos, outra pergunta surge: será o conhecimento científico e as transformações sociais que se encontram imediatamente ao nosso alcance suficientes para permitir à humanidade pilotar os seus próprios sistemas, ou teremos de esperar — se houver tempo — que, pela via da evolução biológica — nomeadamente através da intervenção do próprio Homem, mediante manipulações genéticas ou utilização de produtos químicos — ocorra um novo salto qualitativo, dando lugar a que o Homem não seja apenas *sapiens* mas *sapientíssimo?* O que nos volta a remeter para o problema do novo Homem.

Pergunta a que ninguém poderá responder, embora várias hipóteses sejam admissíveis. De qualquer modo, uma coisa parece certa: no mundo em que vivemos, de sistemas de sistemas, só através destes e do conhecimento das suas leis poderemos romper caminho, sendo a sua ética tão — ou mais — exigente que a moral tradicional em cuja continuidade e desenvolvimento acaba por se situar.

Quer isto dizer que os valores religiosos que enformaram todas as culturas constituíam já um ingrediente fundamental da vida social.

# BIBLIOGRAFIA

— AGUIAR, Joaquim
  — «As funções dos partidos nas sociedades modernas», 1990, *Análise Social,* vol. XXV — 3.º
  — «Sociedade fragmentada e clivagens políticas», 1990, *Análise Social,* vol. XXV — 4.º e 5.º

— ALTHUSSER, Louis
  — *Filosofia e filosofia espontânea dos cientistas,* 1974, trad. port. das Ed. Presença

— AQUINO, São Tomás de
  — *Somme théologique — La justice,* trad. franc. de Editions de la Revue Des Jeunes

— ARCHER, Luís J.
  — *Temas biológicos e problemas humanos,* 1981, Ed. Brotéria

— ARGYLE, Michael
  — *Social interaction,* 1973, Tavistock Publications

— ARGYRIS, Chris
  — *Personality and organization,* 1957, Harper and Brothers

— ARON, Raymond
  — *L'opium des intellectuels,* 1968, Gallimard
  — *Plaidoyer pour l'Europe decadente,* 1977, Ed. Robert Laffont

— ASHTON, T. S.
  — *The industrial revolution,* 1945, Oxford Univ. Press

— BACHELARD, Gaston
  — *O materialismo racional,* 1953, trad. port. das Edições 70
  — *A epistemologia,* 1971, trad. port. das Edições 70
  — *Le nouvel esprit scientifique,* 1971, P.U.F.

— BALANDIER, Georges
  — *Anthropologie politique,* 1967, P.U.F.

— BARTHÉLEMY-MADAULE, Madeleine
   — *L'ideologie du hasard et de la nécessité*, 1972, Ed. du Seuil
— BAUDOUIN, Jean
   — *Karl Popper*, 1989, P.U.F.
— BENEDICT, Ruth
   — *Padrões de cultura*, trad. port. de Ed. Livros do Brasil
— BERGSON, Henri
   — *Les deux sources de la morale et de la religion*, P.U.F.
— BETTELHEIM, Bruno
   — *Le coeur conscient*, 1960, trad. franc. das Ed. Robert Laffont
— B. I. T.
   — *L'emploi, la croissance et les besoins essentiels*, 1976
— BOHM, David e PEAT, F. David
   — *Ciência, ordem e criatividade*, 1987, trad. port. Gradiva
— BOUDON, Raymond
   — *Effets pervers et ordre social*, 1979, P.U.F.
— BOUVIER, Michel
   — *L'Etat sans politique*, 1986, Ed. R. Pichon et Durand-Auzias
— BOYER, Robert
   — *Capitalismes fin de siècle*, 1986, P.U.F.
— BRANCO, Carlos
   — *Cinco ensaios sobre relações humanas na indústria*, J.A.S.
— BRETCH, Arnold
   — *Teoria política*, trad. port. de Zahar Ed.
— BÜHLER, Charlotte
   — *A psicologia na vida do nosso tempo*, 1962, trad. port. da Fundação Calouste Gulbenkian
— CAETANO, Marcello
   — *Curso de ciência política e direito constitucional*, 1959, Coimbra Editora
— CALMETTE, Joseph
   — *Le monde féodal*, 1946, P.U.F.
— CALVEZ, Yves
   — *La pensée de Karl Marx*, 1956, Ed. du Seuil
   — *Eglise et société économique*, 1963, Aubier
— CARBONIER, Jean
   — *Sociologia jurídica*, 1972, trad. port. da Liv. Almedina

222

— CARDIA, Sottomayor
  — *Socialismo sem dogma*, 1981, Pub. Europa-América
— CARVALHO, F. Neto de
  — *O Homem, ponta de lança do universo*, 1977, Livraria Almedina
  — *Pressupostos e dificuldades da acção política*, 1986, Pub. Dom Quixote
— CHATELET, François (sous la direction de)
  — *Histoire de la Philosophie*, 1973, Hachette
— CHAUVIN, Pierre Rémy
  — «Les sociétés les plus complexes chez les insectes», 1974, *Communications*, n.º 22
— CHANGEUX, Jean Pierre
  — *O homem neuronal*, 1983, trad. port. das Pub. Dom Quixote
— CHARDIN, Teilhard de
  — *Le phénomène humain*, Ed. du Seuil
  — *Comment je crois*, Ed. du Seuil
— COHEN, G. Simon
  — *Os novos samurais*, 1982, trad. port. das Pub. Dom Quixote
— COULANGES, Fustel de
  — *A cidade antiga*, trad. port. da Liv. Clássica Editora, 1953
— CORREIA, Eduardo com a colaboração de DIAS, Figueiredo
  — *Direito Criminal*, Liv. Almedina, 1971
— CROUZET, Maurice (sob a direcção de)
  — *História geral das civilizações*, trad. port. Difusão Europeia do Livro, 1965
— CROZIER, Michel
  — *Le phénomène burocratique*, 1963, Ed. du Seuil
  — *La société bloquée*, 1970, Ed. du Seuil
  — *On ne change pas la société par décret*, 1979, Grasset
  — *Etat modeste, Etat moderne*, 1987, Ed. Fayard
— CROZIER, Michel et FRIEDBERG, Erhard
  — *L'acteur et le système*, 1979, Ed. du Seuil
— CRUZ, São João da
  — *Obras Espirituais*, trad. port. Carmelo de S. João de Fátima
— DARWIN, C.
  — *The origin of species*, Benguin Books
— DAVIES, Paul
  — *Superforça*, 1984, trad. port. Gradiva Publicações
  — *Deus e a nova física*, 1986, trad. port. Edições 70

— DAWKINS, Richard
— *The selfish gene*, 1976, Granada Publishing Limited
— DEMICHEL, Francine
— *La psychanalise en politique*, 1974, P.U.F.
— DESCARTES
— *Discours de la méthode*, etc., Nelson Ed.
— DETHIER, Philippe et LAMBINET, F.
— *Hommes et organizations*, Ed. Vie Ouvrière
— DIAS, Jorge de Figueiredo
— *Liberdade, Culpa, Direito Penal*, 1976, Coimbra Editora
— DIAS, Jorge de Figueiredo e ANDRADE, Manuel da Costa
— *Criminologia — O Homem Delinquente e a Sociedade Criminógena*, 1984, Coimbra Editora
— DIAZ, Elias
— *Sociologia y Filosofia del Derecho*, 1984, Taurus Ed.
— DJILAS, Milovan
— *A nova classe*, trad. port. de Agir Ed.
— DUVERGER, Maurice
— *Introdução à política*, 1964, trad. port. de Estúdios COR
— *Sociologie de la politique*, 1973, P.U.F.
— *Lettre ouverte aux socialistes*, 1976, Albin Michel
— EGNELL, Erik e PEISSIK, Michel
— *A empresa na União Soviética*, 1974, trad. port. de Pub. Europa-América
— EHRLICH, Eugen
— *Fundamentos da sociologia do direito*, trad. port. de Ed. da Universidade de Brasília, 1986
— ELIAD, Mireia
— *O sagrado e o profano*, trad. port. de Livros do Brasil
— ENCAUSSE, Hélène C. d'
— *Le pouvoir confisqué*, 1980, Flammarion
— ENGELS, F.
— *Anti-Duhring*, trad. port. Ed. Afrodite
— ETZIONI, Amitai
— *Les organisations modernes*, 1973, Duculot
— FERREIRA, M. Cavaleiro de
— *Lições de Direito Penal*, 1987, Ed. Verbo

— FLAMMANT, Maurice
  — *História do liberalismo,* 1988, trad. port. das Pub. Europa-América
  — *O liberalismo contemporâneo,* 1988, trad. port. das Pub. Europa--América

— FREEDMAN, Carlsmith e Sears
  — *Psicologia social,* 1970, trad. port. de Ed. Cultrix

— FRIEDMANN, Georges
  — *O Poder e a Sabedoria,* 1970, trad. port. das Pub. Dom Quixote

— FRIEDMANN, W.
  — *El derecho en una sociedad en transformation,* trad. esp. do Fundo de Cultura Económica, 1966

— FROMM, Erich
  — *O medo à liberdade,* 1941, trad. port. de Zahar Ed.
  — *O espírito da liberdade,* 1966, trad. port. de Zahar Ed.
  — *A revolução da esperança,* 1968, trad. port. da Zahar Ed.
  — *Análise do homem,* 1972, trad. port. Zahar Ed.
  — *Anatomia da destrutividade humana,* 1975, trad. port. da Zahar Ed.

— GALBRAITH, J. K.
  — *A sociedade da abundância,* trad. port. da Liv. Sá da Costa, 1963
  — *O novo Estado industrial,* 1967, trad. port. das Pub. Dom Quixote
  — *A sociedade da pobreza,* trad. port. das Pub. Dom Quixote, 1979

— GARAUDY, Roger
  — *Le grand tournant du socialisme,* 1969, Gallimard
  — *Le projet espérance,* 1976, Ed. Robert Laffond
  — *Pour un dialogue des civilisations,* 1977, Denoel

— GASSET, Ortega y
  — *La rebelión de las masas,* Espasa-Calpe
  — *El tema de nuestro tiempo,* Espasa-Calpe

— GELINIER, Octave
  — *Le secret des structures compétitives,* 1968, Ed. Hommes et Techniques
  — *Direcção participativa por objectivos,* trad. port. de Ed. Pórtico

— GERSHUNY, Jonathan
  — *After industrial society,* 1978, Unwin Brothers Limited

— GORBACHOV, Michel
  — *Perestroïka,* 1987, trad. port. das Pub. Europa-América

— GRASSÉ, Pierre
  — *O homem, esse pequeno deus,* trad. port. da Editorial Notícias, 1977
  — *A evolução do ser vivo,* trad. port. da Editorial Notícias, 1978
  — *L'Homme en accusation,* 1980, Ed. Albin Michel

— GROSSET, Alfred
— *Au nom de quoi?* — *Fondements d'une politique,* 1969, Ed. du Seuil
— HACKER, Friedrich
— *Agressividade,* 1971, trad. port. da Liv. Bertrand
— HAYEK, F. A.
— *The road to serfdom,* George Routledge & Soons, Ldt., 1946
— HEGEL
— *Princípios da filosofia do direito,* trad. port. de Guimarães Editores
— HERZEBERG, F.; MANSNER, B.; e SNYDERMAN, B.
— *The motivation to work,* 1959, Wiley
— HESSEN, Johannes
— *Filosofia dos valores,* trad. port. de Arménio Amado, 1967
— HOMANS, George C.
— The Wester Electric researches, *in Fatigue of Workers: its relations to industrial production,* 1941, Reinhold Publishing Corporation
— HUNT, A. (organizado por)
— *Classes e estrutura das classes,* 1977, trad. port. das Edições 70
— INGLEHART, R.
— *The silent revolution,* 1977, Princeton Univ. Press
— JACOB, François
— *A lógica da vida,* trad. port. das Pub. Dom Quixote
— *O jogo dos possíveis,* 1981, trad. port. de Gradiva Publicações
— JACQUARD, Albert
— *A herança da liberdade,* 1986, trad. port. das Pub. Dom Quixote
— JASPERS, Karl
— *Origine et sens de l'histoire,* trad. franc. de Hélène Warf, 1954
— *Iniciação filosófica,* trad. port. de Guimarães & C.ª, Editores, 1960
— JULIEN, Pierre-André; LAMONDE, Pierre; e LATOUCHE, Daniel
— La société pos-industrielle: un concept vague et dangereux, *in Problèmes Economiques*
— KANT, Immanuel
— *Crítica da razão prática,* trad. port. das Edições 70
— KELSEN, Hans
— *A Justiça e o direito natural,* 1960, trad. port. de Arménio Amado
— KENDER, Howard
— *Introdução à psicologia,* 1968, trad. port. da Fundação Calouste Gulbenkian

— KOESTLER, Arthur
  — *Janus,* 1978, trad. Franc. de Calman-Lévy
— KOTTER, John P.
  — *Power and influence,* 1985, The Free Press
— KRECH, Crutchfield and Ballaanchey
  — *Individual in society,* 1962, McGraw-Hill
— LARENZ, Karl
  — *Metodologia da ciência do direito,* 1983, trad. port. da Fundação Calouste Gulbenkian
— LAVELLE, Louis
  — *Le mal et la soufrance,* 1940, Plon
— LECONTE, Jacques
  — *L'Homme est-il un animal raté?,* 1969, Lib. Hachette
— LEFEBVRE, Henri
  — *O marxismo,* 1963, trad. port. da Liv. Bertrand
  — *O fim da história,* trad. port. das Pub. Dom Quixote, 1971
  — *Le manifeste différentialiste,* 1970, Gallimard
— LEFRANC, George
  — *O sindicalismo no mundo,* 1971, trad. port. das Pub. Europa-América
— LÉVY-BRUHL, Henri
  — *Sociologie du droit,* P.U.F., 1976
— LEWONTIN, Richard; ROSA, Starn; e KAMIN, Léon J.
  — *Nous ne sommes pas programmés,* 1984, Ed. La Découverte
— LORENZ, Konrad
  — *L'agression,* 1963, trad. franc. da Flammarion
  — *Essais sur le comportement animal et humain,* 1970, trad. franc. Ed. du Seuil
  — *Les huit péchés capitaux de notre civilisation,* 1973, trad. franc. da Flammarion
  — *L'envers du miroir,* 1975, trad. franc. da Flammarion
  — *L'Homme en péril,* 1983, trad. franc. da Flammarion
— LUHMAN, Niklas
  — *Sociologia do direito,* trad. port. da Ed. Tempo Brasileiro, 1985
— LUMSDEN, Charles et WILSON, Edward
  — *O fogo de Prometeu,* 1987, trad. port. de Gradiva Publicações
— LUPASCO, Stéphane
  — *L'énergie et la matière psychique,* 1974, Julliard

— LUTHANS, Fred
   — *Organizational behaviour,* 1983, McGraw-Hill Inc.

— MACGREGOR
   — The human side of entreprise, *in Adventures in thought and action — proceedings of the fifth convocation of the school of industrial management,* Cambridge, Mass., MIT, 1957

— MACHIAVEL, Nicolau
   — *O Príncipe,* trad. port. das Pub. Europa-América

— MARCH, J. G. e SIMON, H. A.
   — *Les organisations, problèmes psycho-sociologiques,* 1964, Dunot

— MARTINEZ, Pedro Soares
   — *Filosofia do direito,* 1990, Liv. Almedina

— MARX, Karl
   — *Manifesto do Partido Comunista*
   — *Morceau choisis,* com introdução de H. Lefebvre e N. Guterman, Gallimard
   — *Pages de Karl Marx,* choisies, traduites et présentées par Maximilien Rubel, Petite Bibliothèque Payot

— MASLOW, A. H.
   — A theory of human motivation, *in Psycological Review,* 1943
   — *Motivation and personality,* Harper and Brothers

— MELO, Romeu de
   — *Introdução à liberdade,* Morais Ed., 1979

— MENDRAS, Henri
   — *Eléments de sociologie,* 1975, Armand Collin

— MEYER, François
   — *Problématique de l'évolution,* 1954, P.U.F.

— MITCHELL, Terence R.
   — *People in organizations,* 1982, McGraw-Hill Inc.

— MONCADA, L. Cabral de
   — *Filosofia do direito e do Estado,* 1965, Coimbra Editora

— MONOD, Jacques
   — *O acaso e a necessidade,* 1970, trad. port. das Pub. Europa-América

— MONTMOLLIN, Germaine
   — *L'influence sociale,* 1977, P.U.F.

— MONTMOLLIN, Maurice de
   — *Le taylorisme à visage humaine,* 1981, P.U.F.

— MORENTE, M. Garcia e BENGOECHEA, J. Z.
 — *Fundamentos de filosofia,* 1947, Espasa-Calpe
— MORA, J. Ferrater
 — *Diccionario de filosofia,* 1971, Editorial Sudamericana
— MORIN, Edgar
 — *Le paradigme perdu: la nature humaine,* 1973, Ed. du Seuil
 — *La méthode:*
  1 — *La nature de la nature,* 1977, Ed. du Seuil
  2 — *La vie de la vie,* 1980, Ed. du Seuil
  3 — *La connaissance de la connaissance,* 1986, Ed. du Seuil
 — *Ciência com consciência,* 1982, trad. port. das Pub. Europa-América
— MORIN, Pierre
 — *Le développement des organisations,* 1971, Dunod
— MOSCOVICI, Serge
 — *Sociedade contra natureza,* 1972, trad. port. da Ed. Vozes
 — (sous la direction de) — *Introduction à la psychologie sociale,* 1972 e 1973, Lib. Larousse
— MULLER, Philipe e Silberer, Paul
 — *L'homme en situation industrielle,* Payot
— NEVES, Castanheira
 — *Introdução ao estudo do direito,* Lições no ano lectivo de 1971-2
— O.C.D.E.
 — *Face aux futurs,* 1979
 — *L'Etat protecteur en crise,* 1981
— O.N.U.
 — Science et pratique de la complexité, 1986, *La Documentation Française*
— PAGELS, Heinz
 — *O código cósmico,* 1982, trad. port. de Gradiva Publicações
— PARSONS, Talcott
 — *Sociétés — essai sur leur évolution comparée,* 1966, trad. franc. de Duno
— PELT, Jean Marie
 — *L'homme re-naturé,* 1977, Ed. du Seuil
 — *Les plantes: amours et civilisations végétales,* 1981, Fayard
— PENFIELD, Wilder et Roberts, S.
 — *Langage et mécanismes cérébraux,* P.U.F.
— PERROUX, François
 — *Aliénation et société industrielle,* 1970, Gallimard

229

— PHILIP, André

— *História dos factos económicos e sociais*, trad. port. da Liv. Morais, 1965

— PIAGET, Jean

— *Le structuralisme*, 1970, P.U.F.
— *A situação das ciências do homem no sistema das ciências*, 1970, trad. port. da Liv. Bertrand
— *A psicologia*, trad. port. da Liv. Bertrand, 1970
— *Psicologia e epistemologia*, trad. port. das Pub. Dom Quixote, 1972
— *Problemas de psicologia genética*, trad. port. das Pub. Dom Quixote, 1972
— *Seis estudos de psicologia*, trad. port. das Pub. Dom Quixote, 1973

— PIRENNE, Henri

— *Histoire de l'Europe*, Ed. de la Baconnière Neuchatel

— PLATÃO

— *The Republic*, trad. ing., Everyman's Lib.

— POPPER, Karl

— *O realismo e o objectivo da ciência*, 1952, trad. port. das Pub. Dom Quixote
— *The open society and its enemies*, 1974, Routledge & Regan Paul
— *Em busca de um mundo melhor*, 1988, trad. port. da Ed. Fragmentos, L.da

— RADBRUCH, Gustav

— *Filosofia do direito*, trad. port. de Arménio Amado, 1974

— RAWLS, John

— *Sobre las liberdades*, 1982, trad. esp. de Ed. Paidos Ibérica

— REVEL, Jean François

— *Como caem as democracias*, 1983, trad. port. da Difel
— *La connaissance inutile*, 1988, Grasset & Fasquelle

— ROBIN, Léon

— *La morale antique*, 1938, Lib. Félix Alcan

— ROCHER, Guy

— *Introduction à la sociologie générale*, 1968, Ed. H M H

— ROGERS, Carl

— *Tornar-se pessoa*, trad. port. da Liv. Morais, 1970

— ROSNAY, Joel de

— *O macroscópio*, trad. port. da Arcádia, 1975

— ROSTOW, W.W.
— *Les étapes de la croissance économique,* 1960, trad. franc. das Ed. du Seuil
— *Politics and the stages of growth,* 1971, Cambridge Univ. Press

— ROUSSEAU, J. J.
— *Du contrat social,* Les Ed. du Cheval Ailé

— RUSSELL, Bertrand
— *Os problemas da filosofia,* trad. port. de Arménio Amado, 1939
— *Human knowledge,* 1948, Unwin Brothers Lim.
— *Authority and the individual,* 1949, George Allen & Unwin
— *Impact of science on society,* 1952, Georges Allen & Unwin

— SACARRÃO, G. F.
— *A biologia do egoísmo,* 1981, Pub. Europa-América
— *Biologia e sociedade,* 1989, Pub. Europa-América

— SAGAN, Carl
— *Cosmos,* trad. port. da Gradiva, 1984
— *Os dragões do Eden,* trad. port. da Gradiva, 1985
— *O cérebro de Broca,* trad. port. da Gradiva, 1987

— SANTOS, Boaventura de Sousa
— *Um discurso sobre as ciências,* Ed. Afrontamento, 1987

— SARAIVA, José H.
— *Lições de introdução ao direito,* 1962-63
— A crise do Direito, separata da *Revista da Ordem dos Advogados,* 1964

— SERVAN-SCHREIBER, Jean-Louis
— *L'entreprise à visage humaine,* 1973, Robert Laffond

— SERVAN-SCHREIBER, Jean-Jacques
— *Le défi américain,* 1967, Danoel

— SIK, Ota
— *La troisième voie,* 1972, Gallimard

— SILVA, José Maria Rodrigues da
— *O homem e o poder,* Bertrand Ed., 1988

— SKINNER, B. F.
— *Para além da liberdade e da dignidade,* Edições 70

— SÓFOCLES
— *Antígona — Ajax — Rei Édipo,* trad. port. da Ed. Verbo

— SOUSA, Marcelo Rebelo de
— *Os partidos políticos no direito constitucional Português,* Liv. Cruz, 1983

— SOUTO, Cláudio e Souto, Solange
— *Sociologia do direito,* 1981, Ed. da Universidade S. Paulo

— STORR, Anthony
— *Les ressorts de la création,* trad. franc. de Robert Laffond, 1974

— STRAUSS, C. Levi
— *La pensée sauvage,* Plon

— SUDREAU, Pierre
— *La réforme de l'entreprise,* Union Générale d'Edition

— TOFFLER, Alvin
— *O choque do futuro,* trad. port. Livros do Brasil, 1970
— *A terceira vaga,* trad. port. Livros do Brasil, 1980
— *Previsões & premissas,* 1983, trad. port. Livros do Brasil
— *Les nouveaux pouvoirs,* 1990, trad. franc. da Lib. Fayard

— TEIXEIRA, Brás
— *Sentido e valor do direito — Introdução à filosofia jurídica,* 1990, Imprensa Nacional — Casa da Moeda

— TOUCHARD, Jean (dirigida por)
— *História das ideias políticas,* trad. port. das Pub. Europa-América, 1970

— TOUMANOV, Vladimir
— *Pensée juridique bourgeoise contemporaine,* Les Ed. du Progres, URSS, 1974

— TOURAINE, Alain
— *A sociedade pós-industrial,* 1960, trad. port. de Moraes Ed.
— *Sociologie de l'action,* 1965, Ed. du Seuil
— *L'après socialisme,* 1980, Grasset

— TOYNBEE, Arnold
— *A study of history (abridgement by Somervell),* 1951, Oxford University Press

— TREVES, Renato
— *Introduzione alla sociologie del diritto,* 1977, Giulio Enaudi Editore

— TREVELYAN, G. M.
— *English social history,* 1947, Longmans, Green and C.º Ltd

— UNAMUNO, Miguel
— *O sentimento trágico da vida,* trad. port. da Ed. Educação Nacional

— UNITED STATES CONGRESS, OFFICE OF TECHNOLOGY ASSESSMENT
— Mapping our genes — The genome projects: how big, how fast?, OTA--BA-373, U. S., Government Printing Office, 1988

— VALENTE, Vasco Pulido
  — *O poder e o povo: a revolução de 1910,* Pub. Dom Quixote, 1974
— VOLENSKY, Michail
  — *Numenclatura,* trad. port. dos Livros do Brasil, 1980
— WEBER, Max
  — *Theory of social and economic organization,* 1974, Oxford University Press
  — *Sociologie du droit,* 1960, trad. franc. P.U.F.
  — *A ética protestante e o espírito do capitalismo,* trad. port. Editorial Presença
— WOOT, Philippe de
  — *Pour une doctrine de l'entreprise,* 1968, Ed. du Seuil
— WOOTTON, Barbara
  — *Freedom under planning,* George Allen & Unwin Ltd., 1946
— ZAVALLONI, Roberto
  — *A liberdade pessoal,* trad. port. Ed. Vozes, 1968

Execução gráfica
da
**TIPOGRAFIA LOUSANENSE, LDA.**
em Março de 1992

Depósito legal n.º 51505/91